学前教育专业"岗课赛证"融通教材 | 总主编 杨莉君

幼儿家庭
教育指导

组　编◎湖南省学前教育学会

主　编◎林　静　刘文辉　郭　殷

副主编◎肖丙珍　张丽鹰　殷　瑛

　　　　苏　芍　邓智文　张　晓

参　编◎钟艺芬　邹文佳　李　丹

主　审◎康素洁

湖南大学出版社
·长沙·

图书在版编目（CIP）数据

幼儿家庭教育指导 / 湖南省学前教育学会组编；林静，刘文辉，郭殷主编. — 长沙：湖南大学出版社，2023.10

学前教育专业"岗课赛证"融通教材/杨莉君总主编

ISBN 978-7-5667-3094-7

Ⅰ.①幼… Ⅱ.①湖… ②林… ③刘… ④郭… Ⅲ.①幼儿教育—家庭教育—幼儿师范学校—教材 Ⅳ.①G781

中国国家版本馆CIP数据核字（2023）第118341号

幼儿家庭教育指导

YOU' ER JIATING JIAOYU ZHIDAO

组　　编：湖南省学前教育学会

主　　编：林　静　刘文辉　郭　殷

责任编辑：向彩霞

印　　装：长沙创峰印务有限公司

开　　本：787 mm × 1092 mm　1/16	印　　张：16.25	字　　数：338千字
版　　次：2023年10月第1版	印　　次：2023年10月第1次印刷	
书　　号：ISBN 978-7-5667-3094-7		
定　　价：48.00元		

出 版 人：李文邦

出版发行：湖南大学出版社

社　　址：湖南·长沙·岳麓山　　　　　　邮　　编：410082

电　　话：0731-88822559（营销部）　　88821173（编辑部）　　88821006（出版部）

传　　真：0731-88822264（总编室）

网　　址：http://press.hnu.edu.cn

学前教育专业 "岗课赛证" 融通教材
编 委 会

主 任

彭世华

副 主 任

江来登　　张 华　　高金平　　李 毅　　王玉林

石纪虎　　孙 彤　　李来清　　李 武　　汪华明

李振兴　　李梦醒

编 委（排名不分先后）

宋祖荣　　曾健坤　　王志平　　何仙玉　　李云莲

许明奇　　林祥春　　周述贵　　文孟飞　　贺珊刚

李小毛　　李 辉　　刘东航　　刘芳艳　　钟 林

任姜玲　　赵艳红　　王淑一　　李吉珊　　薛 辉

潘伟峰　　吴白兰　　郑 青　　黎 斌　　陈 威

总 主 编

杨莉君

副总主编

路 奇　　万湘桂

总 审

皮军功

副总审

张晓辉　　康 丹

序

　　幼儿文学序学前教育是终身教育的开端，关系亿万儿童的健康成长、千家万户的切身利益、国家和民族的未来。百年大计，教育为本；教育大计，教师为本。促进学前教育健康发展，关键在于建设一支高素质的幼儿园教师队伍。2018年中共中央、国务院出台的《关于全面深化新时代教师队伍建设改革的意见》指出：教师承担着传播知识、传播思想、传播真理的历史使命，肩负着塑造灵魂、塑造生命、塑造人的时代重任，是教育发展的第一资源，是国家富强、民族振兴、人民幸福的重要基石。为深入贯彻落实中央精神，湖南省印发了《湖南省学前教育发展提升行动计划（2022—2025年）》，要求对接各地教师需求，定向培养专科及以上层次学前教育教师，全力满足农村和欠发达地区对幼儿园教师公费师范生的培养需求；指导高校完善培养方案，注重培养学生观察了解儿童、支持儿童发展的实践能力，提高幼儿园师资培养培训质量。

　　培养高素质的幼儿园教师，加强课程和教师队伍建设是基础。2019年国务院《国家职业教育改革实施方案》提出了"三教"改革的任务。而其中教材是育人之纲，是改革的基础，是教师实施教学改革的重要载体和有效途径。教育部《职业教育提质培优行动计划（2020—2023年）》强调，要完善职业教育教材规划、编写、审核、选用使用、评价监督机制。2021年教育部《"十四五"职业教育规划教材建设实施方案》强调教材建设的权威性、前沿性、原创性，要打造培根铸魂、启智增慧，适应时代要求的精品教材。当前，学前教师教育教材虽然品种丰富，但是随着国家政策的调整、职业教育理念的变化及学科的飞速发展，在一定程度上存在理念落后、体系陈旧等问题。例如：以学科为中心的理论教材过剩，以学生为本、对接岗位的"岗课赛证"融通教材缺少；传统纸质教材过剩，媒体融合的新形态教材缺少。

有鉴于此，我们和湖南大学出版社设立课题组，组织学前师范院校的知名专家学者、幼儿园园长编写了这套学前教育专业"岗课赛证"融通教材。从总体上来看，这套教材有如下特点：

一是全面研究设计，系统规划建设。即从研制人才培养方案着手，研究确定了毕业生的培养要求、专业课程设置和课程标准，以及配套的课程教学资源与课程试题库、幼儿园教师资格考试试题库。

二是坚持立德树人，强化课程思政。本系列教材的编写坚持立德树人根本任务，厚植爱国情怀，以铸就师德师魂，培养适应新时代社会发展需要的卓越幼儿园教师为目标。教材内容的选择充分体现了社会主义核心价值观，突出学前教育在国民教育中的基础性作用。

三是对接岗位需求，做到"双元"合作开发。教材以幼儿园教师工作岗位为起点，将岗位人才需求落实在教材中，把幼儿园的典型工作任务、幼儿园的真实工作情境和幼儿园工作的经典案例引入教材。坚持园校"双元"开发，以模块式教学和案例学习为主。

四是倡导岗课赛证，力争互融互通。教材内容与幼儿园对教师能力与素质的要求完全一致，涵盖一日活动、游戏活动、保教活动等幼儿园教育全过程；与幼儿园教师资格考试大纲中的专业知识、保教能力、职业道德等考点相契合，设置"考点聚焦"栏目。同时，将学生技能竞赛项目等内容有机融入教材建设，以赛促学，以赛促教，做到"岗课赛证"互融互通。

五是实行多媒体融合。充分利用现代信息技术，将多媒体的教学资源与纸质教材融为一体。纸质文本上的二维码链接，可以展示图文、音频、视频等数字媒体信息，使平面阅读扩展为多媒体阅读，做到纸质文本与数字资源相结合、线下面授与线上学习相结合。

湖南省学前教育学会

2023 年 6 月

目 次
CONTENTS

教学资源　　　试题库

单 元 一
幼儿家庭教育与家庭教育指导概述

学习目标

素质目标
+ 感受中华民族家庭教育的优良传统。
+ 积极动脑思考，愿意根据不同的情境进行家庭教育指导，开展合作共育。

知识目标
+ 领会幼儿家庭教育的意义和作用，明确幼儿家庭教育的特点与任务。
+ 理解幼儿家庭教育指导的内涵和意义，以及幼儿家庭教育指导的目标和任务。
+ 掌握幼儿家庭教育以及幼儿家庭教育指导的原则与途径。

能力目标
+ 能搜集幼儿家庭教育的经典案例，分析其对个人成长的影响。
+ 能根据幼儿家庭教育指导的目标、任务与途径设计调研问卷，初步调研分析幼儿家庭教育指导的现状。

单元导航

幼儿家庭教育与家庭教育指导概述
- 理论奠基
  - 幼儿家庭教育概述
  - 幼儿家庭教育指导概述
- 实训指导
  - 幼儿家庭教育典型案例搜集
  - 幼儿家庭教育指导现状调研

 **情境导入**

被强迫的交往

桐桐妈妈从小就希望女儿能够大方自信地与人交往。每次带桐桐出去玩，桐桐妈妈总是拉着她跟小朋友打招呼。可桐桐偏偏不爱说话，急性子的妈妈就替她说，并数落桐桐太胆小了；桐桐不想玩游戏，妈妈也替她参加，桐桐只好默默地跟在妈妈后面。后来，桐桐经常说不想出去玩。妈妈强迫她交往给她带来了深深的焦虑和不安。

后来，桐桐妈妈在老师的指导下，慢慢不再强迫桐桐了，开始带她出去引导她自己玩。妈妈态度的转变也让桐桐有所改变，桐桐变得越来越自信，跟小朋友打招呼也很自然，朋友逐渐多了起来。桐桐妈妈终于意识到每个孩子有他独特的个性，需要按照其自己的节奏成长，父母只要适当呵护，而不是去干涉甚至包办他们的人生。

如果案例中的桐桐妈妈不改变教育方法，桐桐会成长为什么样子？家庭教育有着非常重要的作用，孩子各有不同，家长只有尊重孩子，孩子才会获得安全感与自信，进而学会交往与成长。

不同的家庭教育方式影响着孩子的成长，幼儿家庭教育意义重大，其有哪些需要遵循的原则？家庭教育指导的方法又有哪些？带着这些问题，我们一起开启幼儿家庭教育学习之旅吧。

 **模块一 理论奠基**

任务一 幼儿家庭教育概述

一 幼儿家庭教育的意义和作用

家庭是由具有婚姻关系、血缘关系或领养关系的人组成的长期共同生活的社会群体，是人类生活中基本且重要的一种群体形式。家庭教育广义上指家庭成员之间的相互影响和教育，狭义上则通常指父母或其他年长者对儿女辈进行的教育和施加的影响。"家庭是人生的第一所学校，家长是孩子的第一任老师"，这是人们对家庭及家庭教育重要性的最简洁的概括。

（一）幼儿家庭教育的意义

幼儿家庭教育是人一生最初的也是最为关键的教育，它对个体的成长发展与社会的进步都具有至关重要的作用。

1. 幼儿家庭教育对人生发展具有奠基作用

奥地利人本主义心理学先驱阿尔弗雷德·阿德勒认为：出生后的头几年对于人成年后人格的形成非常重要。幼儿时期是一个人个性品质、行为习惯养成的时期，其身体、智力、情感和个性等各方面都刚发展，对父母的依赖性最大，受到父母家庭教育的影响也更为突出。家庭是幼儿最重要的情感安全基地，父母的言行会在潜移默化中传递给子女，影响子女的身心发展，父母不同的教养态度、教养方式以及教养能力都会对子女身心各方面的发展产生深远的影响。

2. 幼儿家庭教育是整个教育体系的基石

幼儿家庭教育是个体接受教育的开端，也是一切教育的基础。苏联教育学家苏霍姆林斯基曾把儿童比作一块大理石，并把家庭、学校、儿童所在的其他集体等作为雕刻这块大理石的雕塑家。从排列顺序上看，家庭被列在首位，由此可以看出，家庭在塑造儿童的过程中起到很重要的作用。它不仅可以奠定其他教育的基础，还会影响学校教育和社会教育对个体的作用。

3. 幼儿家庭教育影响并推动社会的发展

人的教育是一项系统工程，家庭教育、学校教育与社会教育都是国民教育体系中的重要组成部分。家庭教育作为社会基础的教育单位，不仅具有传承社会文化的作用，还可以为社会输送各类人才，促进社会的稳定、国家的繁荣，影响着未来社会的发展。《礼记·大学》提到"身修而后家齐，家齐而后国治，国治而后天下平"，可以看到平天下、治国均以齐家为前提，家庭教育作为齐家的必经阶段，为社会安康、国家兴盛铺平道路。

📚 思政在线

党的二十大报告提出，要健全学校家庭社会育人机制，加强家庭家教家风建设。家校社协同育人、家庭教育的重要性再次彰显。

家庭教育直接关系到家庭家教家风的建设。党的十八大以来，习近平总书记多次强调，要"注重家庭、注重家教、注重家风"，"家庭是人生的第一所学校，家长是孩子的第一任老师，要给孩子讲好'人生第一课'，帮助扣好人生第一粒扣子"。他还特别要求，办好教育事业，家庭、学校、政府、社会都有责任。党的二十大报告和习近平总书记关于家庭教育的系列重要讲话，为做好家庭教育工作指明了方向，提供了根本遵循。

（二）幼儿家庭教育的作用

家庭教育对幼儿的成长与发展具有启蒙和奠基作用、示范和感染作用，能持续地促进幼儿的成长。

1. 启蒙和奠基作用

家庭是儿童生命的摇篮，是人出生后接受教育的第一所学校，家长是儿童的启蒙之师。孩子从出生到入学前的教育，主要是在家庭中实施的，所以家长对儿童所实施的教育具有领先性、早期性。研究表明，婴幼儿期是人一生中大脑发育最快的时期，是智力发展的关键期。人的安全感、对亲人的依恋感，对世界的最初印象和看法都是在人生最初几年奠定的，许多基本能力也是在这个年龄段形成的，如语言表达、基本动作的协调以及生活行为习惯等，品德性格也在逐步形成。古语说："3 岁看大，7 岁看老。"这就告诉人们学前时期是一个人一生发展的极其关键、极其重要的时期。

2. 示范和感染作用

家庭教育一般建立在亲子血缘关系的基础上，这是家庭教育明显而又重要的特点。父母与孩子之间亲缘关系的天然性和密切性，使父母的喜怒哀乐对孩子有强烈的感染作用。在家长高兴时，孩子也会欢乐；在家长表现出烦躁不安和闷闷不乐时，孩子的情绪也容易受影响。孩子对父母的言行举止往往能心领神会，以情通情。在处理身边的人与事的关系和问题时，孩子很容易受到家长所持的态度的影响。

 案　例

礼貌地问好

　　妈妈带着 3 岁多的彤彤在路上走，遇见丽丽阿姨，妈妈大声有礼貌地打招呼："你好，丽丽姐。"丽丽阿姨回头一看，微笑着准备上前和彤彤打招呼。彤彤大声地说："丽丽阿姨好！"丽丽阿姨连声称赞彤彤懂礼貌，妈妈欣慰地笑着说，平时自己从来不强迫彤彤与人礼貌问好，但每次都会主动向他人问好，自然而然彤彤也变得有礼貌了。

　　从这个案例可以看到，这位长辈平时很注重对孩子礼仪方面的培养，孩子在潜移默化中习得了良好的待人接物的方式。

3. 持续的影响作用

幼儿每天都生活在家庭中，与家长交往互动时间最多，时时刻刻都受到家人的影响。幼儿的家长对幼儿实施的家庭教育是在有意和无意、有计划和无计划、自觉和不自觉之中进行的，

家长通过自身的言行随时教育和影响着幼儿。这种影响不仅表现在家长与幼儿一起进行早期阅读，教幼儿了解生活常识等显性教育上，还包括家长的举止谈吐、道德品行、价值期望等隐性教育方面。

二 幼儿家庭教育的特点和任务

幼儿家庭教育具有重要的意义，也得到了国家和社会的高度重视，《中华人民共和国家庭教育促进法》（以下简称《家庭教育促进法》）于 2022 年 1 月 1 日起正式施行，这对于我国实施家庭教育具有极大的指导意义。

《中华人民共和国
家庭教育促进法》
（节选）

（一）幼儿家庭教育的特点

幼儿家庭教育主要是指家长对幼儿进行教育的行为，产生的影响。家庭教育受家长的教育观念和家庭环境的制约，具有以下的特点。

1. 生活性和全面性

著名教育家陶行知先生提出"生活即教育"，他主张：生活是教育的根基与土壤，教育发生在生活中的每时每刻、方方面面。过什么样的生活，便会有什么样的教育。对于幼儿来说，学会生活和掌握基本的生活能力本身就是重要的学习目标，也必须在生活中进行和完成，家庭作为幼儿的生活场所，每个细节都可能成为教育中的支撑点，在潜移默化中影响幼儿。父母可以科学安排幼儿的一日生活、营造和谐家庭环境和氛围、在生活中展现良好的言谈举止，以及有爱和民主的态度。

2. 自然性和随机性

幼儿家庭教育的自然性表现为，家长及其他家庭成员在日常生活中自然显现出来的品行、兴趣、性格、生活方式等会对幼儿产生自觉或不自觉的、潜移默化的影响。幼儿家庭教育的随机性表现为，家庭教育一般没有明确的教育目标、教育计划和固定的教材，也没有具备专业知识和技能的专职教师，更没有对教育方法的严格、明确的规定和对教育结果的检查与评定。家庭教育不受时间、地点、场合等条件的限制，家庭成员会根据幼儿的实际发展水平，随时调整教育的内容与方法，利用一切可利用的机会对幼儿进行教育。

3. 亲情性与权威性

幼儿家庭教育是建立在亲子和血缘关系的基础之上的，家长对幼儿的关切、眷恋和无私的爱会使幼儿受到强烈的感染，这种深厚感情在教育过程中会成为一种神奇的催化剂，使教育的力量成倍增长，从而取得理想的教育效果。家长是家庭生活的组织者，幼儿在经济上、生活上、感情上都依赖家长，由此形成对家长的信赖感和依恋感，进而建立起家长对幼儿的权威。

4. 持久性与连续性

幼儿家庭教育是稳定、持久、连续的，家长的教育方式与风格、家庭的生活环境都是相对稳定的，持续、稳定的家庭教育对幼儿良好习惯与性格的形成是十分有利的。家长与幼儿相处时间长，有利于家长全面、细致、系统、深入地了解幼儿，并根据幼儿发展的实际水平，循序渐进地实施教育。家庭教育给幼儿带来的影响不会随着幼儿入园或离开家庭独立生活而失效，而是会在幼儿的一生中持续发挥作用。因此，家长教育幼儿的责任和义务不是一时的、短期的，而是长期的、终身的。

5. 差异性与继承性

每个家庭都是不同的，尤其是在家长素质、家庭生活氛围、幼儿的发展特点等方面，每个家庭对幼儿的教育具有明显差异。家庭教育是家长对幼儿进行的个别化的、有针对性的教育活动，在了解幼儿、因材施教方面，家长具有天然的优势。幼儿在家庭中接受父母、祖辈对自己的教育，在自己长大并成家立业后，也会用同样的教育内容、方式和方法去教育自己的后代，用从父母、祖辈那里受到的影响和教育以及由此形成的思想观点、行为习惯和家庭传统，去影响和教育自己的后代，从而实现家教、家风的代代相传。

（二）幼儿家庭教育的任务

幼儿家庭教育是人的教育的启蒙阶段，是幼儿园教育、学校教育与社会教育，以及其他教育的起点与基石。幼儿家庭教育的任务非常广泛，从生理到心理，从能力到个性，概括起来，主要包括以下几个方面。

1. 身心健康发展教育

众所周知，身体健康是个体生长发展的基础与前提，对于幼儿来说，拥有健康的身体才能适应并生存于自然的环境。因此，幼儿家庭健康教育的主要任务是给予幼儿合理的饮食，保证充足的营养摄入；对幼儿的日常生活给予细心照料和引导，并预防常见疾病；有目的地培养幼儿的安全意识；对幼儿进行适当的身体训练，促进幼儿四肢与躯干运动能力的发展，有效提升幼儿运动的协调性和灵活性，促进粗大动作和精细动作的协调发展。

2. 生活习惯养成教育

幼儿时期是人生的起步阶段，同时也是各种行为习惯的养成阶段。在这一时期，对幼儿进行良好生活习惯的培养和熏陶，会对幼儿的发展产生重要影响。正如我国著名教育学家陈鹤琴先生所说：人类的动作十之八九是习惯，而这种习惯又大部分是在幼年养成的，习惯养得好，终身受其福，习惯养不好，则终身受其累。在幼儿的成长过程中，家庭应积极地创设帮助幼儿学习生活技能的环境，帮助他们学习一些简单的生活技能，培养自我服务意识和自理能力。这不仅能帮助幼儿建立健康的生活行为习惯，而且有利于其养成自立、自强、自信等良好品质。

3. 认知发展教育

有关脑科学的各项研究表明，外界环境刺激与感官学习能够促进幼儿早期的大脑神经细胞的发展，从而促进大脑的发育。成人对幼儿进行科学方面的教育，提供各类有益于感官刺激的机会，有助于培养孩子积极动脑的习惯。因此，幼儿家庭科学教育的任务在于激发幼儿的认知兴趣，发展其观察、注意、记忆、想象、思维等认知能力，提高认知水平，扩展认知经验。0—6岁是幼儿语言发展至关重要的阶段，成人要抓住这个阶段培养他们的语言表达和理解能力，积累词汇和培养语感。幼儿的语言发展不是一蹴而就的，需要经历"模仿练习—理解语言—运用语言"的过程，家长应在了解幼儿语言发展客观规律的基础上，为幼儿提供丰富的语言环境，通过亲子阅读、念儿歌等方式，在生活中开展丰富的口语练习和阅读活动。

乐乐还是个孩子的时候，她的妈妈每天都会和她一起阅读绘本半小时，她们依偎在一起，每次都特别的开心，这成了她幼年最期待的时光。多年后，乐乐长大，依然保持阅读的习惯。亲子阅读不仅能使幼儿增长见识，体会文字的魅力，扩充词汇量，培养语感，而且可以使他们在情感和社会性上也有所收获。成人应在家中创设阅读环境，与孩子一起进行亲子阅读，帮助孩子养成爱读书的好习惯。同时作为家长，自己也要以身作则，每天有读书、看报的习惯。久而久之，孩子也会喜欢上阅读。

4. 社会性发展教育

我国著名教育家陈鹤琴指出，人之所以异于其他的动物，就是因为人是一种社会性的动物。教育的目的是使个体能更好地适应社会。幼儿家庭教育作为启蒙教育，使个体在从自然人转变为社会人的过程中迈出了第一步。成人要积极为幼儿创设适宜的社会化环境，让他们融入其中与他人进行互动，使他们逐渐形成基本的社会认知和掌握一些社交技能，从而学会理解他人、关心他人。换言之，幼儿家庭社会教育的主要任务是促使幼儿养成良好的生活习惯、劳动习惯、学习习惯等，让他们初步领会在社会中"做人"与"做事"的要义。

由于幼儿对事物的是非辨别能力较弱，家长在给予幼儿感知事物的基本概念的同时，需要在一旁帮助幼儿建立规则意识。例如，当孩子玩完玩具时，应该提醒孩子把玩具放回原处，及时整理自己的玩具箱。

三　幼儿家庭教育的原则和方法

（一）幼儿家庭教育的原则

为达到事半功倍的效果，幼儿家庭教育需遵循一定的原则，以培养适应社会经济发展需要的人才。幼儿家庭教育的原则主要包括科学教育原则、客观教育原则、引导教育原则、从易到难教育原则、奖惩相结合教育原则、统一教育原则。

1. 科学教育原则

幼儿家庭教育的科学教育原则主要是指在家庭教育中，家长要用正确的世界观、人生观、价值观、育儿观对幼儿进行教育和施加影响，引导其朝着社会经济发展所期望的目标成长。

家长要更新教育理念，遵循教育规律，做到因材施教，营造和谐的家庭环境，给孩子提供自由、快乐、信任和支持的环境，让孩子感觉到家庭的温暖，从小就感觉到世界充满爱，对外面的世界满怀好奇；让孩子用独特的方式去尝试各种事物、大胆发表自己的见解，使个人的潜能得到充分的发挥。

案　例

洋洋喜欢把玩具丢得到处都是。爸爸把他喊了过来，恶狠狠地说："把手掌伸出来，上次和你说了，乱丢玩具就打手掌。"尽管洋洋吓得大哭起来，爸爸还是抓住他的手，用尺子在手上重重地敲打了几下。爸爸边打还边威胁说："看你下次还敢把玩具丢得到处都是！"父母打孩子的教育方式不能有效地帮助幼儿养成规则意识。父母应该根据幼儿的心理发展特点，采用坚定而温柔的方式，通过耐心教导、榜样示范等引导幼儿养成良好的习惯。

2. 客观教育原则

在幼儿家庭教育中，家长既要关心呵护孩子，也要严格要求孩子。在教育孩子时，要做到情感与客观事实相结合，理性培养孩子，促进孩子的健康发展。首先，家长要注意调节自己的心情，稳定情绪，克制无益的冲动，才能在教育孩子的过程中事半功倍，也不至于感情用事而做出一些错误的行为。其次，家长要适当说"不"，做到客观分析孩子的需求，满足孩子合理的要求，拒绝不当的要求，适当管教孩子。最后，家长要培养孩子适应社会的生存技能和辨别是非的能力，使孩子明辨是非，体验各种情感，不断取得进步。

3. 引导教育原则

在幼儿家庭教育中，家长要认真对待孩子的主动性，尊重孩子，把孩子看成一个独立的个体，想办法调动孩子的自觉性和积极性，引导孩子向好的方向发展。树立正确的育儿观是家长正确引导、教育孩子的前提。家长要认清自己的孩子，知道孩子擅长什么喜欢什么，不擅长的就不要强迫孩子去学习。给予孩子适当的帮助是家长引导孩子的关键，应从孩子的实际情况出发，给予其适当的帮助和指点，为了使孩子终身受益，家长要给孩子提供自我教育的机会。

4. 从易到难教育原则

在幼儿家庭教育中，家长要遵循从易到难的原则，逐步提高对孩子的要求，让孩子体验成功的快乐，最终达到身心健康发展的目标。家长对孩子提出的要求要简单、具体、明确，不能抽象、笼统，同时，家长对孩子提出的要求既不能过高，也不能过低。对孩子的要求过高，孩子力所不及，无法实现，他们会失去信心；对孩子的要求过低，孩子无须付出，他们会失去兴趣。

5. 奖惩相结合教育原则

在幼儿家庭教育中，家长对孩子要奖惩分明，该奖则奖，该罚则罚，奖惩适度，以规范孩子的行为习惯，抑制孩子的不良行为。研究表明，父母经常夸奖孩子聪明，孩子的挫折容忍度就会变得较低，由于害怕失败，这些孩子往往选择较有把握的事情去做；父母经常称赞孩子努力，孩子的自信心就会逐渐增强，由于不担心失败，这些孩子往往选择有挑战性的事情去做。对孩子的过失行为要进行惩罚。在惩罚孩子之前，家长要冷静地分析孩子过失行为产生的原因，使孩子知道自己为什么受到惩罚，应怎样改正错误，以发挥惩罚的教育作用。在实施惩罚以后，家长要根据孩子取得的进步实施表扬，激发孩子的上进心。家长要牢记惩罚的对象不是孩子，而是其过失行为。家长要抓住时机，掌握分寸，以奖为主，奖惩结合，促进孩子良好行为的形成。

6. 统一教育原则

统一教育原则是指家庭成员对孩子的教育要具有统一性，不能各人凭借自己的感觉教育孩子。家人之间互通信息有利于大家统一思想，这样对孩子的教育有积极的意义。同时，家庭成员之间要相互合作、团结一致，建立牢固的统一战线。教育孩子的过程中，针对某一问题要有统一性。例如，爸爸说不能看电视，妈妈来一句让孩子看 10 分钟吧。这样孩子不知道要执行谁的意见，只会选择自己喜欢的，就会看 10 分钟电视。爸爸坚持不让孩子看电视，孩子知道接下来不能看电视了，就会大哭大闹，爸爸见状，严加斥责；妈妈见状，左哄右劝。长此以往，孩子就会在爸爸面前显得较为拘谨，而在妈妈面前会变得更加放肆。因此，应杜绝这样的做法。父母要建立统一战线，任何事情都要父母双方协调一致，才能帮助孩子成长。教育孩子是每个家庭成员的责任。在教育孩子的过程中，家庭成员要齐心协力、相互合作，共同教育孩子，这样才能提高教育的效率。

（二）幼儿家庭教育的方法

幼儿家庭教育的方法是指家长在对孩子进行教育时所选择和运用的策略及措施。幼儿家庭教育方法的运用直接关系到幼儿家庭教育的成败。幼儿家庭教育的

微课：幼儿家庭
教育的方法

方法很多，家长要找到适合教育自己孩子的方法，并创造性地加以综合使用。

1. 榜样示范法

榜样示范法是一种很实用的教育孩子的方法。家长只有率先示范，在生活中处处为他人着想，对孩子动之以情，导之以行，才能帮助孩子养成良好的习惯，促进孩子个性的发展。例如，家长帮助邻居老人安装电灯；家长在自己父母过生日或重大节日时，买礼物送给父母；家长经常打电话询问父母的身体状况。家长在生活中要成为孩子的榜样。

2. 亲子游戏法

亲子游戏是家庭内以亲子感情为基础、围绕家长与幼儿开展游戏的活动方式。适宜的亲子游戏不仅可以增进亲子之间的情感，同时还能带动幼儿其他领域能力的提升，更好地促进幼儿的身心发展。比如在运动领域，家长可以和幼儿跟着儿歌一起模仿小动物走路，这样既有趣味性，又能锻炼幼儿的身体协调能力。在认知领域，家长可以带着幼儿一起用彩泥搓搓揉揉，让幼儿猜猜是什么图形，帮助幼儿获得对基本形状的感知能力。又比如在语言领域，家长带着幼儿一起看看绘本，通过有趣的角色扮演，帮助幼儿提升对语言的理解和表达能力。

3. 动作训练法

动作训练法是指在日常生活中，家长根据幼儿动作发展的实际情况，通过反复练习指导幼儿掌握某个动作的方法。动作训练法是家长帮助幼儿发展基础的活动能力和习得基本动作，并增强身体素质的基本方法。家长应根据幼儿动作发展的阶段性特点，通过分解练习、重复练习等方式帮助幼儿掌握动作要领。此外，家长应利用外界环境有目的地及时帮助幼儿巩固动作要领并反复练习。

4. 口头指导法

口头指导法是指在日常生活中，家长用简单清晰的语言帮助幼儿学习各项技能的方法。口头指导法能够帮助幼儿快速理解家长的指令并获得及时反馈，因此家长在指导幼儿学习时，应给予明确、简洁、具体的口头指导。比如，家长在给幼儿讲解生活常识时，要尽力做到简单易懂、直观形象、与生活实际相结合，以幼儿能接受为准则。同时，家长还要考虑幼儿的年龄特点，在语言表达上应采取温柔平和的方式，让幼儿主观上愿意接受。切勿使用命令式的语言，以免使幼儿受到惊吓或者产生抗拒。比如有些幼儿喜欢把玩具放得到处都是，而且玩完了没有放回玩具箱，如果家长强硬地命令其收好玩具，幼儿是不愿意听从的，但如果用移情的方式，比如"宝贝，玩具不能回家了，它会很伤心的，让我们帮助它们回家吧"这样的讲解，符合幼儿将物拟人化的思维特点，更容易被幼儿理解并接纳。

5. 感知体验法

感知体验法指的是家长帮助幼儿通过自己的身体感官对外界进行亲自探索与实践，并获得对周围环境和客观世界理解的方法。著名教育学家杜威提出了"做中学"的教育原则，即在家庭教育中，父母要积极为幼儿创设良好的家庭生活环境，提供各种丰富的感官材料，随机引导幼儿运用五官感受周围事物，抓住感知的机会，增加他们的感觉刺激。父母应注意保护好幼儿探索外界的积极性，当幼儿有很强的好奇心时，只要不是具有危险的情况，应尽可能地满足他们的需求。

任务二 幼儿家庭教育指导概述

一 幼儿家庭教育指导的内涵和意义

《全国家庭教育指导大纲（修订）》指出，家庭教育指导是指相关机构和人员为提高家长教育子女能力而提供的专业性支持服务和引导。幼儿园作为专门的幼儿教育机构，不仅要邀请家长参与、支持幼儿园的各项工作，同时还有责任和义务对幼儿家长进行家庭教育指导，提高家长的育儿水平，真正达到家园共育，共同促进幼儿发展。幼儿教师是幼儿家庭教育指导的主要负责人，承担着与家长沟通、对家庭教育进行指导的重要职责。

微课：幼儿家庭教育指导的内涵和意义

（一）幼儿家庭教育指导的内涵

幼儿家庭教育指导是指幼儿园或者其他社会机构组织，以学前儿童家长为主要对象、以家庭教育为主要内容的指导活动。幼儿园家庭教育指导是幼儿园家长工作不可或缺的组成部分，重点在于扩大家庭教育和科学育儿知识的宣传和普及，使广大家长的整体素质和教育子女的能力得到全面提高，促进家长和孩子共同成长，进一步完善家庭教育工作长效机制。

1.幼儿家庭教育指导的组织单位为幼儿园或者其他社会机构

幼儿园或者其他社会机构基于学前儿童身心发展需要，基于国家和社会发展的需要，为学前儿童家庭提供家庭教育支持与服务、指点与引导，帮助家庭发挥积极的教育功能，创建有利于学前儿童健康成长的家庭环境，促进家庭关系的建设与家长人格的发展。

2.幼儿家庭教育指导的对象为学前儿童家长

幼儿家庭教育指导帮助家长提高教育素质，转变教育观念，形成正确的教养态度，不仅能为孩子创设良好的家庭环境，而且能引导家长正确对待孩子的行为表现，对孩子实施适当的主动教育。

3.幼儿家庭教育指导以家庭教育为主要内容

根据2021年3月30日教育部发布的《幼儿园入学准备教育指导要点》，本教材着重围绕幼儿入学准备这一核心点，在身心准备、生活准备、社会准备和学习准备四个方面进行家庭教育指导，综合学前儿童教育学、学前儿童心理学、生理学、医学、社会学、家庭学、人类学和文化研究等相关领域的研究成果开展指导活动。

（二）幼儿家庭教育指导的意义

《教育部关于加强家庭教育工作的指导意见》（教基一〔2015〕10号）指出，家庭是社会的基本细胞，注重家庭、注重家教、注重家风，对于国家发展、民族进步、社会和谐具有十分重要的意义。3—6岁是个体成长的关键期，是为后续学习和终身发展奠基的重要阶段，学前儿童的素质包括身体素质、心理素质、思想道德素质等受到家庭教育的重要影响，因此，此阶段的家庭教育指导具有特别重要的意义。

1.幼儿家庭教育指导对个体发展的意义

家庭是人生的第一所学校，家长是孩子的第一任老师。父母是儿童生命中的重要他人，父母教育理念与行为的变化直接影响儿童人格的形成和社会化发展。幼儿家庭教育指导者一方面通过帮助家长明晰自己在家庭教育中的教育角色，履行教育义务，提高教育能力；另一方面也可以直接作用于学龄前儿童，对儿童产生直接影响，从而促进儿童的身心健康发展。

2.幼儿家庭教育指导对家庭发展的意义

孩子进入幼儿园以后，很多家长将教育的责任交给了幼儿园老师，而接送孩子的责任交给了家中老人，自己则开始为工作忙碌，这种家庭教育方式阻碍了良好亲子关系的形成，他们在家庭教育上做"甩手掌柜"，在孩子学习上却期望很高，在幼儿园阶段就给孩子报各种培训班，这充分反映了现代家长"赢在起跑线上"的焦虑。家庭是一个系统，家庭发展需要有一个良好的动力系统，教育的焦虑需要在这个动力系统中得到过滤与净化，幼儿家庭教育指导帮助家庭解决冲突与矛盾，确保这个动力系统稳定运转。

 案 例

不肯上幼儿园的小小

4岁的小小已经是中班的小朋友了，但是她最近总是不肯上幼儿园，妈妈送她到幼儿园门口，她就扯着妈妈的衣服不肯松手，并且说肚子疼得厉害，妈妈带小小去看了儿科医生，做了一系列检查，没有发现小小有任何身体问题。妈妈很是苦恼，因为小小还有一个半岁的弟弟，妈妈现在将主要精力放在照顾弟弟身上，将接送小小的任务交给了奶奶，小小不肯上幼儿园让妈妈不得不将注意力放在小小身上。

二胎的到来打破了家庭原来的结构，孩子的爸妈更加关注小婴儿的需要，小小感觉自己的爱被弟弟抢走了，她觉得自己只有留在家里才能像弟弟一样获得妈妈的爱。二胎家庭的父母在小婴儿出生后要特别关注大孩子的情绪反应，尽量做到每天有单独陪伴的时间，让孩子感受到父母的爱并没有因弟弟或妹妹的出生而减少。

3. 幼儿家庭教育指导对社会发展的意义

提升家长素质，提高育人水平，家庭教育工作承担着重要的责任和使命。家庭教育工作开展得如何，关系到孩子的终身发展，关系到千家万户的切身利益，关系到国家和民族的未来。目前我国家庭教育还存在认识不到位、教育水平不高、相关资源缺乏等问题，导致一些家庭从孩子上幼儿园开始就重智轻德、重知轻能、过分宠爱、过高要求，这影响了孩子的健康成长和全面发展。幼儿家庭教育指导对于扭转这一现象，推动家庭、幼儿园、社会密切配合，共同培养德智体美劳全面发展的社会主义建设者和接班人有着重要意义。

二 幼儿家庭教育指导的目标和任务

家庭教育指导是一种培养人的活动，在人的培养方向上与培养目标上会有社会期待和国家意志，家庭教育指导的目的是引领家长培养出适应社会发展与投身国家建设的人才。幼儿家庭教育指导的目标是根据《幼儿园入学准备教育指导要点》《家庭教育促进法》《全国家庭教育指导大纲（修订）》等一系列的法律法规与政策文件要求，对幼儿家庭开展家庭教育指导，以提高幼儿家庭教育质量，促进幼儿健康成长。

（一）幼儿家庭教育指导的目标

1. 促进幼儿身心全面和谐发展

这主要是指指导家长在家庭教育的过程中关注身心准备、生活准备、社会准备和学习准备几方面的有机融合和渗透。家长应从孩子小班开始逐步培养幼儿健康的体魄、积极的态度和良好的习惯等身心基本素质，在孩子大班时围绕社会交往、自我调控、规则意识、专注坚持等进入小学所需的关键素质，掌握科学有效的途径和方法，与幼儿园配合实施有针对性的入学准备教育。教师应及时了解家长在幼儿入学准备和入学适应方面的困惑，缓解家长的压力和焦虑，营造良好的家庭教育氛围。

2. 帮助家长树立科学的家庭养育观念

教育部等十三部门发布的《关于健全学校家庭社会协同育人机制的意见》（教基〔2022〕7号）指出，要树立科学家庭教育观念，遵循素质教育理念和未成年人身心发展规律，注重培养子女良好思想品德、行为习惯和健康身心，促进其全面发展；尊重个体差异，理性确定子女成长目标。家长教养观念是家长在教育和抚养儿童的过程中，对儿童的发展、教育儿童的方式和途径以及儿童的可塑性等问题所持有的观点或看法。它可以作为行为发生的心理来源，以教养行为为中介，影响儿童发展；或通过环境设置来构成特定的家庭生活环境，形成特定的期望氛围，直接或间接地塑造出不同发展特征的儿童。其实质包括以下三个方面：家长的儿童观、发展观和父母观。

（1）儿童观。

儿童观是指家长对儿童在发展过程中是被动接受外界影响，还是积极主动地获得发展这类问题的基本看法。家长应首先建立符合时代需要的、科学的、现代化的儿童观。其主要体现在：第一，家长应尊重儿童。儿童是独立的人，家长应做到尊重儿童的人格、权利和心理需要；尊重儿童的思想、情感、社会交往需要；尊重儿童的选择。第二，家长应认识到每个儿童都具有不同于他人的特殊性，家长应让儿童在达到基本的发展外，还能按其自身的特点和潜能去发展，要在尊重孩子的人格、兴趣、爱好和能力的前提下，引导孩子循序渐进，健康成长。

（2）发展观。

发展观是指家长对儿童发展的规律及影响因素的观点和看法。儿童具有发展的潜能和创造力，是一个全方位发展的人。家长既应促进儿童身体的、智力的发展，也应重视儿童心理、人格、社会性等方面的全面发展。儿童正处于身体发育的重要时期，家长在日常生活与教育中应做到保教结合，为幼儿将来能够拥有健康的体魄打下坚实的基础。家长要建立能力观念，注重培养儿童的观察力、注意力、想象力、思维能力、语言能力，特别是应逐步培养儿童的实际操作能力和创造能力，为其将来更好地适应现代社会的发展做好充分的准备。家长应注重培养儿童的爱心、责任心、合作精神、社交能力，培养儿童的自律、自制、自信等品质。

（3）父母观。

父母观是指对家长在儿童发展过程中的作用问题的看法。科学的父母观要求家长应认识到孩子是一个独立的个体，有自己独立的人格。家长和孩子之间不仅有教育者和受教育者之间的关系，更有平等的人与人之间的关系。家庭教育中以儿童为主体要求家长要了解孩子的生理和心理特点，尊重孩子的兴趣、个性和选择，努力成为一个积极的、睿智的引导者和帮助者。家长要随着社会的急剧变迁和科技的飞速发展，勇于向子女学习并调整自身固有的文化观念，以适应子女生存环境的发展变化。

3. 使家长掌握必要的家庭教育知识和技能

《家庭教育促进法》指出，父母或者其他监护人在道德品质、身体素质、生活技能、文化修养、行为习惯等方面要对孩子进行培育、引导和影响。对于学龄前儿童家长来说，家庭教育指导主要是帮助其掌握儿童身心发展的规律，家庭教育指导的原则、内容、方法与途径等方面的知识，以及如何开展家庭教育的操作性技能。尤其是技能的掌握，应该包括以下四个方面：一是关于儿童成长方面的指导，涉及儿童发展的方方面面，如营养与运动指导、卫生与健康指导、学业指导、心理指导、社交与社会实践指导、职业指导等；二是关于家庭教育方法方面的指导，如与孩子如何沟通与交流、奖励与惩罚、榜样与示范、游戏与陪伴等；三是家庭建设方面的指导，如家庭关系建设、家风营造、家庭环境布置等；四是外围支持系统方面，如家校合作、社会支持等内容。

4. 提高家长自我教育、自我成长的能力

幼儿家庭教育指导要引导和帮助家长在家庭教育的过程中逐步实现自我教育和自我成长，其中的关键在于唤起和激发家长的自我效能感。幼儿入园后，就进入了系统性的学校教育，跟之前孩子在家庭中成长有很大的不同，因此，很多家长非常关注幼儿在园表现，对孩子出现的适应困难感到束手无策，却忽略了自我教育与自我成长。幼儿家庭教育指导不仅要指导家长掌握相关的家庭教育知识，更要关注家长的自我效能感，具体包括自身情绪的稳定性、对家庭冲突的处理能力、亲子关系的构建能力等。家长的自我成长会提升其自我效能感，让家庭教育指导取得更显著的效果。

 案 例

情绪失控的小爱妈妈

小爱6岁了，很快要从幼儿园大班升到小学一年级。小爱妈妈从事销售工作，薪酬跟工作业绩挂钩，工作压力大；小爱爸爸是公司中层，经常需要出差，有时一出差就是半个月。照顾和教育小爱的重任全部落在了小爱妈妈的身上。为了做好幼小衔接，小爱妈妈会给她布置一些学习任务。有一天，小爱表现出一副漫不经心的样子，小爱妈妈非常生气，她冲着小爱大吼了起来："你知不知道妈妈照顾你很辛苦啊？你看你爸爸一天到晚出差也不管你，我每天辛辛苦苦教你，你还不认真学，等到了小学，别的小朋友都会了，就你跟不上怎么办？"妈妈生气的样子把小爱吓坏了。

小爱的妈妈和爸爸照顾孩子上没有分工，爸爸经常出差缺席了小爱的教育，小爱妈妈承担了大部分照顾孩子的责任，小爱妈妈把对小爱爸爸的不满转移到小爱身上，同时也将小爱成绩优秀与否与自己的价值感联系在一起。小爱妈妈在指导小爱学习时很焦虑，当小爱的表现达不到自己的期待时情绪就失控了。小爱妈妈需要跟小爱爸爸进行深入沟通，在家庭生活上明确各自的职责。小爱妈妈还需要自我成长，在与孩子互动时保持稳定的情绪状态。

3—6岁儿童的家庭教育指导内容

（二）幼儿家庭教育指导的任务

3—6 岁是儿童身心快速发展时期，幼儿家庭教育指导要立足儿童身心发展规律和不同年龄段儿童的年龄特点，从儿童学习、生活、成长和家庭教育中的实际问题出发，提高指导内容的针对性、实用性。重点从以下四个方面进行指导。

1. 指导家长关注儿童的身心健康

一是对幼儿家庭的营养保健、膳食管理指导，指导家长不断学习关于儿童营养的新理念、新知识，根据儿童的个人特点，寻找科学合理而又能为儿童所接受的膳食方式；能科学搭配儿童饮食，做到营养均衡、种类多样、比例适当、饮食定量、调配得当。二是指导家长重视儿童的体能素质，加强幼儿体育锻炼，带领儿童积极开展体育锻炼，定期带儿童做健康检查。

2. 指导家长培养儿童的生活能力

一是指导家长培养儿童良好的生活和卫生习惯，在其作息制度、饮食习惯、个人卫生习惯、锻炼习惯等方面进行指导。二是指导家长增强安全意识，减少儿童意外伤害，尽可能消除居室和周边环境中的伤害性因素；增强儿童的生命意识以及自我保护能力。

3. 指导家长提高儿童的社会适应性

一是指导家长培养孩子的自主意识。二是指导家长培养儿童良好的人际交往能力，指导家长关注儿童日常交往行为，对儿童的交往态度、行为和技巧及时提供帮助和引导；注意培养儿童多方面的兴趣、爱好和特长，增强儿童交往的自信心；开展角色扮演游戏，帮助儿童在家中练习社交技巧，并积极为儿童创造与同伴交往的机会，培养儿童乐于与人交往的习惯和品质。三是指导家长培养孩子的社会情感，社会情感的表现形式有道德感、理智感和美感，积极带领儿童感知家乡与祖国的美好，指导家长通过和儿童一起外出游玩、观看影视文化作品等多种形式，了解有关家乡、祖国各地的风景名胜、风土人情、独特物产等，培育儿童对家乡和祖国的情感。

4. 指导家长培养儿童的学习能力

一是指导家长激发儿童的学习兴趣，带领儿童关心周围事物及现象，多开展户外活动，以开阔儿童的眼界，丰富儿童的感性知识，以开放互动的方式让儿童在玩中学、在操作中探索、在游戏中成长；二是指导家长培养幼儿的学习能力，激发儿童早期智能，采用个别化教育手段，有针对性地鼓励儿童积极活动、主动参与、积累经验、发展潜能；三是指导家长培养幼儿的学习品质，关注注意力、自觉性、自制力等方面学习品质的培养。

三　幼儿家庭教育指导的原则和方法

《幼儿园教育指导纲要（试行）》指出：家庭是幼儿园重要的合作伙伴，应本着尊重、平等、合作的原则，争取家长的理解、支持和主动参与，并积极支持、帮助家长提高教育能力。幼儿家庭教育指导要以孩子的发展为本，遵循孩子身心发展的规律和家庭教育指导工作规律，帮助家长更新教养观念，树立正确的育儿观，指导家长掌握科学育儿的方法，交流和推广家庭教育的成功经验，提高家长教养孩子的能力，优化家庭、学校、社会共同参与素质教育的意识与合力。

（一）幼儿家庭教育指导的原则

幼儿家庭教育指导的原则，是指家庭教育指导工作中幼儿教师应该遵循的基本要求，是家庭教育指导规律的反映和实践经验的科学概括，它对家庭教育指导工作具有指导意义。家庭教育指导原则包括双向互动原则、家长主体原则、共同成长原则、整体性原则和理论联系实际原则等。

1. 双向互动原则

家庭教育指导的过程是教师与家长之间的一种双向互动的过程。一方面，教师的指导观念影响着指导态度，教师的指导观念、指导态度是在长期指导实践中形成的，指导能力影响着教师的指导行为。另一方面，家长对教师的认识影响着家长对教师的态度，家长的观念和态度影响着家长接受指导的行为。家庭教育指导过程中，教师与家长之间的互动，既影响着家长的教育观念、教养态度和教育行为，同时又改变着家长对指导者的认识、态度和行为，还改变着教师的指导观念、指导态度和指导行为。

2. 家长主体原则

幼儿家庭教育指导的主要对象是学前儿童家长，在家庭教育指导的过程中应当发挥家长的主体作用。教师应了解家长的情况，理解家长的行为，尊重家长的人格，耐心听取家长的诉说，了解家长的需求，虚心征求家长对指导工作的意见和建议，根据家长的特点和需要提供必要的、有效的服务。教师应以多样、生动的指导形式，有针对性的指导内容，吸引家长参与家庭教育指导活动，提高家长的积极性；应在指导过程中提高家长参与的自觉性，使家长由"要我来"变为"我要来"，由被动参与变为主动参与；在开展家庭教育指导的基础上，逐步吸收家长加入指导工作的组织管理，发挥家长在指导过程中的主体作用。

3. 共同成长原则

共同成长是指在家庭教育指导的整个过程中，让教育工作常态化，推动家庭教育指导水平不断提升。儿童在不同的发展阶段，身心的特点和需要不同，为适应儿童的特点与需要，家长和教师需要随着儿童的成长不断更新、调整自己。对新的观念、新的知识、新的技术手段的理解和接受，儿童往往比成年人更快，家长和教师可以从儿童身上吸取不少积极的、有价值的东西。家长和教师应在学习教育子女的有关知识和教育子女的实践中，在适应儿童的年龄增长带来的变化中，在接受儿童的积极影响过程中，与孩子一起成长。

4. 整体性原则

家庭教育指导是一项社会系统工程，儿童的成长是在多种环境的影响下实现的，对家庭教育的指导可有多种渠道。要坚持家庭教育、学校教育、社区教育等影响儿童发展的合力实施的整体性，坚持学校、社区、企事业机构、大众传播媒介对家庭教育进行指导的整合性。对儿童在不同年龄阶段的教育重点是有不同侧重的，但是，各年龄段的教育又是连续性的，对不同年龄段儿童的家长进行指导也是连续性的，需要以持续发展的观点从整体上把握对不同年龄段儿童的家庭教育和对家长的家庭教育指导。

5. 理论联系实际原则

家庭教育指导要在理论的指导下实践，家庭教育指导的理论研究要为实践服务。在进行家庭教育指导的过程中，幼儿教师可以收集丰富的家庭教育案例，对存在的问题进行深入研究，在解决实际问题的过程中提炼新的家庭教育理论，并对理论进行反复验证，增强科学性与实践性，再将研究成果推广与转化，从而不断提升家庭教育指导水平。

 延伸阅读

家庭教育指导工作应遵循的基本原则

思想性原则。遵循党的教育方针，以促进儿童全面健康成长为目标，以立德树人为根本任务，通过实施科学的家庭教育指导，推进家庭教育在培养德智体美劳全面发展的社会主义建设者和接班人中发挥重要基础作用。

科学性原则。遵循家庭教育规律，为家长提供科学化、专业化、规范化的指导服务，家庭教育指导机构和指导者应具备相应的专业资质和能力。

儿童为本原则。尊重儿童身心发展规律和个体差异，创设适合儿童成长的必要条件，保护儿童各项权利，促进儿童自然、全面、充分、个性发展。

家长主体原则。确立为家长服务、提供支持的观念，尊重家长意愿，坚持需求导向，调动家长参与的积极性；引导家长注重提升自身素质，注重家庭建设和良好家风传承，促进亲子互动共同提高。

（二）幼儿家庭教育指导的方法

幼儿教师作为专职的教育工作者，了解幼儿身心发展的特点和规律，并掌握着科学的知识与方法，在教育孩子的过程中能够及时发现幼儿成长中出现的问题，有针对性地给予家长指导和帮助。幼儿教师需要了解和掌握多种家庭教育指导方法，多角度多形式实施家庭教育指导。

1. 按指导对象的人数规模分为集体指导、小组指导和个体指导

集体指导指把一定数量的家长聚集起来进行统一指导，主要采取讲座、家长会、亲子活动等集体活动的方式进行。这种形式的优点是普及面广、成本低、传播速度快、容易形成一定效应；不足是针对性不强、互动性弱。

小组指导指把数量较少的家长聚集起来进行指导，主要采取小组讨论、小组沙龙、工作坊、成长小组等方式进行。这种形式的优点是针对性强、互动深入、体验性强，小组成员可以互相学习与借鉴；不足是成本较高，受益人群较少。

个体指导指对家长个体进行的指导，主要方式有一对一咨询、个性定制的培训学习等。这种形式的优点是满足家长的特殊需求，私密性强，指导老师与家长有充分的沟通与交流，容易出成效；不足是成本高，需要占用指导老师大量的时间。

2. 按指导内容的传播介质分为面授指导和媒体指导

面授指导即指导双方面对面、同在现场的指导。面授指导加强了指导双方的信息交流，便于深入沟通，但对场地有一定要求，集体指导与小组指导最好在多媒体教室进行，个别指导也需要一个不受外界打搅的独立空间。

媒介指导指以媒体为中介的指导。随着信息技术的日益更新，近年来，媒体运用已经从传统纸质媒体向信息化媒体转变，很多家庭教育指导机构运用 App 终端传播家庭教育知识。幼儿教师在做家庭教育指导时，也可以运用现代媒体技术，如网络视频、音频、在线问答等方式进行指导。媒介指导打破空间与时间的限制，具有快速便捷的特点，也是未来更加常用的一种指导方式。

3. 按指导活动的正式程度分为正式指导与非正式指导

正式指导指开展的家庭教育指导是一系列有目的、有计划的安排，包括教学目标、教学主题、教学内容、教学时间、教学评价等，这种指导方式目标明确、主题鲜明，对于解决共性问题效果显著，适合集体指导与小组指导。随着家庭教育指导工作的推进，开展正式指导越来越受到重视，幼儿园根据不同学段的孩子设计家庭教育指导课程，对家长进行系统性指导。

非正式指导指在日常管理与教学的过程中，指导者对幼儿家庭教育问题的观察、咨询等进行的沟通、交流与引导，是教师基于对亲子互动的观察，跟家长的沟通、聊天及建议等。非正式指导具有随机、主动、自然等特点，是家园共育的重要组成部分。

幼儿家庭教育指导是幼儿园教学管理工作的一部分。它是一项系统工程，需要立足幼儿园的日常管理与教学，根据幼儿的身心发展规律和学习任务要求，进行设计与系统实施。

📚 思政在线

　　儿童是国家的未来，家庭教育在儿童教育过程中发挥着重要的作用。党的二十大报告在论述"实施科教兴国战略，强化现代化建设人才支撑"时，对提高教育水平提出了"健全学校家庭社会育人机制"的要求。2023年的政府工作报告中明确指出要"促进教育公平和质量提升"。在家校共育的过程中，家庭教育对于教育质量的提升是不容忽视的一环。

任务一　幼儿家庭教育典型案例搜集

🔵 一　实训背景

　　人在成长过程中，要受到来自家庭、学校、社会三方面的影响，每一个人的成长过程都是家庭教育、学校教育和社会教育这三种教育形式综合作用的结果。其中，家庭教育起着举足轻重的作用。人们常说，家庭是人生的第一所学校，又是终身的学校，心理学家曾将家庭比成"制造人格的工厂"。因此搜集古今家庭典型的教育故事，分析其对人成长的影响，十分具有意义。

🔵 二　实训目标

　　（1）体会家庭教育的重要性，初步树立科学的家庭教育观。
　　（2）了解古今经典的家庭教育故事，掌握家庭教育对个体成长的重要性。
　　（3）能分析家庭教育的要素，感知家庭教育的具体指导内容和方法。

🔵 三　实训准备

　　经验准备：亲身感受家庭教育过程。
　　物质准备：家庭教育相关图书或电子资源；制作文稿、PPT或视频的电子设备。

四　实训过程

（1）成立任务小组，每个小组人数以 6—8 人为宜。

（2）选出小组长，召开小组会议，制订任务计划。

（3）进行小组分工，通过网络、书籍、实地考察等多种途径搜集古今经典的家庭教育的资料。

（4）资料汇总，小组讨论，分析家庭教育对人成长的影响，形成案例文稿。

（5）进行形式选择，排练故事分享和分析呈现的表达方式。

（6）形成分享成果（文稿、PPT 或视频等）。

（7）分组进行分享，其他组进行观摩、评价。

五　实训延伸

从不同的家庭类型出发，将搜集到的资料投放到家庭教育研究机构，广泛开展调研，形成研究报告，以便更好地指导家庭教育工作。

六　实训注意事项

（1）选取的家庭教育案例要典型。

（2）团队成员应分工明确，同时发挥团队协作精神。

任务二　幼儿家庭教育指导现状调研

一　实训背景

幼儿家庭教育指导基于幼儿家庭需求开展、以问题为导向更为有效，因此学习本课程需要深入了解目前幼儿家庭教育现状，在对每一所幼儿园开展家庭教育指导前需要先进行需求调研，学会问卷调研法将帮助我们快速高效了解家长需求，有针对性地进行指导。请以一所幼儿园的学前儿童家庭为调研对象，编写一份幼儿家庭教育指导需求问卷，并对调研情况进行分析，撰写调研报告。

二 实训目标

（1）学会编写调研问卷，了解当前幼儿家长对家庭教育指导的需求。

（2）学会运用问卷星平台发布问卷并收集数据，分析并撰写调研报告。

三 实训准备

经验准备：会注册问卷星账号，并能运用问卷星进行信息收集；确定调研的幼儿园及人员。

物质准备：纸、笔、手机、电脑。

四 实训过程

（1）学生分组，6—8人为一组，选出小组长，召开小组会议，明确调研方向。

（2）进行小组分工，在知网、维普网查阅关于幼儿家庭教育指导需求的文献，了解当前幼儿家庭教育指导存在的问题以及家长的需求。

（3）选择一所幼儿园，对园长及3—5位教师进行一对一访谈，了解幼儿园开展家庭教育指导的情况以及学前儿童发展遇到的常见问题。

（4）资料汇总，小组讨论，提炼问卷的主要内容。

（5）编写问卷，并在问卷星平台发放问卷；与幼儿园对接，发放问卷。

（6）在问卷星后台收集数据，并进行数据分析，撰写调研报告。

五 活动延伸

（1）根据调研需求设计幼儿家庭教育指导的课程大纲，分小组设计课程。

（2）依据调研结果进行课程实施准备。

幼儿家庭教育指导需求调查问卷样卷（家长卷）

六 实训注意事项

（1）编制问卷必须查阅大量文献，确保编制的问卷科学有效。

（2）调研对象尽量覆盖全体参加幼儿家庭教育指导的家长。

思考与练习

一、选择题

1. 做家庭信息的收集与评估时，不需要收集哪些类型的信息？（　　）

A. 家庭成员的范围

B. 家庭生活史

C. 指导老师感兴趣的私人信息

D. 年龄、职业、文化程度等基本信息

2. 对家长进行家庭教育指导的基本内容主要包括与家庭教育有关的（　　）。

A. 基础知识与个案指导　　　　　　B. 重大事件

C. 个案指导　　　　　　　　　　　D. 基础知识与基本方法

3. （　　）是指家庭外的教育机构团体组织和社会工作者个人对家长进行的，围绕着家庭教育问题而展开的，以提高家庭教育质量、促进儿童健康成长为目的的教育活动。

A. 家庭教育　　　　　　　　　　　B. 家庭教育指导

C. 亲子教育　　　　　　　　　　　D. 亲职教育

4. 家庭教育指导对象主要是未成年人的家长，包括孩子的父母、祖辈等亲属，也包括（　　）。

A. 继父母　　　　B. 表亲　　　　C. 兄弟　　　　D. 孩子

5. 幼儿园教育需要家庭教育奠基，家庭教育需要学校指导，同时，幼儿园教育也需要（　　）参与。

A. 老师　　　　B. 园长　　　　C. 家长　　　　D. 幼儿

6. 家庭教育指导老师的工作准则不包括（　　）。

A. 以儿童为中心　　　　　　　　　B. 以家长为主体

C. 以教师为指导者　　　　　　　　D. 多向互动为工作导向

7. 教育部历史上第一次独家发出的，对推进家庭教育事业的发展具有极其重要的现实意义的家庭教育指导文件是下列哪一个？（　　）

A.《关于加强家庭教育工作的指导意见》

B.《关于指导推进家庭教育的五年规划（2016—2020年）》

C.《中华人民共和国家庭教育促进法》

D.《全国家庭教育指导大纲》

8.《中华人民共和国家庭教育促进法》自（　　）时候执行。

A. 2021年10月23日　　　　　　　B. 2022年1月1日

C. 2022年3月1日　　　　　　　　D. 2022年9月1日

二、简答题

1. 幼儿家庭教育指导工作有哪些内容？

2. 幼儿家庭教育的意义是什么？

3. 幼儿家庭教育需要遵循哪些原则？

4. 幼儿家庭教育的方法有哪些？

5. 如何看待幼儿家庭教育指导工作？

6. 你了解哪些幼儿家庭教育指导方法？选择一种谈谈你的认识与看法。

三、案例分析题

1.（2022年下）阅读材料，并回答问题。

材料：三岁半的蒙蒙，很喜欢和小伙伴一起玩耍，可是奶奶却说："你还小，出去玩会被别的孩子欺负的，就在家玩多好。"有时，邻居家的小朋友想到家里来找蒙蒙玩，大人常嫌添乱，而替蒙蒙婉言谢绝，于是蒙蒙就只能在家独自玩耍……

问题：试运用同伴对幼儿发展的作用的相关知识，对蒙蒙家长的做法进行评析。

2. 阅读材料，并回答问题。

3岁的明明跟着爸爸妈妈来到了公园玩沙的地方。明明看到沙子很兴奋，不停地用小手摸着沙子抓起来放下去。他看到身边的沙子上有根小树枝，便拿起树枝使劲地在沙子上画来画去，看到沙子上面留下的痕迹，突然很兴奋地像发现了什么似的，又在沙子上画了几下。

问题：如何解读明明的表现？这时父母该如何引导幼儿进行认知学习呢？

单 元 二

幼儿身心准备的家庭教育指导

 学习目标

素质目标

✦ 家园合作，通过多种方式帮助幼儿获得积极的身心体验。

✦ 积极探索与实践，促进幼儿身心健康发展。

知识目标

✦ 了解幼儿园健康教育的基本概念。

✦ 知道学龄前儿童营养保健、科学运动、心理健康的重要性。

✦ 掌握营养保健、科学运动、心理健康的主要目标与内容、教育价值以及指导要点。

能力目标

✦ 能够结合实际案例、情境进行经验迁移，对幼儿营养保健、科学运动、心理健康的相关问题开展家庭教育指导。

✦ 能够帮助幼儿用正确的方式表达和调控情绪。

 单元导航

```
                                    ┌── 营养保健指导
                          理论奠基 ──┼── 科学运动指导
                          │         └── 心理健康指导
幼儿身心准备的 ───────────┤
家庭教育指导              │         ┌── 营养膳食——编制一份合理的食谱
                          实训指导 ──┼── 亲子体育游戏——过绳索
                                    └── 心理调适——情绪游戏
```

情境导入

　　睿睿是一名小班的小男孩，自入园后，他不像其他小朋友那样爱哭闹，反而很安静，不多说一句话，也不主动与小朋友交往，喜欢自己一个人静静地坐着，看着小朋友玩。他不用老师过多的操心，真是一个"乖孩子"。别的孩子都争先恐后地挤到老师面前，要各种各样的玩具，他只是安静地坐在座位上看着老师。只有在老师问出"你要玩具吗"时，他才轻轻回答"要"，对话基本上是被动的。

　　睿睿这样的"乖孩子"看似让老师很省心，实则他身上表现出与周围环境无法融入、被动交谈等，这是什么原因导致的？如果你是一名幼儿园教师，你会有什么对策？《幼儿园教育指导纲要（试行）》强调："幼儿园必须把保护幼儿的生命和促进幼儿的健康放在工作的首位。树立正确的健康观念，在重视幼儿身体健康的同时，要高度重视幼儿的心理健康。"本单元我们将从幼儿营养保健、科学运动、心理健康等方面进行家庭教育指导的学习。

模块一　理论奠基

任务一　营养保健指导

一　学龄前儿童营养保健的目标与内容

　　《托育机构保育指导大纲（试行）》中明确指出幼儿营养的目标：获取安全、营养的食物，达到正常生长发育水平；养成良好的饮食行为习惯。培养幼儿良好的饮食习惯是保证幼儿营养均衡、身体健康、精神愉悦、身心正常发育的重要前提。幼儿时期是培养良好饮食习惯的关键阶段。

　　对幼儿而言，良好的营养不仅涉及食物的种类、数量及合理搭配，而且涉及餐食分配、食物加工、喂养方式、就餐环境、进食过程等。正确的养育方式和良好的进食习惯有利于幼儿养成健康的个性和生活习惯。养育和培养饮食习惯的过程也是发展幼儿认知、情感、动作、语言和行为的过程。合理的营养可以促进个体的生长发育和智力发育，增强抵抗力，提高劳动能力，维持良好工作状态，延长寿命，从而提高国民整体素质。因此，改善国民营养已成为国家战略。

（一）学龄前儿童营养保健的主要目标

（1）规律就餐，自主进食不挑食，培养良好饮食习惯。

（2）每天饮奶，足量饮水，正确选择零食。

（3）食物应合理烹调，易于消化，少调料、少油炸。

（4）参与食物的选择与制作，增进对食物的认知与喜爱。

（5）经常户外活动，保障健康生长。

（二）学龄前儿童营养保健的主要内容

良好的营养是学龄前儿童体格和智力发育的基础，亦是预防成年慢性疾病的保证。学龄前儿童的营养保健的主要内容是结合学龄前儿童身心发展的特点以及对各营养素的需求，明确营养与幼儿生理和心理发展有密切的联系。我们应在《中国居民膳食指南（2022）》的指导下，为幼儿搭配营养合理的膳食，引导其养成良好的饮食行为习惯，提高学龄前儿童的机体免疫力，降低疾病的风险。

二　学龄前儿童营养保健的价值

学龄前儿童处于生长发育的关键阶段，其营养膳食状况对于促进幼儿的身心发展、预防疾病和长期健康水平有着非常重要的意义。

（一）营养与生理健康的关系

生命早期，营养对幼儿的体格生长、免疫功能等会产生至关重要的影响。大量资料表明，弱视可能与人体微量元素的缺乏或比例失调有关。与免疫功能有关的营养素如铁、锌、铜、硒、钙、镁的缺乏会导致一些营养性疾病的发生；铁和维生素 C 的缺乏会引发缺铁性贫血；等等。当然，营养过剩或不平衡导致的肥胖，同样也会影响幼儿的生长发育。目前，我国单纯性肥胖儿童在逐年增加，形势十分严峻。

（二）营养与心理健康的关系

营养状况不仅对体格生长至关重要，而且也对神经系统的发育影响较大。以必需脂肪酸中的 DHA 为例，它大量存在于人脑细胞中，占大脑脂肪酸的 25%—33%，约占细胞膜脂肪的 50%；它与胆碱、磷脂等构成大脑皮质神经细胞膜，是脑细胞储存和处理信息的重要物质结构，对内细胞的分裂神经传导等有着极为重要的作用。DHA 在提高人类生命质量，尤其在提高幼儿智商方面具有重要作用。幼儿如缺乏必需脂肪酸，会导致认知功能下降，大脑发育迟缓。

脑科学研究发现，儿童记忆力差、缺乏好奇心与探索精神，可能与缺乏营养有关。营养问题所造成的智能发育落后、心理行为问题会长期持续，甚至影响终身。

三 学龄前儿童营养保健的家庭影响因素

学龄前儿童营养保健的家庭影响因素包括家庭物质环境和家庭心理环境。家庭物质环境是指家庭的经济收入、生活设备条件等；家庭心理环境包括家长的营养观念和保健措施中的行为表现等。

四 学龄前儿童家庭膳食管理指导

（一）帮助家长树立营养保健观

家长的营养保健观对于幼儿的营养保健具有十分重要的作用。家庭是学龄前儿童生长发育的关键场所，家长只有在思想上高度重视，明确营养与健康的重要性，才能树立正确的营养保健观，为幼儿的身心发展提供良好的基础。

微课：如何帮助幼儿养成良好的饮食习惯

（二）丰富家长营养保健的方式

随着经济的发展，人民的生活水平不断提高，物质越来越丰富，家长开始注意到营养保健的重要性。但是，许多家长在学龄前儿童的营养保健中，更多地倾向于提供"好的"而忽视学龄前儿童"需要的"，倾向于生理的保健而忽视心理的保健，倾向于一次的成长而忽视长期发展的基础，这导致虽然越来越多的家长认识到学龄前儿童的营养保健的重要性，但营养保健的效果并不理想。

（三）加强学龄前儿童家庭饮食内容指导

学龄前儿童随着年龄增长，咀嚼能力和消化功能逐渐增强，他们的饮食逐渐由软到硬、由半流质到接近成人食物，食物的种类也越来越丰富。3—6岁的孩子胃容量为600—700毫升，家长在为学龄前儿童选择食物的时候，应尽量选择营养丰富、容量小、密度高的食物。应让孩子少食零食，多进食动物肝脏、鱼、禽、肉、奶、豆制品等，以满足孩子的需要。另外，还要注重培养儿童的良好饮食习惯，定时定量进食，细嚼慢咽，不乱吃零食。

（四）注重学龄前儿童常见疾病的家庭膳食指导

1. 营养不良

营养不良指能量及营养素缺乏所导致的疾病。由于蛋白质和能量对人类生命发生、发展及维持所具有的关键性作用和贡献，在各种原因引起的饥饿所导致的营养不良中，蛋白质和能量缺乏所致营养不良被认为是最严重的、致命性的营养缺乏病。

营养不良的家庭膳食指导要点如下。

（1）在对营养不良的幼儿进行食物调整时，应当按照能量密度和蛋白质密度从低到高的顺序添加食物。先增加易于消化吸收的纯淀粉类食物（如纯营养米粉），如果幼儿耐受，再添加蛋白质含量较高、脂肪含量较少的食物（如鸡肉、鱼肉），消化功能恢复后，再补充油脂含量较高的食物。食物调整和膳食补充过程中，应注意少食多餐。

（2）重度营养不良时，幼儿的消化吸收能力非常薄弱，对食物的耐受能力差，食欲也很差，稍不注意极易发生腹泻等症状。调整膳食需要更加耐心细致，稳步进行，增加食物营养的速度也应该相对比较慢。

重度营养不良的花花

花花生活在一个离异家庭，5 岁的她跟着 60 多岁的爷爷和 80 多岁的太奶奶居住。由于家里经济收入来源单一，太奶奶舍不得花钱，几乎不买肉，更别提买牛奶了，他们只在逢年过节吃点儿自己养的鸡或者其他亲戚探望时带来的礼品。现在 5 岁的花花身高只有 100 厘米，体重只有 15.8 千克。国家公布的该年龄段女孩的平均身高是 110 厘米，体重是 18 千克。由于缺乏生长发育所必需的营养食物，花花长期处于营养不良的状态。

案例中的花花的营养不良是食物中蛋白质含量较低导致的。看护人应抓住孩子生长发育的关键期，按照食物中蛋白质含量的多少，有计划地给花花补充好蛋白质，少食多餐。

2. 单纯性肥胖

儿童单纯性肥胖症与生活方式密切相关，是以过度营养、运动不足、行为偏差为特征，全身脂肪组织普遍过度增生、堆积的慢性病。以体重计算，体重超过同年龄、同性别身高小儿正常标准的 20% 即为肥胖。

单纯性肥胖的家庭膳食指导要点如下。

（1）饮食治疗的目标是在保证各种营养素满足幼儿生长发育的前提下，确定合理的膳食构成，防止能量以及其他营养素的过量摄入。

（2）要帮助幼儿改掉不良饮食习惯，纠正错误的认识，重塑健康的生活方式。

3. 贫血

贫血是指在人的血液中，单位细胞容积内血红细胞数目或血红蛋白含量明显低于正常值的疾病。根据世界卫生组织的标准，0.5—6 岁儿童血红蛋白低于 110 克 / 升，6—14 岁儿童血红蛋白低于 120 克／升，则判定为贫血。

贫血的家庭膳食指导要点如下。

（1）对于缺铁性贫血的幼儿，应当及时添加适合幼儿食用的幼儿配方食品或添加如蛋黄、牛肉、猪肉、鸡肉、鱼肉和动物血制品等含铁丰富和易吸收的动物性食物。

（2）植物性食物中黑木耳、海带、大豆、芝麻、菠菜、紫菜、香菇、腐竹、芹菜、大枣、葵花子、核桃仁等也富含铁元素，可以通过同时食用鲜榨果汁、牛奶等提高非血红素铁的吸收率，从而达到补铁的效果。

4. 便秘

便秘是指大便次数减少，一般为每周少于 3 次，且伴随排便困难、粪便干结。

便秘的家庭膳食指导要点如下。

（1）解决幼儿功能性便秘的根本是改善饮食结构，多补充水分及纤维素含量高的食物。益生菌作为肠道的有益菌，对缓解便秘能起到一定的作用。

（2）对于长期功能性便秘的幼儿，可以在医生的指导下，适量补充乳酸菌片，改善肠道菌群环境，治疗便秘。

果果便秘了

果果已经 3 岁半了，因为只喜欢吃肉类，所以果果奶奶就给果果顿顿吃肉。这几天果果小肚子一直鼓鼓的，让他吃饭也说吃不下。仔细一问，才发现原来是因为果果奶奶宠爱孙子，让他天天大鱼大肉地吃，蔬菜是碰都不碰。果果的爸爸妈妈果断调整了果果的饮食，增加芹菜、木耳等纤维含量高的食物，将难消化的猪肉改为鱼虾。三天以后，果果的大便形状和颜色就见好了，果果也不说腹胀了。

案例中的果果顿顿吃肉，本来就弱的消化功能变得更加有负担，便出现了便秘。家长平时在孩子的饮食上，应注意荤素搭配，多吃鱼虾、牛肉等高蛋白、高纤维、易消化的肉类，按量补充芹菜、黄瓜、香蕉等纤维素含量高的蔬菜和水果。

5. 食物过敏

食物过敏是指由食物蛋白引起的异常或过强的免疫反应，食物蛋白为食物过敏原。1/3 的儿童和成人在避免过敏原 1—2 年后不再有过敏反应，但对花生、坚果、鱼、贝类过敏者，过敏反应很少会消失。

食物过敏与遗传关系密切，因此那些父母有食物过敏史的幼儿，属于食物过敏的高危人群，应避免食用高致敏食物。

6. 呼吸系统感染

幼儿常见呼吸系统感染包括上呼吸道感染、急性支气管炎、肺炎等。上呼吸道感染，是对鼻腔、咽部或喉部急性炎症的总称。急性支气管炎是指由病毒或细菌等病原体感染所致的支气管黏膜炎症，是幼儿的常见病、多发病，往往继发于上呼吸道感染之后，常是肺炎的早期表现。肺炎是由各种病毒或细菌等引起的肺部炎症。

针对呼吸道感染，除进行必要的药物治疗外，合理调整患儿的饮食，进行营养护理，是促进患儿身体早日康复的重要措施。具体如下。

（1）多饮白开水。

（2）多吃蔬菜和水果。

（3）进食易消化的食物。

（4）患病期间少食多餐。

（5）不宜吃颗粒状、硬果类食物。

7. 腹泻

小儿腹泻是由多病原、多因素引起的大便次数增多和大便性状改变的儿科常见疾病。

对于腹泻的幼儿，原则上不建议禁食。一般情况可继续进食，但是需根据实际情况适当调整。不建议禁食的原因在于腹泻时胃肠道功能紊乱，禁食后幼儿一直处于饥饿状态，得不到足够营养，胃肠功能就不易恢复，且长期禁食易发生营养不良。

任务二　科学运动指导

2016 年版《幼儿园工作规程》指出，幼儿园的任务是："贯彻国家的教育方针，按照保育与教育相结合的原则，遵循幼儿身心发展特点和规律，实施德、智、体、美等方面全面发展的教育，促进幼儿身心和谐发展。"学前儿童体育是保护和促进幼儿身心健康的重要途径和手段，不仅为幼儿的生存和良好的生活提供了重要的物质基础，也是幼儿接受全面发展教育的重要保障。《全国家庭教育指导大纲（修订）》中 3—6 岁儿童的家庭教育指导提及：加强儿童体育锻炼，指导家长积极带领儿童开展体育活动，引导并督促儿童坚持开展体育锻炼。

身体运动对促进幼儿生长发育、增强体质、智力发展等起着良好的作用。因此，幼儿教师及家长均应充分挖掘其内在的教育价值，更好地促进幼儿全面、协调发展。

一　3—6 岁幼儿运动的目标

根据学前儿童的年龄特点、发展水平以及体育活动的目标任务，为增强幼儿体质，促进幼儿身体的生长发育和机能的协调发展，促进幼儿萌生运动兴趣、养成积极锻炼的良好习惯，3—6 岁学前儿童运动的目标可以分为体育活动总目标与各年龄阶段目标。

1. 学前儿童体育活动的总目标

作为学前儿童健康教育目标的重要组成部分，学前儿童体育活动的总目标是指通过有目的、有计划的体育活动，在发展幼儿身心方面应实现的终极目标，是制定各年龄阶段目标的必然依据。具体如下

(1)幼儿喜欢参加体育活动，具有爱运动的良好习惯。

(2)幼儿身体正常发育，动作机能协调发展，对环境的适应能力增强。

(3)幼儿具有活泼开朗的良好个性，坚强与勇敢的意志品质，主动、乐观与合作的态度。

(4)逐步形成良好的运动卫生与安全意识，具有一定的自我保护意识和能力。

2. 学前儿童体育活动各年龄阶段目标（表 2–1）

表 2–1　学前儿童体育活动各年龄阶段目标

年龄阶段	教育目标
3—4 岁	1. 能沿地面直线或在较窄的低矮物体上走一段距离 2. 能双脚灵活交替上下楼梯 3. 能身体平稳地双脚连续向前跳 4. 分散跑时能躲避他人的碰撞 5. 能双手向上抛球 6. 能双手抓杠悬空吊起 10 秒左右 7. 能单手将沙包向前投掷 2 米左右 8. 能单脚连续向前跳 2 米左右 9. 能快跑 15 米左右 10. 能行走 1000 米左右（途中可适当停歇）
4—5 岁	1. 能在较窄的低矮物体上平稳地走一段距离 2. 能以匍匐、膝盖悬空等多种方式钻爬 3. 能助跑跨跳过一定距离或助跑跨跳过一定高度的物体 4. 能与他人玩追逐、躲闪跑的游戏 5. 能连续自抛自接球 6. 能双手抓杠悬空吊起 15 秒左右 7. 能单手将沙包向前投掷 4 米左右 8. 能单脚连续向前跳 5 米左右 9. 能快跑 20 米左右 10. 能连续行走 1500 米左右（途中可适当停歇）

续表

年龄阶段	教育目标
5—6 岁	1. 能在斜坡、荡桥和有一定间隔的物体上较平稳地行走 2. 能以手脚并用的方式安全地爬攀登架、网等 3. 能连续跳绳 4. 能躲避他人滚过来的球或扔过来的沙包 5. 能连续拍球，能双手抓杠悬空吊起 20 秒左右 6. 能单手将沙包向前投掷 5 米左右 7. 能单脚连续向前跳 8 米左右 8. 能快跑 25 米左右 9. 能连续行走 1500 米以上（途中可适当停歇）

二 3—6 岁幼儿运动的内容

根据 3—6 岁幼儿的年龄特点及身心发展水平，适合幼儿的动作练习主要包括以下几方面：基本动作、基本体操、体育游戏、儿童运动器械活动。

基本动作是人的基本活动能力，也是基本的身体运动的技能，例如走步、跑步、跳跃、投掷等。

基本体操是一种锻炼幼儿身体、促进幼儿机体协调发展、形式简便、易于普及的动作练习，例如幼儿基本体操。

体育游戏也被称为运动游戏，以各种身体动作的练习为基本内容，以游戏活动为基本形式，主要目的是发展幼儿的身体素质和基本活动能力。

儿童运动器械活动是指幼儿园利用运动器械开展的体育活动，大致可分为固定性运动器械活动、移动性运动器械活动和手持类运动器械活动，主要目的是提高幼儿对运动器械的认知，获得身体上的锻炼。

想一想

家庭生活中可以开展的幼儿体育锻炼活动有哪些？

三 3—6 岁幼儿科学运动的家庭教育指导

（一）认识幼儿运动的关键经验及影响因素

1. 运动习惯和兴趣是幼儿运动关键经验

成长期规律性的运动能有效促进幼儿的身心健康与全面发展。"终生体育"的理念有助于促进幼儿运动兴趣的培养和运动习惯的养成。在幼儿阶段，运动兴趣与运动习惯较运动技能更为重要，为幼儿运动的关键经验。

2. 幼儿运动习惯和兴趣的影响因素

（1）适宜的运动场地和丰富的体育器械。宽阔的场地，适宜、有趣、丰富的运动器械能有效吸引幼儿玩耍，有助于幼儿养成运动习惯。

（2）家长的体育素养。家长可通过有趣的环境创设、体育活动设计等多种形式激发幼儿的运动兴趣，促进幼儿养成运动习惯。

（3）家庭的榜样作用。生活中经常可以发现这样的现象：家庭中如果有热爱运动的家庭成员，往往就会有喜欢运动的孩子。例如，热爱滑雪的妈妈常带着孩子参加滑雪运动，孩子也会逐渐爱上滑雪运动。显然，这就是榜样的作用。

（4）运动体验。运动体验对幼儿运动习惯的养成具有重要作用。快乐、美好的体验能激发幼儿的运动兴趣，反之则会使幼儿对运动产生抗拒心理。

（二）养成幼儿科学运动的家庭教育指导策略

家长利用家庭大空间为幼儿创设一个体育运动的良好环境，与孩子一起进行合适的运动项目，有助于幼儿萌发体育运动的兴趣、养成体育运动的习惯。

微课：如何帮助家长创设与组织亲子体育游戏

1. 转变家庭运动观念，营造家庭科学运动氛围

（1）教育沙龙，激发家庭成员对家庭体育的热爱。举办家庭教育沙龙，通过家园互动，转变家庭教养观念，促进家庭建立科学的幼儿运动观，共同探索幼儿科学运动的具体方法。

（2）亲子活动，营造家庭体育运动的环境。幼儿园组织开展家长观摩体能活动或体育游戏，定期开展多种类型的运动竞赛、亲子活动等，例如亲子登山、放风筝等，有助于提高家长对幼儿科学运动的认识。家长与孩子共同运动，通过身体力行发挥榜样示范作用，既可以提高幼儿的身体素质，又可以增进亲子关系。

2. 培养科学运动观念，创设家庭科学运动项目

根据幼儿年龄特点选择适宜的运动项目，有意识、有计划、有目的地设计运动的目标、内容、方法。例如，设计锻炼手脚协调性的曲线走、走平衡木、推小车走与跑、单手拍球、玩滑梯等运动，通过体育器械与玩具发展小班幼儿的基本动作；设计听信号走与跑、抛接球、翻滚爬等运动，发展中班幼儿的运动技能；设计灵活躲闪走与跑、钻爬与攀登、跳绳、跳皮筋等运动，发展大班幼儿较复杂的动作技能。

3. 更新家庭运动形式，创设家庭亲子体育游戏

游戏化的体育运动可以激发幼儿的运动兴趣，提升幼儿参与运动的积极性，家长可以采用情境式或竞赛式的方式，开展适宜的家庭运动游戏。

4.坚持循序渐进，营造家庭运动的和谐氛围

幼儿体育运动要坚持循序渐进的原则，选择的体育运动项目要从简到繁、由易到难，避免幼儿产生畏难情绪。在亲子体育运动中，家长要对幼儿少批评、多肯定，多指导、多鼓励，营造轻松和谐的家庭运动氛围。

📁 思政在线

民间游戏高跷乐

民间游戏来源于幼儿生活，富有游戏性，能促进幼儿的良好个性、身心和谐与多元化发展。越来越多的人意识到民间游戏对幼儿发展的重要性。踩高跷是我国非物质文化遗产，高跷乐作为一种民间游戏，能丰富幼儿的认知经验；具有一定的动作难度，在幼儿尝试踩高跷的过程中，可以培养其不怕困难、勇于挑战困难的学习品质，体现了体育游戏的运动精神。民间游戏走近幼儿，既锻炼了幼儿对器械的操控能力，又体现了对民间游戏的传承与传统文化的延续。

任务三　心理健康指导

幼儿是祖国的未来，是人类的明天，重视和加强幼儿心理健康教育，越来越成为全社会的共识。幼儿时期是人一生中生理、心理发展最为迅速和具有奠基性意义的时期，在此期间，幼儿会经历很多人生中的第一次。这些第一次有的是自然发生的，有的则需要幼儿体验压力、面对困难，这就需要对幼儿进行有效的心理健康教育。

一 幼儿心理健康指导的目标与途径

幼儿心理健康教育指导，是教师或教育工作者运用专业知识与技能，遵循幼儿心理发展的年龄特征，对其进行针对性的帮助，引导其形成健康的心理、健全的人格和良好的社会适应能力。

（一）幼儿心理健康指导的目标

幼儿心理健康指导的目标是选择和确定指导内容、制订指导方案的重要依据，它是指引心理指导方向、调控心理指导过程的参照，是检验、评估心理指导工作有效性的标准。

1.幼儿心理健康指导的总目标

（1）培养幼儿积极的情绪情感——快乐向群、积极参与、好奇求知、天真活泼。

（2）培养幼儿良好的意志特征——坚持性、毅力、不怕失败、勇于探索。

（3）培养幼儿良好的社会适应能力——谦和品质、合作精神、爱和分享能力。

2. 幼儿不同年龄心理健康教育的层次目标

（1）快乐向群。

小班：高高兴兴去幼儿园，不纠缠成人，离开父母不哭；遇到不高兴的事不过分哭闹；愿意与小朋友一起玩。

中班：在各种活动中保持愉快的情绪，遇到不高兴的事情告诉父母、教师，乐意与小朋友共同完成成人委托的任务。

大班：受了委屈、挨了批评、遇到挫折时，不迁怒于人，不无理取闹；遇事与成人或同伴一起商量。

（2）积极参与。

小班：积极参加各种游戏活动，乐意完成教师布置的任务。

中班：积极参加幼儿园的各项活动并能主动回答教师的问题。

大班：乐意参加竞赛活动，懂得重在参与。

（3）好奇求知。

小班：对周围的人和事表现出乐于探索的热情。

中班：爱动脑筋，遇事喜欢问为什么。

大班：遇事动脑筋，思考问题，懂得求异。

（4）天真活泼。

小班：敢在人多时或在陌生人面前讲话。

中班：真实而自然地表达情感。

大班：敢于在他人面前表现自己。

（5）坚持性和毅力。

小班：知道做事情有时要吃一点儿苦。

中班：养成做事有始有终的习惯。

大班：学会做事一心一意，为达到目标而坚持到底。

（6）不怕失败和勇于探索。

小班：知道事情没有做好可以继续努力，重新再来。

中班：懂得做任何事情不可能总是一次成功，没有做好可以重新再来。

大班：失败了不灰心不气馁，总结经验重新再来。

从人类常态发展历程来看，学前幼儿认知能力有限，语言发展不完善，内省机制尚未形成，所以他们对自己的心理困扰难以描述。教师可以从学前幼儿的外部表现着手，通过自然观察、结构观察、访谈方式了解学前幼儿的发展特点，从行为指导入手，强化学前幼儿的合理行为，减少他们的不合理行为。

（二）幼儿心理健康指导的途径与注意事项

1. 幼儿心理健康指导的途径

《幼儿园教育指导纲要（试行）》指出，家庭是幼儿园重要的合作伙伴。意大利瑞吉欧教育也主张，幼儿的发展不是独立建构的，而是在诸多条件下，主要是在与家长和教师、同伴的相互作用过程中建构的。在互动过程中，幼儿既是受益者，也是资源的提供者。因此，我们应意识到，要有效达到家园同步、共育、共构，通过各种途径，使幼儿园与家庭建立一种合作、对话、一致、互补的关系，在双向互动中，逐步唤醒家长的主体意识，转变家长教育观念，提升教养水平，真正携手共同担负起教育学前幼儿的任务。

2. 幼儿心理健康教育指导的注意事项

当家长和教师共同寻找方法帮助学前幼儿时，需要注意的问题包括：定义不同年龄、不同性别幼儿正常和异常的行为模式，识别引起幼儿异常行为的原因及相互关系；对异常行为的远期结果做出预测；了解如何对异常行为进行指导和预防。

 **案 例**

俊俊的妈妈告诉心理老师，她的儿子俊俊是一个有严重行为问题的4岁男孩，"简直不可能给他穿衣服"，并且"我的话他一句也听不进去"。无奈之下，她带俊俊来寻求心理老师的帮助。

然而，心理老师从幼儿园老师那里得到的对俊俊的评价，却与妈妈描述的不太一致。幼儿园老师评价俊俊"还未发展出听从指导或集中精神做事（不管时间长短）的技能，不过当俊俊遇到某些感兴趣的事情时，还是能够像别的孩子一样专心地去做事情"。当心理老师见到俊俊时，他显得很安静。为了更全面地了解这个4岁的男孩，老师决定去他家看看。

心理老师来到俊俊家后，立刻看出了问题。他的家里满地都是玩具，而这些玩具是妈妈允许他在房间随便乱放乱丢的。当心理老师告诉他妈妈，应该让俊俊遵循某些游戏规则时，马上引起了母子之间的对抗——俊俊把想要的玩具抢在手里，掉头就跑；而妈妈则十分生气，一边追他一边大声叫他把玩具放下。"你看，"她转向心理老师说，"他完全不按照我所说的去做。"

许多幼儿的问题表现在不能达到预期的发展水平。其中有些问题也许是暂时的，如大多数的尿床现象，也许是将要发生其他严重问题的前兆。是否能正确分辨出现的问题到底属于哪种情况，取决于对幼儿正常心理发展和异常心理发展特点的了解程度。

幼儿心理健康指导强调的是对正常幼儿的引导和教育，促进他们的健康发展，而不是局限于消除现有的痛苦，因此在实施幼儿心理健康指导时需要注意以下几个方面。

（1）对幼儿持支持、接纳的态度，不做对错评判，不贴标签，让幼儿感受到爱与温暖。

（2）教育指导者要具备一定的心理学知识，掌握谈话、观察、同感、倾听等技能。

（3）要着眼于幼儿个体健康发展，与环境相适应。

二 幼儿常见心理问题指导

阿肯巴克把幼儿的心理问题行为分为两类，即内隐问题行为与外显问题行为，前者指焦虑、不安、抑郁、退缩等情绪问题，后者指攻击性、反抗性、反社会性、过度活动等行为问题。

一些研究者从不同角度做过具体的划分，归纳起来主要包括：情绪情感问题——抑郁、焦虑、狂躁、冷漠等；社会行为问题——攻击、破坏、说谎、不能与其他幼儿友好相处、逆反心理极强或任性等；习惯问题——习惯性咬指甲、吮手指、晃头、皱额、眨眼、耸肩、咬衣服、玩弄生殖器，及饮食、排泄上的不良习惯等；学习问题——注意力不集中、反应迟缓等；发展问题——睡眠障碍、排泄机能障碍、神经易紧张或生长发育不良等；精神问题——幼儿恐惧症、幼儿抑郁症，以及幼儿"孤独症"、多动症等。

（一）孤独症

孤独症是一种广泛性身心发展障碍性疾病，目前还没有公认的治愈办法。但是，如果干预及时，也会取得很好的效果。如2—3岁时开始治疗，效果会比4岁以后开始要好得多。掌握相关症状知识，尽早发现孤独症幼儿，是至关重要的。一般在3岁之前症状就会有所表现，少数在5—6岁时才有明显症状，因此孤独症幼儿的父母责任重大，要细心观察孩子的表现。进入幼儿园后，教师也要负起一定的责任。

案 例

洋洋3岁半，刚到幼儿园，老师就发现他与别的孩子不同。他的记忆力特别好，教他认字，他一学就会。但他显得很孤独，不太愿意与周围小朋友交往。爸爸妈妈来接他时，他也表现得很冷漠，不像其他小朋友那样伸出手让父母抱。他经常会自言自语地重复着什么，别人跟他说话，他好像没听见一样。他总是喜欢自己一个人在一角玩一小块积木。

看完这个例子后，大家有什么想法？是否会认为这个孩子只是有点孤僻呢？事实上，洋洋并不是孤僻那么简单，而是得了孤独症。

1. 表现

（1）智力方面。

大部分孤独症幼儿都伴有智力障碍，也会有个别的患儿在某一方面的能力却比其他同龄的正常幼儿要高，如常常在音乐、绘画、数字记忆等方面有着超常的能力。

（2）言语方面。

孤独症幼儿在婴儿期言语的发育明显落后于同龄幼儿，有的甚至不发育，终生缄默；不主动跟他人说话，叫他们的名字也总是没有反应；喜欢自言自语，重复、模仿某些言语；说话时的声调、节奏也不正常，不会控制音量；掌握的词汇很少，不会使用"你""我""他"这样的代词，有要求时会用肢体语言表达出来。

（3）行为方面。

婴儿期时的孤独症幼儿分为两种：一种表现为睡眠少，喜欢吵闹，把他们放到婴儿车中推着走或让他们听歌时，能使其安静下来；另一种则很安静，整天躺着，不声不响。稍大些后，孤独症幼儿会表现出刻板地重复动作，例如拍手、扭动手指、转动手臂、叫喊、撞头、记数字等。他们固执地要使生活环境和方式保持原貌，如有变动就尖叫、哭闹，甚至撞头。

（4）社会交往方面。

孤独症幼儿在妈妈喂奶时不会看着妈妈，要拥抱他的时候，他会全身发软或僵硬，甚至可能不让抱；即便到了一定年龄，他们也还是不会区分亲近的人和陌生人；不注意周围的情况，饿了或者不舒服也不会表达，甚至忽视父母的存在；有人注视时，他会回避他人的视线；不喜欢与父母或小朋友接近，更愿意自己玩。

2. 对策

一般来说，家长发现孩子有孤独症的前兆时，就要送到特殊学校或机构进行诊断和治疗，由专业人员采用多种方法，通过情感、认知、行为训练等帮助他们减轻症状。孤独症虽然不能痊愈，但是通过重复训练可以增加他们的兴趣爱好，提高其交往能力。如果幼儿症状较轻，也可以由教师负责辅助治疗。具体方法有教育训练、行为矫正等。

（1）教育训练。

一般来说，孤独症幼儿都很害怕看见陌生人，不会主动张嘴说话。所以，教师想要帮助他们，首先就得取得他们的信任，要想办法使他们感受到老师，并且意识到老师的存在对他们并没有威胁。平时可以多表示出对他们的关心和鼓励，这可能不会很快见效，要多努力几次。如多与幼儿相对而坐，拿些他们感兴趣的东西引起他们的注意；要求他们看着说话人的脸，多与他们对视；平时可以多摸摸他们的脸，与他们主动说话。在他们感受到老师的关心和温暖后，会逐渐建立一种信任，也许这个时候他们还是不会主动跟老师说话，但是，可以为今后的训练打下一个良好的基础。

①交往训练。

在集体生活中，对于孤独症幼儿来说，最困难的可能就是与同伴建立良好的关系。教师可以鼓励孤独症幼儿多参与游戏，并告诉其他小朋友他们其实很孤独，也很想跟大家一起玩，大家应该多关心他们。其中，要注意的是，孤独症幼儿需要更多的时间来了解游戏规则。所以，最好事先把游戏规则告诉他们，并逐条都解释清楚，便于他们更好地融入游戏。要多为他们创造一些合作性的游戏，而不是竞争性的。这样可以使他们多与小朋友配合着完成游戏任务，以利于促进他们的感情。当他们做得很好时，要在全班同学面前及时给予表扬，强化他们的体验。

②言语训练。

对于从没开口说过话的孤独症幼儿，可以想办法训练他们发音。如教他们吹风车、吹小纸条、吹泡泡等。这样使他们增加了体验感，也不会觉得太枯燥而不愿意完成。对于偶尔会说些简单的字和词的幼儿，教师要在平时的教学活动中，想办法让他们多说。如在课上多给他们说话和发言的机会，如果他们不愿意说，教师可以做些示范或用口型进行提示。如果他们肯回答问题，就要及时鼓励，夸他们做得很棒。这样，可以增强他们继续说话的自信心。

（2）行为矫正。

行为矫正是一种主要采用强化和惩罚的方法。如当孤独症幼儿表现为大喊大叫、乱跑、想干什么就干什么，而教师的批评和教育都没用时，可以对他们实施些适当的惩罚。如罚他们在教室的前面站几分钟，直到他们安静下来。而当他们在不用督促的情况下有所好转时，就要立即给予表扬或给一些他们喜欢的小东西作为奖赏。例如有一个孤独症幼儿不太自觉，不遵守纪律，但很喜欢玩小火车。于是，教师就可以在他每天玩小火车之前对他进行训练。暂时不让他玩，等他表现好了以后再允许玩，并告诉他，是因为刚才他听老师的话了，遵守了纪律，老师才让他玩的。在训练的过程中，要多注意与孤独症幼儿的家长进行沟通、交流，通过多方面的配合，会使孤独症幼儿的症状减轻很多。

（二）多动症

近年来，幼儿多动症的问题受到了越来越多人的关注。幼儿稍微有些活泼、好动，家长就会担心自己的孩子是不是得了多动症。那么，多动症幼儿到底有哪些突出表现，又该采取怎样的对策呢？

1. 表现

多动症是"注意缺陷多动障碍"的简称，是幼儿期比较突出的行为问题，一般在 7 岁前出现，典型发病年龄为 3 岁。主要表现如下。

（1）活动过多。

手脚总是动个不停，在不恰当的时间、地点乱跑、乱跳；上课时，总是坐立不安、扭来扭去，甚至来回走动或干扰其他同学；游戏时也不老实，一会儿这样，一会儿那样，总是表现得非常有活力。

（2）不能专心。

注意力难以集中，周围的声响等细微干扰很容易吸引其注意力，别人与他说话时，他总是似听非听；做事情总是半途而废，一件事情还没做完，就会去做另一件；记忆力差，总是忘记别人交代过的事情。

（3）冲动任性。

情绪不稳定，波动性较大；经常是想干什么就干什么，还没想清楚就去做了，不顾后果；别人说话或上课时经常插嘴，有时还会干扰大人的活动；个性倔强，喜怒无常，不愿听从父母和教师的教导。

（4）学习困难。

阅读、书写或计算有困难，如不能将图形中的各个部分综合为一个整体，颠倒笔画顺序，把"6"写成"9"，把"+"写成"－"；不能较长时间持续学习。

（5）协调性差。

动作笨拙，运动的协调性差；系扣子和鞋带时动作缓慢，容易出错等。

以上就是多动症的一些典型特征，教师可以作为参考。如果有幼儿出现以上大多数表现，就该建议家长找心理医生或专家做进一步的测试，以免延误治疗的最佳时机。但是，很多时候，人们容易把多动和好动（即活动性强）相混淆。比较明显的区分办法是：无论孩子活动多么过度，当不准许他活动时，能安静下来的可以看作是好动。

案　例

男男3岁了，刚进入幼儿园不久，老师就发现他与其他孩子不太一样。上课时，他不能安静地待着，身体总是在座位上来回移动，手脚动个不停。游戏时，他也不能集中注意力，总是半途而废，手里的玩具玩一下就会丢开。家长反映他在家时也是蹦蹦跳跳的，不能安静一分钟；而且很爱发脾气，他的要求必须立即满足，否则就叫喊哭闹，没有耐心；平时穿衣服、扣扣子或系鞋带时，动作缓慢，还容易扣错。后来，经专家测试，诊断出男男得了多动症。

有的孩子被确诊为多动症后，家长很担心。虽然多动症治疗起来比较困难，但它并不是不治之症。如果发现得及时、治疗措施得当，症状一般都能得到减轻，不会对孩子的性格和智力发展有很大影响。只是，长时期的综合治疗比较重要，需要教师和家长的积极配合。而且，要明确指出的是，多动症是一种疾病，它不会自然痊愈，需要给予孩子更多特殊的细心照顾，特别是教师的帮助和理解。那么，如果遇到多动儿，作为家长和教师，我们可以做些什么呢？

2. 对策

（1）药物治疗。

一般来说，除非症状十分明显并已经严重影响到了多动儿的生活，否则最好不要用药。因为药物会产生心跳过速、反胃恶心等副作用，即使用药也必须在医生的指导下进行。

（2）合理饮食。

幼儿多动症与饮食营养关系密切，家长和教师要让孩子好好吃饭，为他们准备多种食品，避免孩子挑食、偏食。甜食和含高蛋白的食物要少吃，含锌、铁、铜、钙的食物要多吃。限制西红柿、苹果、橘子以及含有过多人工调味品、防腐剂、水杨酸酯等的食品的摄入对改善幼儿多动症有帮助。

（3）教育干预。

多动儿的举动很容易引起大家的反感，他们经常被教师、家长和同学看作是"爱调皮捣蛋""讨人厌"。他们在学校难以与同学建立良好的关系，在家里也会让父母觉得头疼。具体可以从以下四个方面进行干预。

①提供宣泄的途径。

多动儿最大的特点就是多动，总是很有精力，家长和教师可以指导或带领他们进行各种体育训练。一方面，释放了他们过多的精力；另一方面，可以提高他们的动作协调能力。

②安排学习时间。

多幼儿需要比一般幼儿多一倍的休息时间，因此可以帮他们安排学习时间，如每学习 10 分钟或 20 分钟后休息几分钟。学习环境也要尽量保持安静，周围不要摆放让他们分心的东西。

③自我控制训练。

行为疗法是治疗幼儿多动症的主要方法之一，自我控制训练就是其中比较有效的一种方法，主要是通过简单的自我命令来指导其行为。

④及时表扬鼓励。

教师和家长平时可以把幼儿要做的事情写在纸上，放在一个固定的、显眼的地方，时时提醒他们去完成。当幼儿表现良好、有进步时，要及时给予表扬或奖励，这样可以巩固他们做出正确行为的意识。教师和家长还要多为他们创造与其他小朋友建立和谐关系的机会，增强他们交往的信心。

（三）攻击行为

在幼儿园，我们经常可以看到一些幼儿对其他小朋友很不友好。例如，有的幼儿看到好看的玩具就要与别人争抢，想要自己独占，不愿意与别人分享；还有的幼儿凡事都爱占上风，稍有不顺心，就对其他的小朋友大打出手。他们的这些表现可以称作是"攻击行为"。

攻击行为在不同的年龄阶段会有不同的表现，在幼儿阶段主要是咬人、吵架、打架等，是对他人进行身体上的攻击；大点的孩子会使用语言攻击，如谩骂、诋毁。产生这类问题的原因主要如下。

1. 原因

（1）家庭因素。

有的家长对孩子过分溺爱，对其任何要求都无条件满足，养成了孩子"小皇帝""小公主"的心态。这使其习惯于以自我为中心，形成了极强的占有欲，一旦遇到自己喜欢的东西就要占为己有。还有的家长对孩子的期望过高，孩子稍有差错就对其训斥甚至打骂，造成了孩子暴躁的性格，当其遭到打骂后会产生不愉快的情绪，并把这种情绪转嫁到他人身上，以打骂别的小朋友来达到自己发泄的目的，久而久之，便形成了攻击行为。此外，长期生活在冷漠、残缺的家庭环境中，会使幼儿缺少必要的关爱，造成其古怪、敌对的性格，甚至产生攻击行为。

（2）社会因素。

美国心理学家班杜拉的研究表明，幼儿的模仿能力极强，辨别是非的能力却很差，出于好玩或好奇的心理，经常会模仿周围或电视中的攻击行为。而且，如果孩子在几次攻击中尝到了甜头，就会强化种行为。

2. 对策

（1）创设良好、宽松的环境。

教师要创造宽松的环境，不要使幼儿因为无意间的拥挤和碰撞而引发冲突。还要保证玩具的数量，避免幼儿间的争抢。在生活中，让他们远离过于暴力的东西。

（2）家长要以身作则。

家长不要在孩子面前做出攻击行为，更不能因为怕孩子受到欺负而鼓励其攻击别人。平时看到孩子打骂、抓、咬或踢别人时，要及时制止，绝不能置之不理。

（3）采用多种方法引导。

教师和家长要采用多种方法引导幼儿行为。如针对幼儿比较害怕孤独这一点，可以对其实施惩罚。在园中大家一起玩时，可以罚他在旁边一个人站着，但时间不要过长。在家里也可以采取定时隔离法，即一旦发现孩子有攻击行为就让其在一个角落里面壁 3—4 分钟。但要注意的是，一定要让孩子明白为什么要对其进行惩罚，地点最好也不要改变。还可进行情感体验教育，通过让孩子回忆摔倒时的疼痛感等来体验被攻击者的感受，从而减少这种侵犯行为。教师也可以通过角色扮演或情境游戏，把有攻击行为的孩子置身于被攻击者的位置，让他设身处地感受对方的心情，这样也会取得很好的效果。如果发现孩子出现了良好行为，或稍微有一点好的变化，就要对其进行鼓励，可以达到强化的目的。

4岁的阳阳是班里的"小霸王"。平时做游戏或吃饭时，有小朋友稍微碰他一下，他就会对其推搡甚至用脚踹。如果有人敢拿他喜欢的东西，他不由分说，上去就跟人厮打。经了解，他的家境非常富裕，父母对他十分溺爱，无论他要什么都会给予满足，并且都是最好的。平时阳阳犯错误了，和其他小朋友打架了，父母也舍不得打一下，只会指责其他小朋友的不好。

得知这个情况以后，幼儿园老师先是跟他的家长进行了沟通，希望得到他们的配合。家长表示同意后，开始在家里和幼儿园内采取措施。在园内时，一旦发现阳阳有攻击行为，教师就先对其进行言语教育，告诉他这样做是错的，使其明辨是非，然后对他进行惩罚，让其单独在屋内站立5分钟；在平时的角色扮演活动中，使他更多地体会被攻击者的感受，并适时加以引导。在家里时，父母基本做到与幼儿园的教育同步，不再过分溺爱孩子，有错误就及时指出；看到孩子的行为有些好转时，及时给予表扬，强化他的正确行为。经过一段时间的矫正后，阳阳的攻击行为逐渐地减少了。

模块二 实训指导

任务一 营养膳食——编制一份合理的食谱

一 实训背景

壮壮是小一班的小朋友，他平时不管在家还是在幼儿园，都特别能吃，几乎每顿都需要添饭。放学回家，老师嘱咐家长孩子在已经吃了不少，回家适当吃点儿水果就可以啦。当大家开始围桌吃饭，奶奶又给壮壮盛了一碗说："壮壮，再一起吃点儿，有你爱吃的肉肉呢，不然晚上容易饿。"周末的时候，爸爸妈妈最喜欢带壮壮出去吃汉堡，就这样，才小一班的壮壮已经25千克了。请结合壮壮的饮食问题，分析其背后的原因，找到解决方式，并根据幼儿营养膳食需要，为幼儿编制一份合理的食谱。

二　实训目标

（1）积极与家长交流，家园合作共同针对营养保健问题寻找对策。

（2）掌握营养保健的要点和注意事项，充分利用接送时间科学合理地与家长交流，提供问题解决策略。

三　实训准备

经验准备：记录壮壮体重增长的速度，分析和归纳饮食营养背后存在的问题；与家长沟通，充分了解孩子在家庭中的饮食内容。

物质准备：记录本、笔、《中国居民膳食指南（2022）》等。

四　实训过程

1. 问好，引出幼儿饮食存在的情况

师：壮壮妈妈，幼儿园今天进行了学期体检。壮壮经过一个假期，体重增长非常快，他的体重已经超过同龄儿童标准体重的25%，针对这个问题我想和您沟通一下，了解他在家的饮食习惯。

2. 诚恳与家长交流，共同分析原因

通过与壮壮妈妈沟通，得知壮壮存在的饮食习惯问题，并分析归纳产生的主要原因。

师：通过平时与您的沟通与记录，我们分析发现壮壮每顿都吃得太多而且吃得过饱，可能有以下原因：一是由于学龄前儿童处于身体发育的时候，运动量大容易饿；二是家长没有做到让孩子合理饮食，健康搭配；三是父母过度放纵，没有以身示范正确引导。

3. 礼貌与家长探讨，寻求问题解决策略

（1）分析学龄前儿童食物多样化结构的内容。

学龄前儿童的饮食应由多样化食物构成，建议平均每天食物种类数达到12种以上，每周达到25种以上，烹调油和调味品不计算在内。

谷类、薯类及杂豆类食物：平均每天3种以上，每周5种以上。

蔬菜、菌藻及水果类食物：平均每天4种以上，每周10种以上。

鱼、蛋、畜肉及禽肉类食物：平均每天3种以上，每周5种以上。

奶、大豆及坚果类食物：平均每天有2种，每周5种以上。

（2）指导家长设计一份一日食谱。

4.感谢家长的配合，结束指导

师：谢谢您的支持！孩子的饮食营养健康与幼儿的身心健康密切相关，需要我们家园共育，共同促进孩子的身心健康发展。谢谢您！

5.及时做好记录

五 实训注意事项

（1）教师在沟通过程中应尽量耐心倾听家长的需求，进行针对性的饮食问题有效指导。

（2）充分考虑运用晓之以情、动之以理的方式，告知家长孩子目前饮食问题如果持续下去，可能带来更严重的后果。

六 实训延伸

（1）聘请营养保健专家进行家长讲座。

（2）充分利用社区优势，普及科学饮食的相关知识。

任务二　亲子体育游戏——过绳索

一 实训背景

都说爸爸对孩子的陪伴不该成为奢侈品。方方爸爸愿意在工作时间外用心陪伴孩子，与孩子一起进行亲子游戏，这样既能增进父子情感，提升父亲的育娃能力，又能促进孩子运动发展。可方方爸爸非常苦恼，他不知道如何利用家庭中的简单物品开展有趣的亲子体育游戏。请阅读以上材料，分组设计亲子体育游戏方案并进行模拟演练。

二 实训目标

（1）积极与家长交流，家园合作，共同针对幼儿的运动兴趣与发展水平，指导家长设计亲子体育游戏方案。

（2）掌握亲子体育游戏的流程和运动注意事项。

三 实训准备

经验准备：教师观察记录孩子的运动习惯与兴趣，了解家长的性格特征和家庭教养方式。

物质准备：爬行垫、长绳（被单）、"过绳索"动作示范视频、亲子体育游戏方案。

四 实训过程

1. 指导家长设计亲子体育游戏方案

了解方方爸爸的需求，根据孩子的运动习惯、动作发展水平、兴趣等特点，指导方方爸爸利用家中简单物品，设计亲子体育游戏方案"过绳索"。

（1）设定亲子体育游戏目标。

有效锻炼方方的上下肢肌肉、骨骼的支撑力及协调性，利用游戏促进亲子关系提升。

（2）设计亲子体育游戏内容。

利用家中的爬行垫，将被单拧成长绳，一端固定，另一端家长拉紧；让孩子躺在绳子的下面，脖颈处放一个枕头；孩子双手交错拉住绳子，双脚用力蹬地，从起点处移动自己的身体到达终点。

（3）明确亲子体育游戏规则。

为了使游戏更具趣味性，可创设游戏情境，如过绳索桥展开救援，1分钟内到达终点算救援成功，否则算救援失败等。

2. 诚恳沟通，进行亲子体育游戏实施前的指导

（1）讲解体育游戏组织实施的注意事项。

根据幼儿运动的特点，应按照"热身环节—体育游戏规则的学习—身体动作的学习与练习—幼儿在游戏情境里进行动作的巩固—放松环节—评价总结—结束亲子体育游戏活动"的步骤进行，不可倒序或错序。

（2）强调热身环节与放松环节的重要作用。

体育游戏开始前，热身环节能让幼儿的身体从安静状态逐渐进入紧张状态；体育游戏结束后，放松环节能让幼儿的身体从紧张状态逐渐进入安静状态。热身与放松的环节，均是为了避免幼儿运动频率剧增或骤减而造成身体上的伤害。

3. 教师引导家长总结反馈，迁移经验

指导家长亲子体育游戏结束后总结，引导家长进行经验迁移，挖掘绳索一物多玩的亲子体育游戏内容。

4. 及时做好指导记录

五　实训注意事项

（1）教师在沟通交流过程中应耐心倾听家长的需求。

（2）应结合家长平日工作繁忙等实际情况，将亲子体育游戏内容设计得科学合理，游戏环节清晰有条理。

（3）强调体育游戏过程中热身与放松环节的必要性。

六　实训延伸

（1）鼓励家长根据家庭情况，设计并开展接接乐、抓尾巴、纸杯扣球、接云朵、双脚夹娃娃等亲子体育游戏方案。

（2）根据家长反馈，利用家园沟通线上平台和家园联系册等方式，及时调整指导策略。

任务三　心理调适——情绪游戏

一　实训背景

俊俊5岁了，特别爱哭爱闹。一天晚饭后，一家人在外面散步，俊俊看到不少孩子正在气垫床上玩得起劲，也兴高采烈地想要上去玩。妈妈觉得刚吃完饭，剧烈运动不好，于是告诉俊俊："先去散步，散步回来时可以玩一会儿。"俊俊马上就不高兴了，说："我现在就要玩！"妈妈说了俊俊几句，没想到他"哇"的一声号啕大哭起来。妈妈生气了，提高嗓门训斥俊俊。俊俊也毫不示弱，不断提高自己的音量，用更加尖厉的哭声回敬妈妈。俊俊爸爸实在没有心情欣赏这"二重奏"，他先是制止了妈妈的训斥，然后交了钱，把俊俊抱到气垫床上。俊俊的哭声戛然而止，欢快地玩了起来。

二　实训目标

（1）深入了解幼儿情绪行为，并对行为问题产生的原因进行分析。

（2）积极与家长交流，家园合作共同针对问题寻找对策。

（3）指导家长设计情绪游戏方案，掌握游戏的流程和玩法。

三　实训准备

经验准备：观察俊俊的情绪行为，进行初步的总结与评估；与家长建立了良好的情感，充分了解家长的性格特征和家庭教养方式。

物质准备：通信设备、纸、笔、情绪调适相关资料。

四 实训过程

1. 与家长沟通交流，共同观察与记录

对俊俊爱哭的行为有更深入的了解。观察他一般在什么时候会哭？在哭之前发生了什么事情？在哭时，他有什么具体的行为表现？一般哭多久情绪才会好转？

2. 原因分析

根据观察记录的结果，大致可以总结出俊俊爱哭闹的原因。

（1）幼儿到 5 岁时自我意识进一步发展，他们的要求一旦得不到满足，便会反映在情绪上。

（2）父母对于幼儿情绪的处理方法不一致。妈妈不能简单地以训斥的方式来让孩子停止哭闹，爸爸不能为息事宁人一味地顺着幼儿的意愿。

3. 教师指导家长设计情绪游戏方案

教师引导孩子将内心的感受、想法和情绪转换成视觉符号，用涂鸦的方式表达出来，及时排解和宣泄不良情绪；培养孩子合理的表达和发泄各种情绪的能力。

4. 设计情绪游戏的内容，明确情绪游戏的玩法、流程及目的

（1）情绪面具。

家长画一些表示不同情绪的面具，如高兴、难过、生气等。游戏开始，家长分别戴上不同表情的面具说出相应的心情，如"宝宝自己吃饭了，妈妈很高兴，亲亲宝宝。""宝宝不理妈妈，妈妈很难过，宝宝抱抱妈妈吧！"等。之后，家长将面具交给孩子，鼓励孩子也像妈妈一样，说出自己现在的心情和希望以什么样的方式来表达情绪。通过这个游戏，孩子可以学会情绪表达。

（2）情绪地图。

孩子高兴或者发怒的时候，可以给他纸和笔，让其把自己的想法与心情画出来。父母可以和孩子一起涂鸦，或者在一旁耐心地听孩子讲出自己的心情地图。通过这个游戏，父母可以引导孩子将内心的感受、想法和情绪等转换成视觉符号，及时排解和宣泄不良情绪。

（3）情绪歌曲。

根据《快乐歌》的歌曲旋律改编歌词后唱给孩子听，比"如果感到快乐你就拍拍手，如果感到生气你就呼呼气，如果感到悲伤你就跺跺脚"等。家长唱的时候，幼儿可以跟着唱"拍拍手""呼呼气""跺跺脚"等，并做出相应的动作。这个游戏可以培养幼儿合理地表达和发泄各种情绪的能力。

5.教师引导家长按照教育计划和措施进行实施，并及时交流反馈，根据实际情况调整计划，迁移经验。

五 实训延伸

（1）对于困难型幼儿的哭闹行为要更有爱心、耐心，并对其实施符合的高敏感度的和富有支持性的教育，帮助他们发展更具适应性的能力。

（2）与家长沟通交流时，必须强调家庭成员的教养方式、态度和观念一定要尽量保持一致性。

六 实训注意事项

根据家长的反馈情况，利用家园沟通线上平台、家园联系手册、线下面谈等多种方式，及时调整指导策略。

思考与练习

一、单选题

1.（2018年下）一天，陈老师正在组织孩子们踢球，方方总是抢球后抱着跑。陈老师看到后就让他站到一边，并对带班老师说："以后都别让他踢球了！"陈老师的做法（　　）。

A.正确，维护了整个活动的良好秩序

B.正确，保护了其他孩子的人身安全

C.不正确，破坏了同事间的团结协作

D.不正确，打击了方方的参与积极性

2.（2019年上）依据《幼儿园工作规程》，下列说法不正确的是（　　）。

A.健康检查不合格的幼儿，可以拒绝其入园

B.幼儿一日活动组织应动静交替，以动为主

C.幼儿的每日户外体育活动不得低于一小时

D.幼儿园可按年龄分别编班，也可混合编班

3.根据《幼儿园教育指导纲要（试行）》规定，幼儿园体育的重要目标是（　　）。

A.培养运动人才 　　　　　　　　B.获得比赛奖项

C.培养幼儿对体育的兴趣 　　　　D.训练技能

4.幼儿体育过程中最主要的环节是（　　）。

A.激发幼儿活动兴趣阶段　　　　　　B.身体准备阶段

C.掌握动作技能阶段　　　　　　　　D.结束阶段

5.为了让幼儿在户外运动中一物多玩，最合适的做法是（　　）。

A.教师集体示范　　　　　　　　　　B.幼儿自主探究

C.教师分组讲解　　　　　　　　　　D.教师逐一训练

6.幼儿动作发展的一般规律为（　　）。

A.从整体动作到局部动作　　　　　　B.从局部动作到整体动作

C.从整体混乱动作到局部混乱动作　　D.从局部混乱动作到整体混乱动作

二、简答题

1.从幼儿发展的角度，简述幼儿户外体育运动的价值。

2.教师在户外体育活动中，如何保障幼儿的安全？

3.幼儿心理健康教育指导的目标有哪些？

4.幼儿常见心理问题有哪些？请选取其中一种结合实践进行分析说明。

三、案例分析题

户外活动时间，5岁的布伦达坐在草地上。在过去的45分钟时间里，她多数时间都在玩一个布娃娃和几套为布娃娃准备的衣服。室内活动时，她在桌子边找了个座位坐下来，然后开始玩一些操作性的材料。过了一会儿，她起身朝另一张桌子走去，那里正在开展手工活动。她坐在那里提醒教师时间。提醒了几次之后，她问一位教师什么时候可以吃午饭。

当带班教师宣布孩子们要收起所有的东西准备吃午饭时，布伦达立刻停止了活动并且到卫生间洗手。在去餐厅的队伍中她排在第一个。午饭时，她吃了三碗土豆泥、两块鸡肉、四个面包卷和两份甜点。其中的一份甜点是从她的同伴那里得来的，因为那个孩子不喜欢巧克力布丁。但布伦达不去碰胡萝卜和沙拉。布伦达缺乏活动而且多食的情况让教师和她的家长很担心。她的体重已经达到了41.5千克。

问题：请分析案例中的幼儿行为问题产生的原因有哪些？针对案例中幼儿的行为，你会提出哪些对策和建议？

四、活动设计题

根据下列案例，设计一个亲子运动会方案，要求写出亲子运动会的设计意图、两个运动项目（运动项目的名称、材料和玩法、家长工作要点及实施注意事项）。

在与本班家长沟通中，大三班教师发现，不少家长平时很少和幼儿一起运动，因为不知道可以和幼儿玩什么。为此，教师准备举行一场亲子运动会，让家长体验到生活中随手可得的一些废旧材料，可以用来开展有趣的运动游戏，从而促进幼儿发展。

单元三
幼儿生活准备的家庭教育指导

素质目标

✦ 积极动脑思考，乐意感受与体验幼儿生活准备的家庭教育指导实践。

✦ 能积极自信地根据不同的家庭教育问题情境与家长进行沟通、指导，合作共育，促进幼儿发展。

知识目标

✦ 认识学龄前儿童生活习惯养成、生活自理、劳动教育、安全教育的重要性。

✦ 掌握生活习惯养成、生活自理、劳动教育、安全教育的主要目标、内容及家庭指导方法。

能力目标

✦ 能结合情境、案例进行经验迁移，对幼儿生活准备的相关问题开展家庭教育指导。

✦ 能根据生活习惯养成、生活自理、劳动教育、安全教育的目标和内容，制定和实施较为科学合理的家庭教育指导方案。

```
                                      ┌── 生活习惯养成指导
                          理论奠基 ────┤── 自理能力锻炼指导
                                      └── 安全意识培养指导
幼儿生活准备的
家庭教育指导 ──────┤
                                      ┌── 生活习惯——被追着喂饭的菲菲
                          实训指导 ────┤── 劳动习惯——21天家庭劳动打卡
                                      └── 安全习惯——"自来熟"的星星
```

 情境导入

　　中午吃饭的时间，幼儿在老师的引导下依次端着饭菜回到座位上。然然小朋友是最后一个走过来端饭菜的。回到座位后，他拿起勺子开始吃饭，不一会儿，旁边的小朋友告诉老师："然然把汤洒到身上了。"于是，老师用毛巾替然然将弄脏的衣服擦拭干净，并告诉他吃饭的时候要一只手扶着碗，一只手拿着勺。没多久，然然又把饭菜撒到了桌上。通过观察，老师发现然然是一个非常瘦小的孩子，个子比同龄幼儿矮了五六厘米。据了解，然然妈妈对他照顾得很精细，很多事情都喜欢自己包办，这导致然然到了中班还不太会使用勺子。每次吃完饭的桌下都是一片狼藉，老师打扫起来十分困难。

　　该家长的教养观念和行为对孩子的劳动能力发展产生了严重的影响。这个单元我们将学习幼儿生活准备方面家庭教育指导的内容。

 理论奠基

任务一　生活习惯养成指导

● 一 学龄前儿童生活习惯养成的目标

　　习惯养成对于一个人的一生至关重要，幼儿时期是生活习惯养成的关键时期。《幼儿园教育指导纲要（试行）》在健康领域中明确提出：幼儿要养成良好的生活、卫生习惯，有基本的生活自理能力。《3—6岁儿童学习与发展指南》提出：良好的生活习惯和基本生活能力是幼儿身心健康的重要标志，也是其他领域学习与发展的基础。《指南》对各年龄阶段幼儿良好的生活与卫生习惯目标要求如表3-1所示。

表3-1　《3—6岁儿童学习与发展指南》对各年龄阶段幼儿良好的生活与卫生习惯目标要求

3—4岁	4—5岁	5—6岁
1.在提醒下，按时睡觉和起床，并能坚持午睡	1.每天按时睡觉和起床，并能坚持午睡	1.养成每天按时睡觉和起床的习惯

续表

3—4 岁	4—5 岁	5—6 岁
2. 喜欢参加体育活动	2. 喜欢参加体育活动	2. 能主动参加体育活动
3. 在引导下，不偏食、挑食，喜欢吃瓜果、蔬菜等新鲜食品	3. 不偏食、挑食，不暴饮暴食，喜欢吃瓜果、蔬菜等新鲜食品	3. 吃东西时细嚼慢咽
4. 愿意饮用白开水，不贪喝饮料	4. 常喝白开水，不贪喝饮料	4. 主动饮用白开水，不贪喝饮料
5. 不用脏手揉眼睛，连续看电视等不超过 15 分钟	5. 知道保护眼睛，不在光线过强或过暗的地方看书，连续看电视等不超过 20 分钟	5. 主动保护眼睛，不在光线过强或过暗的地方看书，连续看电视等不超过 30 分钟
6. 在提醒下，每天早晚刷牙、饭前便后洗手	6. 每天早晚刷牙、饭前便后洗手，方法基本正确	6. 每天早晚主动刷牙，饭前便后主动洗手，方法正确

二　学龄前儿童生活习惯养成的主要内容

（一）作息习惯

家长应让幼儿保持有规律的生活，养成良好的作息习惯。如早睡早起、每天午睡等。

（二）饮食习惯

家长应帮助幼儿养成良好的饮食习惯。如合理安排餐点，帮助幼儿养成定点、定时、定量进餐的习惯；帮助幼儿了解食物的营养价值，引导他们不偏食不挑食、少吃或不吃不利于健康的食品；监督幼儿多喝白开水，少喝饮料；吃饭时不过分催促，提醒幼儿细嚼慢咽，不要边吃边玩。

（三）个人卫生习惯

家长应帮助幼儿养成良好的个人卫生习惯。如早晚刷牙、饭后漱口；勤为幼儿洗澡、换衣服、剪指甲；提醒幼儿保护五官，如不乱挖耳朵、鼻孔，看电视时保持 3 米左右的距离等。

（四）锻炼的习惯

家长应激发幼儿参加体育活动的兴趣，养成锻炼的习惯。如为幼儿准备多种体育活动材料，鼓励他选择自己喜欢的材料开展活动；经常和幼儿一起在户外运动和游戏，鼓励幼儿和同伴一起开展体育活动；和幼儿一起观看体育比赛或有关体育赛事的电视节目，培养他们对体育活动的兴趣。

三　学龄前儿童生活习惯养成存在的主要问题

（一）家长意识淡薄，重视程度不够

在谈及幼儿生活习惯养成重要性的过程当中，出现了几种不同的态度。有的家长认为，生活习惯靠平时养成，没有很刻意地去培养孩子的生活习惯，认为还是学习习惯比较重要，孩子升

学看的都是学习成绩，比较希望孩子养好良好的学习习惯。有的家长认为，工作都忙死了，周末还要带孩子去上跳舞课，孩子一些习惯怎么样，幼儿园老师应该会教吧。

由此可见，有些父母对于幼儿生活习惯的养成没有重视。尽管已经有一部分的父母意识到早期教育以及幼儿教育对孩子未来一生的发展起着不可替代的作用，但是在幼儿良好生活习惯的养成上仍缺少指导。更多的父母将教育孩子的重心放在其艺术技能培训上，以及对升小学一年级以后的学习成绩上，对于幼儿良好生活习惯的养成缺乏重视。

（二）家长自身习惯不良，以身示范不够

家庭生活中，家长经常一边玩手机一边吃饭，孩子就也一边玩玩具、看电视，一边吃饭。当家长进行教育的时候孩子自然而然回答道："爸爸也是这样吃饭的。"

陈鹤琴曾指出，在教育儿童方面，有一些儿童从小没有养成好的身体、品德和生活习惯，不是儿童的过失，其中也包括父母对儿童生理、心理发展原理的不了解。有时候，家长要求孩子改正不良生活习惯，却没有意识到自身的不良生活习惯正对幼儿生活习惯养成产生着负面影响。

（三）家长缺乏经验，教育策略不够

家长教育能力是指家长在一定的教育观念指导下，运用教育子女的科学知识，解决在家庭教育实践中遇到的种种问题，使子女身心健康发展的机智、策略、技能和技巧。家长面对幼儿的不良生活习惯，无从下手，不知道该怎么办，于是放任自流。一些家长认为幼儿还小，不用进行习惯养成教育，觉得生活习惯是自然而然形成的，认为"树大自然直"。一些家长虽然意识到习惯养成在幼儿时期的重要性，却缺乏科学的家庭教育方法，存在溺爱、纵容、粗暴简单、有始无终、父母之间教育方法不一致等问题。相当多的家长认为，在生活中，获得家庭教育的方法途径有限，也缺乏科学的指导，遇到问题也无处咨询，在家庭教育中出现有心无力的现象。

（四）独生子女较多，祖辈爱无节制

研究表明，独生子女生活习惯上的不良问题比非独生子女严重，因为孩子少，有些家庭甚至是几代单传，祖辈们更是爱无节制，追着喂饭、给幼儿吃零食没有限度、父母在教育过程中"帮腔"现象普遍，任由不良行为的持续发生。

四 学龄前儿童生活习惯养成的家庭教育指导策略

（一）作息习惯养成的家庭教育指导策略

睡眠对幼儿健康成长起着十分重要的作用，规律就寝的习惯是健康睡眠的重要保证，对于处于发育阶段的幼儿尤为重要。

（1）家长应为幼儿营造良好的睡眠环境。要给幼儿选择自己的小床、被褥和枕头；卧室

的湿度和温度要适中，在睡觉之前要先对卧室进行通风，保持卧室空气清新。在有空调的房间睡觉时，要注意室内的空气流通，做好冬季的保暖和夏季的防暑工作。

（2）家长应为幼儿做好睡前准备工作。避免睡前做剧烈的运动，吃完饭后尽量要求幼儿进行一些相对平静的活动，睡前提醒幼儿上厕所、喝水。

（3）家长要重视幼儿的午休，培养幼儿养成按时睡觉的好习惯。幼儿合理的睡眠时间主要集中在这两个时间段，一个是中午，一个是晚上。家长在重视的前提下，要制度好幼儿合理的作息制度，节假日也不能改变，使幼儿到了睡觉时间能够上床睡觉，并很快入睡。同时，家长必须严格遵守作息制度，不熬夜，按时睡觉，起到很好的榜样作用。

不愿睡午觉的乐乐

到午休时间了，小一班的小朋友们在老师的提醒下，如厕—脱鞋子—摆放鞋子—脱外套—躺到床上—盖被子，一套程序做完后，乖乖地听故事睡觉。可是还有几个幼儿不肯睡，其中一个是刚来不久的乐乐。她照例坐在床上，坚决不睡觉。刘老师变着法子哄她睡觉，她都是那一句："我坐着睡！"然后很淡定地坐在床上东张西望。张老师建议让她躺着，困急了倒头就可以睡。可是，乐乐即使到最后困得东倒西歪的，她也能强撑着睁开眼睛，动动身体换个舒服的姿势继续坐着，连续几天都是如此。这让班级老师很苦恼。

在小班中，有些幼儿的午睡习惯不太好，东东在午睡时的表现就比较典型。面对这一情况，幼儿园教师除了弄清幼儿不愿午睡的原因，还要采取一些针对性的措施。如对于精力好的幼儿，需加大户外活动量，对于缺乏安全感的幼儿应多给予关心让其放下戒心。同时，教师应与家长通力合作，让幼儿在家也保持正常午睡的习惯。

（二）饮食习惯养成的家庭教育指导策略

学龄前儿童处于培养良好饮食习惯的关键阶段，挑食偏食是常见的不良饮食行为。儿童由于自主性的萌发，对食物可能表现出不同的喜好，出现一时性的偏食和挑食，此时需要家长或看护人适时、正确地加以引导和纠正，以免形成挑食、偏食的不良习惯。

（1）家长以身作则，言传身教。家长良好的饮食行为对儿童具有重要影响，建议家长以身作则，与儿童一起进食，起到良好的榜样作用，帮助孩子从小养成不挑食不偏食的良好习惯。

（2）善于激发幼儿食欲。鼓励儿童选择多种食物，引导其多选择健康食物。对于儿童不喜欢吃的食物，可变换烹调方法，如将蔬菜切碎、瘦肉剁碎、用多种食物制作成包子或饺子等，也可改变盛放容器，如采用小份量进行供应、购制富有童趣的餐具等。

（3）鼓励但不强迫幼儿进食。家长应鼓励幼儿尝试，对于幼儿的进步应及时给予表扬，不可强迫其进食或喂食。

（4）通过增加儿童身体活动量，尤其是选择儿童喜欢的运动或游戏项目，使其肌肉得到充分锻炼，增加能量消耗，增进食欲，提高进食能力。

 **案　例**

偏食挑食的一一

小一班的一一小朋友情绪稳定，喜欢和老师、朋友们一起游戏。但是每到饭点，老师们就开始头痛，因为一一有些挑食，她只吃固定的几样蔬菜，不愿意吃动物内脏或者鱼虾等腥味较重的食物。主班教师与家长沟通后得知一一在家里也是这个情况。了解到这些后，教师对其进行了针对性的引导。首先，在娃娃家游戏中，教师告诉她为小宝宝搭配饮食的时候要注意主食和配菜都要，荤菜素菜都要。其次，在同伴中树立榜样，带动她一起吃。在老师们的帮助下，一一的吃饭问题有了很大的改观。

一一只吃固定的几种食物，拒绝吃猪肝、鱼虾等腥味较重的食物，不愿意主动尝试新的食物，这是挑食的表现。幼儿接受新食物需要一个过程，家长可以少量增加，"变样"增加。比如幼儿不喜欢吃猪肝，可将猪肝磨成猪肝粉，放在菜汤当中。另外，可将食物做出不同花样，引起幼儿的兴趣，如小朋友不爱吃鸡蛋，把水煮蛋做成小兔的形状，先吃"兔耳朵"，再吃"兔尾巴"，一个鸡蛋瞬间就能吃光。再者，家长可以表现出对食物极大的兴趣，增加幼儿尝试的欲望。

（5）此外，家长还应避免以食物作为奖励或惩罚的措施。

日常生活中，家长应认真观察幼儿的进餐行为，发现问题及时处理。总之，良好习惯的养成，离不开科学喂养，离不开成人的细心、耐心、爱心与积极的榜样作用。

（三）个人卫生习惯养成的家庭教育指导策略

（1）通过多种方式，培养幼儿洗手的主动性。家长可以结合幼儿身心发展的特点，设置一些简单的小实验，使幼儿了解洗手的相关知识，通过亲身体验的方式，对比洗手和不洗手的区别，加深他们的感觉刺激。此外，要结合幼儿园开展的活动教给幼儿正确的洗手流程及方法。

（2）通过多种途径，培养幼儿主动漱口、刷牙的意识。家长可以去牙科诊所购买牙菌斑显示剂，让幼儿观察刷牙前后牙齿上的细菌数；家长还可以通过讲故事、读绘本的方式，让幼儿进一步了解龋齿的危害，激发幼儿漱口、刷牙的主动性；教给幼儿正确的漱口、刷牙方法，促使幼儿养成坚持刷牙的好习惯。

（3）通过各种活动，让幼儿了解保护五官的重要性。家长可以通过带幼儿阅读绘本，采访带眼镜小朋友的感受，带领幼儿到医院进行五官检查等，使幼儿了解不良卫生习惯可能带来的危害，让幼儿了解保护五官的重要性及正确方法。

（4）协助班级教师填写好"幼儿良好习惯养成家园共育表"，做好家园联系，帮助幼儿达成理想目标。（表3-2）

表3-2　幼儿良好习惯养成家园共育表

理想目标	孩子表现
饭前、便后都能独立、主动洗手	
洗手时使用肥皂，手心、手背、手指都能洗干净	
不偏食、挑食，喜欢吃瓜果蔬菜等新鲜食品	
吃饭时细嚼慢咽、不边吃边玩	

（四）锻炼习惯养成家庭教育指导策略

学龄前儿童生长发育速度较快，身高、体重能反映儿童膳食营养摄入状况，家长可通过定期测量儿童的身高、体重，及时调整其膳食和身体活动，以保证正常的生长发育，避免消瘦和超重肥胖。

（1）鼓励儿童经常参加户外游戏与活动，实现对其体能的锻炼培养，维持能量平衡，促进维生素D的合成和钙的吸收利用。

（2）增加户外活动时间，学龄前儿童每天应进行至少1小时的体育活动，最好是户外游戏或运动，包括有氧运动（骑小自行车、快跑等）、伸展运动、肌肉强化运动（玩攀爬架、健身球等）、团体活动（跳舞、小型球类游戏等）。

（3）减少静态活动（看电视，玩手机、电脑或电子游戏等）。除睡觉外应尽量避免让儿童有连续超过1小时的静止状态，每天看电视、玩电脑的累计时间不得超过2小时。

（4）建议每天结合日常生活引导儿童多做体力锻炼（公园玩耍、散步、爬楼梯、收拾玩具等）。

总的来说，父母可以随着幼儿年龄变化而提供有针对性的生活习惯教育内容。

对于3—4岁的幼儿，由于其模仿能力很强，父母的正确示范对其良好生活习惯的养成不可或缺。但幼儿生活经验还不太充足，因此父母的正确引导十分必要。尤其是幼儿出现不良生活习惯时，父母应让其明白正确的做法，针对幼儿的年龄特点开展游戏活动，让幼儿从中逐步形成良好的生活习惯。

对于4—5岁的幼儿，父母要坚持在日常生活中培养其良好的生活习惯。如果幼儿出现不良习惯，父母要及时给予指导和纠正，示范、鼓励幼儿养成良好习惯，如通过绘本向幼儿讲述刷牙习惯养成的重要性，通过角色游戏引导幼儿掌握扣纽扣、穿衣服等技能。

对于5—6岁的幼儿，父母可以在生活习惯方面，让其有针对性地多加练习。在实践活动中锻炼并加速其生活习惯的养成，如开展大龄幼儿帮助小龄幼儿掌握洗手洗脸方法活动，养成穿衣引导幼儿叠衣等良好的生活习惯。

任务二　自理能力锻炼指导

家庭是儿童的第一所学校，父母是儿童的第一任教师。幼儿早期主要在家庭中度过，家庭特别是父母对子女的影响深远，甚至影响其一生。正所谓"爱子，教之以义方"，家长在尽力为幼儿创造良好生活环境的同时，也应该重视对幼儿自理能力、劳动能力的培养。

一　幼儿生活自理能力的家庭教育指导

幼儿生活自理能力主要是指幼儿自己照顾自己、为自己服务、自主解决生活问题的能力。幼儿应具备的基本的自我服务劳动能力，主要体现在盥洗、如厕、进餐、穿脱衣服和睡眠五大方面。

（一）幼儿生活自理能力的目标与内容

1. 幼儿生活自理能力的目标

《3—6岁儿童学习与发展指南》对不同年龄段幼儿的生活自理能力的目标，进行了阐述，具体如表3-3所示。

表3-3　《3—6岁儿童学习与发展指南》中对幼儿自理能力的阐述

年龄段	自理能力目标
3—4岁	1. 在帮助下能穿脱衣服或鞋袜 2. 能将玩具和图书放回原处
4—5岁	1. 能自己穿脱衣服、鞋袜、扣纽扣 2. 能整理自己的物品
5—6岁	1. 能知道根据冷热增减衣服 2. 会自己系鞋带 3. 能按类别整理好自己的物品

2. 幼儿生活自理能力的主要内容

（1）盥洗。

盥洗是学前儿童生活自理能力形成过程中不可忽视的重点内容之一，主要包括：及时借助清洁产品清洗身体裸露的部分、手脏时及时洗手、进食后及时漱口、自主洗脚、自己洗屁股（成人适时帮助）、自己洗袜子、自己洗手帕等。

（2）如厕。

如厕同样是学前儿童生活自理能力形成过程中的重要内容之一，主要包括：如厕前，根据需要及时如厕；如厕时，能够及时脱掉内外裤，正确使用蹲坑或坐便器；如厕后，能够尝试用纸自己擦拭、自主冲水（按不动时需成人帮助），能提好内外裤、整理好衣服。

（3）进餐。

幼儿在进餐时的自理内容较多，对于幼儿来说都很重要，具体包括：正确拿取及使用餐具、自己独立吃饭，不需要成人帮忙；能收拾自己的餐具，帮助成人收拾餐桌，将掉到桌子上的残羹捡到垃圾桶；尝试使用小抹布练习擦桌子；学习剥带皮的食物；等等。

（4）穿脱衣服。

能独立穿脱衣服和鞋袜是幼儿生活自理能力发展的重要表现，主要包括：衣物脏了主动叫成人换洗、适时或根据气温增减衣物；学会穿、脱、叠的基本技能；学会扣简单的扣子、拉拉链；穿脱衣裤、鞋袜时，能够分清前后与左右。

（5）睡眠。

良好的睡眠有助于幼儿的生长发育，优质的睡眠可以使幼儿一整天都精力充沛。睡眠方面的自理能力主要包括：自主脱下衣物，自主盖被入睡；掌握正确的睡眠姿势，安静入睡；起床时叠好被子，下床，整理床铺。

（二）促进幼儿生活自理能力发展的家庭教育指导方法

1. 家庭转变观念，增强幼儿生活自理意识

家长不是幼儿的"双腿"，不要使幼儿产生错误的认识：自己不干的事，父母一定会帮着干。家长应为幼儿树立"自己的事情自己做，不会的事情学着做，家里的事情帮着做"的良好自理意识，积极为幼儿创造生活自理的机会。这样既达到了锻炼幼儿自理能力的目的，又有助于幼儿尝试与体验生活自理的快乐与自我效能感。因此，家长可在家庭生活中有计划地引导幼儿参加力所能及的活动，鼓励幼儿自己起床、穿衣、吃饭、整理物品等。

2. 传授科学的生活自理技巧

有了自理意识，还需要自理的技巧，才能使幼儿达到"既想做又能做好"的目标。家长可以借助日常生活中的一些契机，教给孩子基本的生活自理的方法和技能。家长还可以根据幼儿年龄特点，采用寓教于乐的教育方法，将一些生活自理技巧编成有趣的儿歌、律动、手指游戏

等内容，促使幼儿在好玩的游戏中习得经验。例如，利用网络资源将歌曲《系鞋带》编成手指游戏，让幼儿在愉快的律动中轻松快乐地学会系鞋带的方法。

3. 巩固幼儿的生活自理行为。

抓住吃饭、穿衣、如厕、盥洗等关键时机，要求幼儿养成起床后自己穿衣服穿鞋、洗脸刷牙，如厕后整理衣裤、洗手，餐前餐后自觉洗手等习惯，在家庭生活中提升幼儿的自理能力。家长可以引导幼儿为家人做服务，例如摆放餐具、擦桌子、为花草浇水等，鼓励幼儿从自我服务发展到为家人服务，培养幼儿的自理能力，塑造幼儿的优良品质。

技能的掌握离不开巩固练习。家长应耐心指导、循循善诱，做到常督促提醒、多检查强化，促使幼儿逐步形成自觉的生活自理习惯。

思政在线

爱孩子要有度

清代书画家郑板桥老来得子，自然对儿子很疼爱，但他从不溺爱。郑板桥在给堂弟郑墨的家信中，提到爱子之道："余五十二岁始得一子，岂有不爱之理！然爱之必以其道，虽嬉戏玩耍，务令忠厚悱恻，毋为刻急也。"而在另一封书信中又谆谆告诫道："要须长其忠厚之情，驱其残忍之性，不得以为犹子而姑纵惜也。"郑板桥还在信中写道："夫读书中举中进士做官，此是小事，第一要明理做个好人。"郑板桥以竹入联："咬完几句有用书，可充饮食；养成数竿新生竹，直似儿孙。"他教育儿孙，做人要像竹子一样虚心有节、刚直不阿。

二 幼儿劳动教育的家庭教育指导

家长在尽力为幼儿创造良好生活环境的同时，不能忽视对幼儿劳动能力、自理能力的培养。

（一）幼儿劳动教育的内涵与价值

幼儿家庭劳动教育是指父母或其他年长者在家庭环境中有目的、有意识地对子女进行的关于劳动方面的教育，目的是帮助幼儿树立正确的劳动观念，培养幼儿优良的劳动习惯与劳动品质，使幼儿的发展与社会的需求互相融合。

通过劳动教育，一方面可以促进儿童骨骼发育，提高协调能力；另一方面能锻炼儿童的意志品质。此外，还能帮助幼儿逐步形成劳动意识，养成良好的生活、劳动习惯，掌握生活自理技能，为幼儿未来进入社会适应集体生活打下基础。

拓展阅读

幼儿家庭劳动教育存在的误区

家庭劳动教育重技能轻情感。实施家庭劳动教育过程中，家长容易忽视幼儿劳动情感的养成，认为劳动教育就是培养幼儿的自理能力。

一是家庭劳动内容匮乏。许多家长对幼儿进行家庭劳动教育时，为幼儿提供的劳动机会多半是以为幼儿自我服务为目标的劳动，如穿衣换鞋等，很少提供为家庭服务、为社区服务的劳动机会。甚至有的家长认为幼儿只要做好自己的事情就行，能自己收纳玩具、自己穿衣吃饭即可。

二是劳动教育方法欠妥。有些家长会将劳动作为一种惩罚手段，用来教育做了错事的孩子。例如，"不好好读书以后只能去扫大街""再调皮就罚你扫地擦桌子"，这容易促使幼儿形成错误的劳动观念与劳动情感，从而产生厌恶劳动的逆反心理。

（二）幼儿劳动教育的目标与内容

1.服务自我，照料自我的自我服务性劳动

自我服务性劳动以生活自理为目标，通过家庭中家长与幼儿共同参与融洽亲子关系的各项劳动，可以优化家庭生活环境。以日常生活中的劳动内容为主，如穿衣戴帽、洗脸刷牙、收纳玩具、整理物品等。这类劳动是幼儿劳动教育的主要内容，可以让幼儿体验通过自己的劳动满足自己的需要，从小养成热爱劳动的好习惯。

2.服务家庭，优化家庭环境的家庭服务性劳动

家庭服务劳动主要是指幼儿参与家务劳动，做些力所能及的家务事，例如打扫家庭卫生，与父母一同购物，饭前摆好座椅和碗筷，与妈妈一起择菜、洗菜和扔垃圾，妈妈生病时给妈妈送药、递水，爸爸下班回家时给爸爸递拖鞋，照顾弟弟妹妹，等等。

3.服务社区，为他人和社会服务的群体服务性劳动

群体服务性劳动有着明显的利他性，为同伴和集体服务进行的劳动，能锻炼幼儿的服务精神，增强其集体责任感，让其体会劳动的意义。如为班级、幼儿园或社区进行的各项劳动，担任小小值日生、进行垃圾分类等，体会通过劳动来为他人服务的意义，促进幼儿养成热爱劳动者、尊重珍惜劳动成果的优良社会品格。

（三）幼儿劳动教育养成的家庭教育指导方法

1.转变观念，尊重幼儿发展规律

作为幼儿的启蒙者，家长承担着家庭教育的重要使命。重视劳动教育，正视

微课：如何帮助幼儿养成爱劳动的好习惯

劳动对幼儿成长的价值意义，培养幼儿尊重劳动者、热爱劳动的品质，有助于幼儿的全面发展。家长爱孩子，应该"爱之有道、授之以渔"，用战略性的发展眼光去施爱。教育家陈鹤琴先生说："凡是幼儿能够自己做的，应该让他自己去做。"家长应转变观念，尊重幼儿发展规律，引导幼儿在辛勤劳动中体会付出的意义。幼儿经历劳动的磨炼，方能形成独立自主的人格与直面挫折、坚强不屈的优秀品质。

因此，家长们要多多鼓励与引导幼儿积极参与劳动，并指导幼儿进行适宜、适龄的劳动。当家长看到幼儿产生劳动意向的时候，应及时给予鼓励和帮助，利用幼儿独立自主意识的萌芽提升幼儿的劳动兴趣与培养幼儿的劳动习惯。例如，当幼儿想要帮妈妈擦桌子但没有擦干净时，家长应以及时鼓励为主，肯定幼儿的劳动行为，再进行劳动方法与技能的指导，帮助幼儿完成擦桌子的劳动任务，让幼儿在鼓励中感受劳动的快乐与成就感。

2. 耐心指导，教给幼儿行之有效的劳动方法

劳动过程中，家长应对幼儿进行正确的劳动示范与语言讲解，促进幼儿获得劳动技巧与掌握正确的劳动技能；同时，家长可创设良好的生活与劳动情境，并准备适量的教具，引导幼儿进行日常生活劳动的练习。练习前，家长先进行正确的劳动示范，示范要将动作放慢、分步骤进行讲解，适当停顿，讲解应简洁、语速适中。家长还可利用儿歌对幼儿进行引导。儿歌篇幅短小、语言明快，读起来朗朗上口，便于记忆，因此深受幼儿的喜爱，如《洗手歌》《进餐歌》《劳动最光荣》《爱劳动的小蝴蝶》等。

3. 寓教于乐，安排丰富多样的劳动教育内容

丰富多样的劳动教育内容有利于调动幼儿参与家庭劳动的热情。除服务自我的劳动外，家长可引导幼儿共同制订家庭值日表，与幼儿讨论家务规则，优化家庭环境，引导幼儿进行以服务家庭为目标的家庭服务性劳动，如一起为家庭购置物品、布置家庭环境等。对于大龄儿童，家长可引导幼儿进行以服务社区为目标的服务性劳动，安排大龄儿童参与社会实践活动，如参与社区环境绿化志愿活动、为社区老人洗脚、参观工人劳动等。

📂 思政在线

《家庭教育促进法》第三条：家庭教育以立德树人为根本任务，培育和践行社会主义核心价值观，弘扬中华民族优秀传统文化、革命文化、社会主义先进文化，促进未成年人健康成长。

《家庭教育促进法》第十六条提到：帮助未成年人树立正确的劳动观念，参加力所能及的劳动，提高生活自理能力和独立生活能力，养成吃苦耐劳的优秀品格和热爱劳动的良好习惯。

任务三　安全意识培养指导

幼儿好奇心强、爱探索，自控能力弱，并缺乏对危险食物或行为的辨识能力，且受认知水平及生活经验的制约，因而幼儿时期成为意外事故的高发阶段。《3—6岁儿童学习与发展指南》在健康领域的"生活习惯与生活能力"中提出了要促使幼儿"具备基本的安全知识和自我保护能力"的发展目标。《家庭教育促进法》第十六条中提到：未成年人的父母或者其他监护人应当针对不同年龄段未成年人的身心发展特点，以交通出行、防诈骗、防拐卖等方面的安全知识为教育内容，帮助其掌握安全知识和技能，增强其自我保护的意识和能力。因此，幼儿园和家庭均应重视幼儿安全意识教育，采取有效措施预防幼儿意外事故的发生。同时，在幼儿园和家庭日常生活中抓住契机对幼儿进行安全教育，使幼儿逐渐增强安全意识，积累关键经验，具备一定的自我保护能力。

案　例

2023年3月，河南1岁小孩不慎打翻桌上的开水壶，热水从孩子的头顶淋下来，导致其身体大面积特重度烫伤。事发当天，孩子的奶奶独自在家照顾2个年幼的孩子。小孩打翻开水的时候，奶奶正在照顾另一个小孩。

家长要加强对孩子的看护，不要让孩子触碰热水及高温设备，应将易对儿童安全造成威胁的危险物品放置在儿童接触不到的地方，避免产生安全事故。

一　幼儿安全教育的意义与目标

3—6岁的儿童正处于生长发育的重要时期，受好奇、好动、好探索等心理需求的驱使，但身体各系统发育不完善、对周围事物缺乏全面的认识，因此幼儿表现出来的大胆的行为举动下往往隐藏着诸多不安全的因素，甚至有的会危及生命。所以，重视对幼儿的安全教育，增强幼儿的自我保护意识与能力，是父母不可忽视的重要育儿环节。

3—6岁的幼儿具备了一定的自我保护能力，但由于年龄偏小，身体协调性差、控制能力弱而好奇心强，往往对老师和家长提出的安全警告不以为然；加上地震、洪水、火灾、电伤等意外灾害事件时有发生，而幼儿缺乏应对突发事件的能力。为避免伤害，保护幼儿健康快乐成长，重视儿童安全的家庭教育很有必要。

促进幼儿安全意识和自我保护能力的养成、幼儿安全行为的塑造是幼儿安全教育的目标。

幼儿安全行为包含预防性安全行为和安全自救行为。预防性安全行为是指幼儿在日常生活中表现出来的保护自身生命安全的行为，如不将异物放入口鼻耳中、安全用电、不跟陌生人走、遵守交通安全规则等；安全自救行为是幼儿在出现意外灾害时能够应对并进行自救避险，如火灾地震自救避险、急救电话拨打等。

　　生活中，很多父母会遇到这样的情况：路上遇见一个久未见面的朋友，朋友看到你身边的孩子很可爱，什么话也不说就抱起来，开玩笑地说些诸如"宝贝，阿姨很喜欢你，跟我回家好不好呀"的话。而孩子的反应是一开始并不乐意，朋友可能接着说："阿姨与你爸爸妈妈是好朋友。阿姨家里有很多棒棒糖、玩具熊，都给你好不好？"妈妈这个时候再补上一句："你跟阿姨去玩嘛。"这时，孩子可能以为得到了家长的默许，开心地同意被不熟悉的阿姨牵着手领回家玩。

　　从案例中可以看出，父母缺乏一定的幼儿安全教育意识，他们认为这是在逗孩子玩，并且因为是自己的朋友，因此毫无戒备之心。如果不适时对幼儿进行教育，甚至默许，等孩子遇到有恶意的人时，他们可能就真的因为一块糖、一句话而跟陌生人走了。

　　家庭中安全教育的缺位，容易造成幼儿安全意识的薄弱，尤其是学前期的幼儿对周围的世界充满了好奇，更增加了其遭遇日常生活中潜在危险的可能性。同时，幼儿缺乏危险发生的应对能力。《中华人民共和国未成年人保护法》对家庭保护做了明确规定，强调家庭要有教育意识，要对未成年人进行安全教育，增强未成年人的自我保护意识和能力。

二　幼儿安全教育的内容

　　幼儿安全教育的内容与幼儿生活、学习息息相关，一般包括以下几个方面。一是自我意识和能力的知识，即自我身体、生活中的安全知识、自然灾害等意外事故的认识等。二是自我保护能力，包括紧急制动、躲闪能力、追逐、寻求帮助等方面。三是心理自我保护能力，包括陶冶性情、挫折的自我调节、社会的适应力等方面。

三　幼儿安全教育的家庭教育指导

（一）幼儿身体认识与保护的家庭教育指导

1.认识身体各个部分及其重要性

首先，家长应引导幼儿认识到身体各个部分的重要性。例如，通过操作性活动，引导幼儿观察、指认身体的主要部位，初步意识到身体各器官的作用，从而进一步认识自我、了解身体。比如，观察镜子中的自己，说说身体上有什么，引导幼儿初步认识身体各器官的作用与功能。其次，抓住幼儿的关注点，了解幼儿对自我认识的现有水平和认知兴趣，引导幼儿了解身体各部分的重要性，促进幼儿树立自我保护意识。如，摸一摸、听一听、看一看、跳一跳，引导幼儿在亲身经历中探索从而获得自我保护的认知经验。

2. 给予安全依恋

家长应给予幼儿情绪情感的安全依恋。如刚入园的幼儿，第一次进入集体生活，面临分离焦虑，会感到害怕，缺乏安全感。为了帮助幼儿度过分离焦虑期，父母可以经常用拥抱、亲吻脸颊等身体接触，用充满爱意的语言表达等方法，给予幼儿安全感，令幼儿感受到父母的爱意与关怀。同时多引导新入园幼儿了解幼儿园一日生活的环节，减少孩子因为未知的不确定性而产生的恐惧。对于曾有过危险经历的幼儿，父母或监护人可以通过聊天等方式，通过共情、经验的共享，引导幼儿消除恐惧，获取安全感。

（二）幼儿自我保护的家庭教育指导

1. 环境中养成安全意识

英国著名环境教育学者卡斯提出了环境教育模式，其所倡导的"在环境中的教育"策略，根据幼儿的身心发展特点及幼儿教育的特性，通过引导幼儿自主地欣赏、观察日常生活中具体的环境要素和环境问题，从而采取行动调整自己的行为方式。因此，精心创设的环境，能对幼儿安全意识与安全行为的教育发挥生动、直观、形象与综合性的教育作用。

微课：如何培养幼儿的安全意识

2. 家庭生活中养成自我保护意识

家长应尽可能消除家庭生活中的危险性因素，结合儿童的生活和学习，在共同参与的过程中对儿童实施安全教育。

在家庭生活中，对幼儿进行随机的、针对性的自我保护教育。例如，利用小区健身器械进行锻炼活动时，引导幼儿先观察器械是否安全、可靠，先排除场地的安全隐患，确定器械的使用安全；上下楼梯时按楼梯上的示意图靠右扶着栏杆轻轻走；不从很高的楼梯台阶上往下跳；不触摸电源插孔，不把发夹、螺丝等塞入插孔内等。

另外，抓住家庭生活中的偶发事件、突发事件对幼儿进行自我保护教育，也是非常好的素材与契机。比如，进行亲子手工活动时，引导幼儿安全地使用剪刀，不拿着剪刀到处跑；吃东西时不大声讲话和发笑，不把铅笔、筷子当玩具等；不把珠子、豆子等小东西塞入耳朵，也不能把别针、纽扣、硬币等含在嘴里等。家长应告诉幼儿，一旦发生意外，应第一时间告诉家长等。

3. 一日生活中养成安全自我保护意识

培养幼儿的安全自我保护意识，应从良好的常规习惯养成开始。在家庭中，首先要让幼儿明确家庭里各个环节和各项活动的具体要求，知道怎样做安全，怎样做不安全。如正确穿衣能保护身体；系好鞋带可避免跌倒摔跤；冰箱拿出的食物先闻闻、看看，避免误食变质变坏食物；热汤热水吹凉再喝，避免烫伤；吃饭不嬉笑打闹，避免气管被异物卡住。因此，家长要尽量做到幼儿能做的事请他自己做，不养成包办代替的习惯，促使幼儿通过劳动实践养成良好的生活习惯，从而增强自我保护的意识。

4. 体育锻炼活动中的自我保护

重视儿童的体能素质，提高其自我保护能力，减少儿童伤害。户外体育活动不仅能锻炼幼儿的身体，而且因为直接受阳光和新鲜空气等自然因素的刺激，有利于幼儿的生长发育和身心健康。幼儿可根据自己的兴趣、爱好和能力自由选择游戏，家长可根据幼儿活动量的大小，利用家中的自制器械或者玩具，有目的性地组织幼儿玩一些运动游戏，如"夹公仔""捡玩具比赛""推土机""接抛球游戏"等。

为了更好地开展活动，对幼儿进行运动中的自我保护教育很重要。如追逐跑时，要求幼儿拍到对方即可，另一方被拍到后也应停止奔跑；追逐跑时要学会避让，不要有意和别人发生碰撞。玩球类游戏时，可以和幼儿先讨论玩法与注意事项。例如，关注球的运动方向，在抛接球、滚球和踢球时注意速度和力度等。

（三）面对意外事故时的家庭教育指导

1. 把握幼儿安全意识与能力的发展水平

幼儿对自我安全保护的认知与年龄发展并不同步，表现在：自我安全保护措施的认知在小中班的年龄阶段发展较快，而自我安全保护的原因认知在中大班的年龄阶段发展较快。这说明，小班到中班阶段，幼儿尚且处于具体形象思维水平，对事物间的关系缺乏认识，不具备将具体、零碎的认知进行概括、归纳的能

家中存在的
安全隐患

力；进入中班以后，随着幼儿抽象复杂思维能力的发展，幼儿开始具备一定的概括能力，逐渐认识事物之间的关系。

因此，小班到中班这一年龄段的安全教育应结合具体情境展开，教师和家长不仅要引导幼儿认识"应该怎么做"，也要引发幼儿探索认识"为什么这么做"，促进与加深幼儿对自身安全的认识。而中班到大班这一年龄阶段中的安全教育，可以根据幼儿抽象逻辑思维逐步发展的特点，采用多样化的形式使其深入地学习，例如创设各种安全事件情境，从而促使幼儿掌握丰富、全面的安全知识与经验。

2. 转变安全教育模式

转变安全教育模式，实现预防型安全教育模式。幼儿欠缺安全防范知识、安全意识、安全习惯及自我保护能力，是导致悲剧发生的重要原因之一。加强幼儿自我保护能力，是安全教育的关键要素与重要要求。教师与家长可利用直观、形象的教育手段，对幼儿进行安全教育与自

我保护的指导，逐步提高幼儿预见危险、自救防范的能力。

3. 实施家庭安全教育演练

安全演练是指以事先制订的安全事故应急救援方案为依据，对突发安全事件实施应急救援过程的模拟。安全演练让幼儿直接处在类似真实的"危险"中，引导幼儿根据已有的认知经验，有效选择各种自救自护的方法，从而引导幼儿掌握各种避险、逃生、自救的方法。

建议家庭根据居住的地域特点，每年至少开展一次针对地震或火灾等灾害的紧急疏散演练，使幼儿掌握避险、逃生、自救的方法。通过创设仿真情境进行安全演练，可以锻炼幼儿的应变与自救能力，促使幼儿在遇到危险时不慌乱、不哭脸，能积极地想办法、解决问题或进行有效求助。在进行安全演练时，应遵循以下要求。

（1）借鉴预案，精心策划。

家庭紧急疏散演练可以参考幼儿园安全应急预案，策划与制订家庭安全演练方案，家庭成员密切配合，落实演练中的每一个细节。

（2）合理设计，循序渐进。

演练方案应当根据幼儿的具体情况科学、合理地进行内容设计。通常，低龄幼儿安排相对简单的内容。随着幼儿年龄的增长，可以安排一些环节相对复杂的演练，切勿盲目跟风，设计与安排超过同龄幼儿应急能力的演练内容。

（3）因地制宜，讲究实效。

进行家庭安全演练前，要因地制宜，充分考虑家庭居住环境、小区环境或周边环境的实际情况，根据幼儿年龄段特点，安排当下实用的安全演练环节。在演练的过程中，多多注重应急演练的实际效果，不拘泥于形式与结果，应以幼儿掌握应急自救的方法与步骤为重要目标。

（4）控制过程，确保安全。

家庭进行演练之前，应预设演练的控制程序，便于及时调整演练环节。当未知的意外发生时，家庭成员可以有效预判并及时暂停演练，避免事故发生。

（5）收集资料，有效反馈。

有条件的家庭可提前利用手机、相机等电子摄像设备对演练的过程进行记录，有利于结束后进行演练回顾、分析与总结。

家庭火灾
逃生演练方案

（6）复盘分析，厘清思路。

安全演练结束后，可开展家庭"复盘会"，针对演练过程中暴露出的问题误区，引导幼儿对整个演练过程进行经验总结与效果分析，为今后的家庭安全教育厘清思路。

📁 **思政在线**

安全教育工作日的诞生

安全教育可以提高中小学生的自我保护能力，可以避免80%的意外伤害。为全面深入地推动中小学安全教育工作，切实做好中小学生的安全保护工作，促进其健康成长，1996年，国家教委、劳动部、公安部、交通部、铁道部、国家体委、卫生部联合发布关于全国中小学生安全教育的通知，决定建立全国中小学生安全教育日制度，确定每年3月最后一周的星期一为全国中小学生安全教育日。

模块二 实训指导

任务一 生活习惯——被追着喂饭的菲菲

一 实训背景

"来，张大嘴巴，把这口吃了，吃完再玩。"4岁6个月的菲菲，眼睛一动不动地盯着电视，看着动画片，似乎完全没听见奶奶讲话。奶奶见菲菲一动不动，又说道："菲菲，来，最后两口啦，还泡了你最喜欢的排骨汤呢！"趁着菲菲看着电视哈哈大笑的时候，奶奶把饭塞进了菲菲的嘴巴里面。就这样，奶奶追着菲菲，从看电视的客厅追到阳台，趁着菲菲不注意，一口一口把饭喂到她嘴里，等着她把饭咽下去再喂第二口、第三口……40多分钟后，菲菲终于把饭吃完了。以生活中幼儿生活习惯问题为例，分析其背后的原因，找到解决对策，并现场用情境表演的方式进行指导。

二 实训目标

（1）积极与家长交流，家园合作共同针对幼儿生活习惯问题寻找对策。

（2）掌握生活习惯养成的要点和注意事项，充分利用接送时间科学合理地与家长交流，提供问题解决策略。

三 实训准备

经验准备：分析和归纳生活习惯养成背后存在的问题；与家长沟通，充分了解孩子在家庭中的饮食习惯。

物质准备：记录本、笔。

四 实训过程

1. 问好，引出幼儿生活习惯存在的问题

师：菲菲妈妈，菲菲上中班已经一个学期了。老师们发现菲菲在幼儿园基本不自己吃饭，老师喂就吃几口，或者要边吃饭边做其他事情，针对这个问题我想和您沟通下，了解一下她在家的饮食习惯。

2. 诚恳与家长交流，共同分析原因

通过与菲菲妈妈沟通，了解菲菲存在饮食习惯问题，并分析归纳产生的主要原因。

师：通过平时与您的沟通和记录，我们分析存在以下问题：为了让菲菲吃饭，奶奶给四岁半的菲菲吃汤泡饭；进餐过程中，孩子注意力在电视上，没有用心吃饭；奶奶追着喂食，菲菲把饭菜含在嘴巴里面奔跑、大笑；进餐时间过长，超过了半小时。

3. 礼貌与家长探讨，寻求问题解决策略

（1）首先要固定进餐的地点，为幼儿提供合适的进餐桌椅和餐具。

（2）家长可以适当对食物进行加工，但是中班的幼儿已经具有一般的咀嚼能力，不能再吃汤泡饭。

（3）鼓励一岁以后的幼儿自己吃饭，规定进餐时间在 30 分钟之内。

（4）家长树立专注的进餐榜样，不在进餐中做其他事情，如不边吃边看电视，一边吃饭一边玩手机；家庭成员围坐进餐，营造轻松愉快的氛围。

（5）进餐过程中家长与幼儿有目光和语言的交流；进餐过程中不强迫和威胁幼儿进食、不强迫幼儿吃完。

4. 感谢家长的配合，结束指导

师：谢谢您的支持！孩子的良好饮食习惯的养成需要我们家园共育，共同帮助孩子来养成。谢谢您！

5. 及时做好记录

五 实训注意事项

（1）教师在沟通过程中应尽量耐心倾听家长的需求，进行针对性的饮食习惯有效指导。

（2）动之以情、晓之以理地告知家长孩子目前的饮食问题如果持续下去，可能带来更严重的后果。

六 实训延伸

良好生活习惯的养成还涉及运动习惯、作息习惯等，还可以就其他生活习惯问题开展家庭教育指导。

任务二 劳动习惯——21天家庭劳动打卡

一 实训背景

劳动的新鲜感过后，晨晨开始对家庭劳动不感兴趣，表现出了依赖、缺乏耐心、不耐烦等问题。晨晨奶奶对于孙子的需求更是有求必应。细心的妈妈发现了晨晨的这些变化，她积极与幼儿园教师沟通，幼儿园教师给晨晨妈妈提供了相应的锻炼生活自理能力的指导。请你阅读以上材料，分组设计家庭劳动任务打卡清单并进行演练。

二 实训目标

（1）积极与家长交流，分析幼儿情况，家园合作共同制订适宜的任务清单。

（2）建立评价机制，督促幼儿养成劳动习惯。

三 实训准备

经验准备：观察晨晨的劳动行为，记录分析晨晨的劳动兴趣与劳动技能，引导家长挖掘幼儿可完成的家务劳动内容。

物质准备：白纸、多色马克笔、奖励小贴纸等。

四 实训过程

1. 问好，导入话题

师：晨晨妈妈，晨晨在幼儿园的班级值日生中做得很棒，愿意参与班级的各项劳动活动，是一个乐于助人的小朋友。不过最近小朋友请晨晨帮忙时，他没有以前那么热情了。最近晨晨在家里的劳动情况怎么样？

2. 诚恳与家长交流，共同分析原因

师：听了您的介绍，我想这可能是原因所在。劳动的三分钟热度逐渐消退后，晨晨的劳动兴趣下降，期待家人的"全程包办"。因为在幼儿园无法获得同样的满足，他就容易进行比较。

3. 礼貌与家长探讨，寻求解决策略

（1）提出指导策略。教师提供幼儿家务清单表，与家长沟通交流讨论晨晨专属的家务清单内容。

（2）指导家长设计幼儿家务清单表。

幼儿家务清单

小班幼儿的家务清单表以图片为主，加上幼儿熟悉的常见的标志与符号。中班幼儿开始对文字敏感但认字量有限，故中班幼儿的家务清单表应以图片为主，文字为辅。大班幼儿的认字量随着年龄的增加而增加，大班幼儿对文字更加感兴趣，因此大班幼儿的家务清单表可图文并茂。

（3）指导家长根据家庭实际情况，建立幼儿家庭劳动任务打卡清单奖励机制。

每日完成有效打卡，可领取奖励小贴纸，累积一定数量的小贴纸可兑换奖品或实现一个小愿望。

4. 感谢家长的配合，结束谈话

师：谢谢您的支持！孩子的生活自理与劳动习惯的养成，需要我们在小事中进行关注，在一点一滴中巩固，更需要我们家园合作。谢谢您，向奶奶问好！

5. 及时做好记录

五 实训注意事项

（1）教师在沟通过程中应尽量耐心倾听家长的需求，根据家庭的实际情况，指导家长设计幼儿家庭劳动任务清单打卡内容；鼓励家长与幼儿共同完成任务打卡清单的版面设计，形式不限于画画写写，也可利用半成品制作任务清单。

（2）根据家长反馈，及时调整指导策略，做到因材施教。

六 实训延伸

（1）教师指导家长根据家庭情况，开展 21 天家庭劳动专属打卡。

（2）引导家长建立家务清单评价机制，督促打卡，实现家园共育。

任务三 安全习惯——"自来熟"的星星

一 实训背景

星星在幼儿园一次防拐骗的演练中跟着陌生阿姨走了。老师通过与家长沟通，了解到星星是个活泼、开朗、外向、"自来熟"的孩子。他平时和妈妈一起外出，碰到只见过一两面的"朋友"，也会热情地邀请对方回家玩。星星妈妈也表示自己很担心，如果哪一天大人不在家，星星会不会"引狼入室"。请你阅读以上材料，分组设计家庭安全预案并模拟演练。

二 实训目标

（1）积极与家长交流，家园合作共同针对问题寻找对策。

（2）掌握安全教育的要点和注意事项，充分利用接送时间科学合理地与家长交流，提供问题解决策略。

三 实训准备

经验准备：观察星星的人际交往行为，分析和归纳星星的安全意识与安全行为；与家长沟通，充分了解孩子在家庭中的安全意识与行为。

物质准备：记录本、笔、通信工具、防拐骗的演练资料等。

四 实训过程

1. 问好，引出幼儿安全教育存在的情况

师：星星妈妈，幼儿园今天举行了防拐演练。星星在这次防拐演练中虽然对陌生阿姨提出的邀请很心动，但最终在小伙伴们的提醒下并没有跟着陌生阿姨走。针对这个问题我想和您沟通下，他在家的安全意识与行为情况怎么样。

2. 诚恳与家长交流，共同分析原因

通过与星星妈妈沟通，比较星星在园与在家的安全意识情况，并分析归纳不同情况产生的原因。

师：听了您的介绍，我想这可能就是原因所在。幼儿园会结合社会现象，创造情境引导幼儿来进行安全教育，使幼儿获得安全教育的认知与相关经验。但是在家庭中，缺乏一定的居家安全教育，幼儿面对一些突发或意外的情况时，只能借助已有的居家生活经验进行应对。所以，家长会担心星星的外向性格容易"引狼入室"，面对不能辨识的"陌生人"敲门或求助，可能引发幼儿安全事件。

3. 礼貌与家长探讨，寻求问题解决策略

（1）家长可以在不同的时机，为幼儿创设不同的拐骗情境，教幼儿识别拐骗类型。

遇到陌生人敲门：如果幼儿独自在家听见有人敲门，可以隔着门告诉他，爸爸妈妈正忙着或正在睡觉；如果对方伪装成快递员，或查水表、查电表、上门检修的工作人员等，可以说"请等一下，我的爸爸妈妈来给你开门"。不论门外的陌生人有任何理由，幼儿都不要开门。

接听电话时：不要告诉对方自己的名字、地址、此刻谁在家里等任何与家里有关的信息。

离园接送时：哪怕对方说是爸爸妈妈的朋友，或说爸爸妈妈让他来接你的，不要相信，告诉老师，坚持等到自己爸爸妈妈的到来。

外出时：外出时当爸爸妈妈暂时不在身边，如遇到陌生人说保证带你去一个很好玩的地方，或和你玩一种很有趣的游戏，千万不要跟他走。

（2）进行安全演练。全家总动员，进行居家安全模拟演练，增强幼儿安全意识。

（3）指导家长设计与实施家庭安全演练预案。

4. 感谢家长的配合，结束指导

师：谢谢您的支持！孩子的安全意识的培养与安全行为的形成，需要家长们多用眼、多用心，让安全常识教育成为亲子互动中的一部分。需要我们家园共育，共同促进孩子的健康安全成长。谢谢您！

5. 及时做好记录

五 实训注意事项

（1）教师在沟通过程中应尽量耐心倾听家长的需求，进行针对性的安全教育有效指导。

（2）家庭安全预案演练前需提示家长，做好安全准备，确定演练环境安全。

（3）充分考虑幼儿的心理特点与承受能力，灵活运用问题情境，做到因材施教。

六　实训延伸

（1）玩中学，锻炼幼儿应变能力，如家长与幼儿玩"假设游戏"，父母充当陌生人。

（2）在新闻媒体播出的节目中寻找教育孩子的契机。

—— 思考与练习 ——

一、单选题

1.《3—6 岁儿童学习与发展指南》中，以下不是 3—4 岁幼儿的生活自理能力目标的是（　　）。

A. 在帮助下能穿脱衣服或鞋袜　　　　B. 能将玩具放回原处

C. 能自己穿脱衣服或鞋袜　　　　　　D. 能将图书放回原处

2. 能独立穿脱（　　）是幼儿生活自理能力发展的重要表现。

A. 衣服　　　　　　　　　　　　　　B. 鞋袜

C. 衣服和鞋袜　　　　　　　　　　　D. 以上都不是

3. 幼儿劳动教育的内容是（　　）。

A. 服务自我　　　　　　　　　　　　B. 服务家庭

C. 服务社区　　　　　　　　　　　　D. 服务自我、服务家庭、服务社区

二、简答题

1. 幼儿生活习惯养成的主要内容是什么？

2. 促进幼儿生活自理能力发展的家庭教育指导方法有哪些？

三、材料分析题

（2019 年下）阅读材料，回答问题。

小班欣欣今天第一天入园，由妈妈领进幼儿园的一路上哭个不停，胡老师牵过欣欣的手，蹲下来拥抱她，轻轻擦干她脸上的泪水安慰着："宝贝，快别哭！老师爱你哦！跟妈妈说再见，好吗？"

早饭时，欣欣拿不稳勺子，吃一口包子就含在嘴里不咀嚼也不咽，吃得非常慢。喝牛奶时，她用舌头舔着喝，到早餐结束也没喝几口。于是，胡老师耐心地喂她吃早餐。离园时，胡老师跟欣欣妈妈进行交流，了解到欣欣体弱多病，家长因担心孩子吃不饱，怕孩子弄脏衣服，在家中很少让欣欣自己吃饭，喝水也一直用奶瓶。

从第二天开始，胡老师耐心教欣欣正确握勺方法，告诉她吃饭时嘴里不要含饭玩耍，两侧牙齿要同时咀嚼，并给欣欣示范如何用杯喝水。

胡老师还为家长推荐家庭教育方面的书籍，建议家长在家里锻炼欣欣自己吃饭、喝水。经

过一个多月的努力，欣欣能愉快地像别的幼儿一样正常进餐，入园焦虑也逐渐消失。

问题：请结合材料，从教师职业道德角度，评析胡老师教育行为。

四、活动设计题

请以"将玩具宝宝送回家"为题，设计一个 3—4 岁幼儿亲子家庭活动教育方案，为家庭指导幼儿生活自理能力的养成提供指导。

单 元 四

幼儿社会准备的家庭教育指导

 学习目标

素质目标

✦ 乐意感受与体验幼儿社会准备的家庭教育指导实践。

✦ 积极与家长进行沟通，合作共育，促进幼儿发展。

知识目标

✦ 了解幼儿自主意识、社会交往、社会情感发展的主要内容和特点。

✦ 掌握幼儿自主意识、社会交往、社会情感发展的家庭教育指导的方法。

能力目标

✦ 能根据幼儿社会发展的目标和内容，制订较为科学合理的家庭教育指导方案并实施。

 单元导航

```
                                        ┌── 自我意识发展指导
                          理论奠基 ──────┤── 社会交往发展指导
                                        └── 社会情感发展指导
幼儿社会准备的
家庭教育指导 ────┤
                                        ┌── 自我管理——口齿不清的小明
                          实训指导 ──────┤── 社会交往——独占玩具的小智
                                        └── 情感培养——害羞的兰兰
```

 情境导入

给他一个机会

一位母亲看到 5 岁的孩子对洗碗感兴趣，就为孩子准备了一个小板凳，对孩子说："我知道你特别爱干活，想自己洗碗，可是水龙头太高，你够不到，妈妈给你准备了小板凳。"孩子兴奋地喊着："谢谢妈妈！"马上就踩上小板凳高兴地学着大人的样子去洗碗了。

孩子从小就有独立自主意识，他们喜欢自己动手，自己扶着沙发走路，自己拿小勺吃饭。稍大一些时，能独立穿、脱衣服，整理玩具，做力所能及的家务。对于孩子正在增长的独立意识，家长千万不能泼冷水："别动，你干不了！"要予以重视并支持，鼓励他们："很好，慢慢来，你一定能做好！"

家长是孩子的第一任老师，孩子的社会化发展受到家长以及家庭环境的影响。未来是一个快节奏、高效率、竞争激烈的社会，它对人才素质的要求越来越高，尤其需要有自主的创造力和适应能力。因此，培养幼儿的自主性，不仅是社会的需要，也是每一个人满足自身发展的需要。

模块一　　理论奠基

任务一　自我意识发展指导

《幼儿园教育指导纲要（试行）》指出："要尊重和满足他们不断增长的独立要求，避免过度保护和包办代替，鼓励并指导幼儿自理、自立的尝试。"那么，如何培养幼儿的独立自主意识呢？本任务指导父母和教师就应该如何培养幼儿的独立自主性、如何保持教育的一致性进行幼儿独立思考问题、解决问题、自我服务等独立自主能力的培养。

一　幼儿自我意识发展的主要内容

（一）幼儿自我意识的概念

自我意识是人对自己身心状态，以及对自己与客观世界的关系的认识。

幼儿自我意识是指自我意识发展的一个阶段。自我意识的发展有其特点，在幼儿期，个体作为主体对自己以及自己与周围事物的关系，尤其是人我关系的认识日益发展。随着年龄的增长、生活范围的扩大、语言的发展和教育的作用，幼儿自我意识得到迅速发展，其中5岁是幼儿自我意识明显增强的转折点。

（二）幼儿自我意识发展的阶段

（1）自我感觉的发展（1岁前）。儿童从1岁前的不能把自己作为一个主体同周围的客体区分开，到知道手脚是自己身体的一部分，这是自我意识的初级阶段，即自我感觉阶段。

（2）自我认识的发展（1—2岁）。孩子会叫妈妈，表明他已经把自己作为一个独立的个体来看待了，更重要的是孩子在15个月以后已开始知道自己的形象。

（3）自我意识的萌芽（2—3岁）。自我意识的真正出现是和儿童言语的发展相联系的，掌握代词"我"是自我意识萌芽的最重要标志。准确使用"我"来表达愿望，标志着儿童自我意识的产生。

（4）自我意识各方面的发展（3岁后）。在知道自己是独立个体的基础上，逐渐开始了对自己的简单评价；3岁以后，孩子的自我评价逐渐发展起来，同时，自我体验、自我控制也开始发展。

频繁说"不"的小朋友

莉莉的儿子1岁8个月了，在和小区里众多宝妈扎堆谈论育儿经时，莉莉说她儿子最近仿佛提前进入了叛逆期。无论干什么，儿子都会肯定地说"不要"：睡醒后叫他起床说不要、抱他起床也说不要、说不抱他让他自己起床也说不要、吃饭说不要、睡觉说不要、脱衣服说不要、洗脸说不要……莉莉为此感到很苦恼。

说起孩子各种不要的行为，莉莉说自己真的是忍耐到了极限，每一次都忍不住想揍一顿完事。带过孩子的家长都知道，很多孩子在2岁左右最喜欢说的词语就是"不"，不管家长对他说什么，他都说"不"。孩子通过这种方式挑战父母的权威，同时也在挑战父母的忍耐力。

孩子为什么喜欢说"不"呢？是因为孩子开始有了自我意识并认识到自己是个独立的人，说"不"字对孩子来说充满了魅力。一般而言，这种频繁说不的叛逆阶段，持续的时间比较短，因为在自我意识成长的同时，规则意识以及自我反省的观念也会慢慢产生，自然而然地，孩子也就会明白守规矩的重要性。

（三）幼儿自我意识发展的主要特点

幼儿自我意识的结构是从自我意识的三层次，即知、情、意三方面分析的，包括自我评价、自我体验和自我控制。

自我评价就是一个人在认识自己的基础上对自己的评价；自我体验是一个人通过自我的评价和活动产生的一种情感状态，如自尊心、自信心、羞愧感等；自我控制反映的是一个人对自己行为的调节、控制能力，包括独立性、坚持性和自制力等。

幼儿期自我意识各方面的发展有其基本的规律，即3—4岁幼儿自我评价发展迅速；4—5岁幼儿的自我控制发展迅速；而自我体验的发展相对较平稳。

1.幼儿自我评价发展的趋势和主要特点

《幼儿园教育指导纲要（试行）》中指出："管理人员、教师、幼儿及其家长均是幼儿园教育评价工作的参与者。评价的过程是各方共同参与、相互支持与合作的过程。"其中，幼儿的自我评价是教育评价中重要的一部分。幼儿自我评价是一项非常重要的心理活动，其发展趋势和主要特点如下。

（1）从依从性的评价发展到自己独立评价。

（2）从对个别方面的评价发展到对多方面的评价。

（3）从对外部行为的评价向对内心品质的评价过渡。

（4）从具有强烈情绪色彩的评价发展到根据简单的行为规则的理智评价。

2.幼儿自我体验发展的趋势和主要特点

（1）从初步的内心体验发展到较强烈的内心体验。

（2）从受暗示性的体验发展到独立的体验。

3.幼儿自我控制发展的趋势和主要特点

（1）从主要受他人控制发展到自己控制。

（2）从不会自我控制发展到使用控制策略。

（3）儿童自我控制的发展受父母控制特征的影响。

 案　例

幼儿楠楠因打人，没有拿到奖励的小玩具，而其他小朋友都拿到了。当天妈妈来接他时，

他不肯回家，非要拿到玩具才肯离园。经过老师耐心开导，他明白了道理。从第二天起，他自觉控制自己的行为，每天都问老师："我今天表现好吗？"一天，老师说他有进步，奖励了他一个小玩具，楠楠高兴极了。

幼儿还不能进行独立的自我评价，他们常常依赖于成人对他们的评价。楠楠因打人未拿到奖励，不开心是一种自我体验的表现；家长对楠楠的说服教育是自我评价的表现；楠楠开始控制自己的行为这是自我控制的表现。

二 幼儿自我意识培养的意义

1. 自我意识能够帮助孩子更好地认识自己

一个人只有深入了解自己，才能够更好地发挥自己的优点，克服自己的弱点。自我意识能够帮助孩子清楚地认识自己的性格、爱好、能力和价值观等方面，从而让孩子更好地找到自己的位置，发挥自己的特长。

2. 自我意识能够帮助孩子更好地与他人相处

孩子在成长的过程中，必须学会与他人相处。自我意识能够帮助孩子更好地了解自己的情感需求，从而更好地与他人沟通交流，解决问题。同时，自我意识也能够让孩子更好地理解他人，增强自己的同理心和包容心。

3. 自我意识能够帮助孩子更好地面对挫折

在成长过程中，孩子难免会遇到各种挫折和困难。自我意识能够让孩子更好地认识自己的能力，从而更好地面对挫折。同时，自我意识也能够让孩子更好地调整自己的思维方式，找到解决问题的方法。

4. 自我意识能够帮助孩子更好地规划未来

自我意识能够让孩子更好地认识自己的兴趣和职业倾向，从而更好地规划自己的未来。孩子在了解自己的特点和能力的基础上，可以更好地选择适合自己的职业和发展方向，实现自己的人生价值。

孩子自我意识的重要性不容忽视。自我意识能够帮助孩子更好地认识自己，更好地与他人相处，更好地面对挫折，更好地规划未来。父母应该从孩子小的时候就注重培养孩子的自我意识，让孩子能够在成长的过程中更好地发挥自己的潜力。

三 幼儿自我意识培养的家庭指导策略

（一）培养幼儿的独立意识

幼儿在自我认识过程中的第一个问题是"我是谁"。家长应该正确引导幼儿，使幼儿在生活和活动的过程中可以正确认识和了解自己。

1. 帮助幼儿了解自己的身体

对幼儿的自我认识教育应从其身体入手，着重体现幼儿对自我的认识。例如：我的五官、我的自画像、我的面容、我的小手、我的小脚、我的指纹等，通过精心的设计与组织让幼儿不断加深对自己的了解。

2. 帮助幼儿了解自己的名字

每一个小朋友都有自己的名字，让幼儿学会欣赏自己的名字，了解其独特性，感觉到自己是一个独特的人，与众不同的人。帮助幼儿发现自己的优势，从喜欢自己、欣赏自己，了解姓名的意义，在不断明确的认识中形成一个轮廓更为清晰的自我概念。

（二）在各种活动中正确引导幼儿的自我意识

家长可以运用各种相应的方法和活动促进幼儿的自我认识，比如定期或不定期进行亲子互动比赛，在比赛时可以让幼儿了解自己的长处和优点，结合家长的有效指导，促进幼儿自我意识的形成。比如，家长可以组织幼儿在家中进行讲故事表演，这可以锻炼和培养幼儿的口语表达能力和表演能力，让幼儿了解自己的语言表达能力情况。通过这样的活动，可以看出有些幼儿比较具有讲说天分，故事讲解流畅并具有条理性，而有些幼儿就欠佳。这时，家长一方面要鼓励幼儿继续保持和进步，另一方面要引导幼儿不要气馁，鼓励其继续进行锻炼和努力，家长要发现幼儿的其他优点，对其进行自信心的培养。

（三）成人的评价方式要正确

成人的评价直接影响到幼儿对自我的评价与认识。自我意识要得到良好发展，家长必须用欣赏的眼光看待孩子，正确看待孩子的进步，用科学的态度看待孩子的成功与失败。每个孩子都有其独特的一面，对孩子要有适当的期望水平和积极肯定的评价。对孩子的评价，应具体指出哪件事做得不对或哪个地方做得不好，而不能用"你真笨""真不听话"等一概而论。要善于学会用激励性、肯定性、尊重的语气和幼儿交流，如"你动脑筋了，讲得真好""相信你一定行""你能和我拉拉手吗""你能笑眯眯地和我说话吗""别担心，说错了也不要紧"等一些具有激励性的语言，不断引导幼儿体验成功。在成功的体验中，幼儿的自我意识会逐渐增强，良好的自我概念日益形成。

（四）应为幼儿提供自我展示的机会

孩子的成长需要和谐的环境。因此，家长要为幼儿创设宽松、愉快的环境，给幼儿营造出一种温暖的家的气氛，使幼儿有安全感和愉悦感，这是培养幼儿独立性和自理能力的必要外部条件。

1. 引导幼儿学会处理问题

幼儿已初步具有生活自理能力，常常表现出强烈的独立生活倾向，我们要因势利导，让幼儿在力所能及地处理自己的事情中树立主体意识，体验自己的事情自己做的乐趣。

在日常生活中，幼儿的穿衣、吃饭、洗脸、叠被、整理玩具等事情，都要让他们自己去做，使他们真正成为生活的主角。在幼儿的各类活动中，我们应该鼓励幼儿大胆、自主地按照自己的想象去做，让他们的观察力、想象力、判断力都得到充分的发挥和展现。如在幼儿玩积木时，家长可以让他们想出多种多样的玩法，拼搭出许多不同的模型，而不用规定统一模式的玩法。

2. 启发幼儿发表自己的意见

好奇好问是幼儿求知欲的表现，也是3—6岁幼儿典型的特征。这个年龄阶段的幼儿对周围事物特别是新奇的事物充满兴趣，看见什么都想弄明白，喜欢向成人发问。因此，我们要尽量满足幼儿的表达欲望，发展幼儿的智力。

家长不应该把幼儿的问题看作是无聊的，认为解答这些问题是浪费时间，而应把其看作是满足幼儿的好奇心、增长其知识的好机会，要认真作出解答，使幼儿意识到自己是活动和学习的主人。

在亲子互动过程中，虽然应该讲求一定的尊长礼仪，但也不能过多地限制幼儿说话。家长要围绕谈话内容积极加以引导，只要内容具有吸引力，引导得当，幼儿就不会说题外话，就会围绕家长讲的内容畅所欲言，问这问那，使互动更显得生动活泼。

3. 给幼儿更多的自由空间

孩子的独立自主性是在独立活动中产生和发展的，要培养独立自主的孩子，就应该为他提供独立思考和独立解决问题的机会。因此，家长更要注意创造机会，培养幼儿自己做选择和自己处理问题的能力，让幼儿充分感受到自己有选择、探索和表达的自由。同时，家长应注意启发他们自己动脑筋，去尝试各种解决问题的方法，不必担心失败和批评，可以大胆发表自己与众不同的意见。

4. 帮助幼儿锻炼坚强的意志

在教学实践中，家长要始终重视培养幼儿的坚强性格，面对失败不灰心。只要幼儿敢去做，即使失败，家长也应给予充分的鼓励，引导其重新做，从而养成锲而不舍的良好品质，让幼儿在获得成功的喜悦和满足感的同时，形成一定的独立进取精神。

（五）家园配合，家庭是首要场所

陈鹤琴先生认为，幼儿教育是一件很复杂的事情，不是家庭一方面可以单独胜任的，也不是园区一方面能单独胜任的，必定要两方面共同合作方能充分见功效。任何一个孩子，都是经过父母的教育和环境的影响，才拥有了不同的人格品质和能力。儿童心理学研究表明：在幼儿期，孩子心理活动的主动性明显增加，喜欢自己去尝试体验。家长可以因势利导，把握孩子这个时期的心理特点，在保证孩子安全的前提下，放手让孩子去做力所能及的事情。

1. 大人放手，孩子动手

在现实生活中，有一些家长怕累着孩子，或者怕孩子做不好，自己重新做太麻烦，因而不让孩子做一些力所能及的事；还有一些家长认为，吃饭、穿脱衣服等生活技能是不用训练的，孩子长大自然就会。其实这些观念都是不正确的，从儿童发展的观点来看，不给予孩子锻炼的机会，就等于剥夺了孩子独立自主能力发展的机会，久而久之，孩子也就丧失了独立能力。

2. 尊重幼儿的好奇心

培养孩子独立思考的能力，不仅是要孩子独立动手去做事，还要使孩子独立思考问题。独立思考能力强的孩子，往往具有较强的好奇心。家长应该尊重孩子的好奇心，千万不要因为孩子提的问题过于幼稚而加以嘲笑，以免伤害孩子的自尊心。同时，家长可以给孩子讲一些科学家、发明家成长的故事，以激励孩子从小立志，培养孩子学习新知识和探索新问题的兴趣。

3. 给幼儿树立良好的榜样

榜样的力量是无穷的，如果家长是一个处处依赖别人，对什么事都拿不定主意、动不动就寻求别人帮助的人，那很难期望你的孩子能够独立自主。家长的一举一动，都是孩子模仿和学习的榜样，所以想要孩子独立自主，家长要先做到独立自主。

思政在线

播种行为、习惯，收获性格与命运

"播种行为，就收获习惯；播种习惯，就收获性格；播种性格，就收获命运。"这一育人哲理道出了培养行为习惯的重要性。

中国是一个礼仪之邦，讲文明、懂礼貌是中华民族的传统美德。文明礼仪是我们学习、生活的根基，是我们健康成长的臂膀。所以，我们首先应该做一个堂堂正正的人，一个懂文明、有礼貌的谦谦君子，然后才是成才。要养成良好的文明习惯，做文明学生。

我们都是社会人，同住地球村。在这个社会大家庭里，感恩是一种美德，每个人都应当让感恩成为一种习惯。常怀感恩之心，常念相助之人，常忆相聚之乐，常有反哺之情。

任务二　社会交往发展指导

21 世纪的社会，是一个竞争与合作的社会。交往既是人的需要，也是现代社会对人的要求。因此，培养幼儿学会交往是融入社会的前提，本任务将从幼儿社会交往发展的方面进行家庭教育指导。

一　幼儿社会交往发展的主要内容

1. 应变能力

懂得在不同环境中应变和调整自己的孩子，会更受欢迎。幼儿身处不同的环境会接触不同的人，有同龄小朋友，自然也会有很多不同性格的长辈。孩子只有不断地适应环境的变化，才能顺利地与不同的人打交道。

微课：幼儿社会
情感发展的内容

2. 同感理解

幼儿人际交往发展指导其中一点就是培养孩子的同理心，让孩子在交往中用别人的眼光来观察世界，即设身处地，将心比心。同理心实际上是理解对方的需要，不仅要对对方发出的信息相当敏感，还要对其做出正确的领会，体验对方的感情。

3. 管控情绪

想要提升幼儿的人际交往能力，自然得让幼儿学会认识情绪和控制情绪。只有让幼儿清楚地知道自己为何高兴或者难过，他们才能将自己的情绪表达出来。清楚地认识了情绪之后，幼儿才知道如何管理这些情绪。日常交往中，只有具备良好的管控情绪的能力，幼儿才能更好地融入集体。

4. 表达能力

表达能力也是幼儿进行人际交往的一个重要方面。在交往中，良好的语言表达能力是很重要的，良好的表达能力可以使幼儿交到更多的朋友。

5. 自我表露

学会自我表露也是幼儿人际交往中的一个重要方面。家长应该针对孩子的性格来培养，对性格内向的孩子应让他练习多表露自我，对性格外向的孩子则要教会他掌握分寸。

6. 积极倾听

教孩子积极地进行倾听，要不时地给予对方恰当的回应，如提出问题，要求对方补充说明；复述对方讲话的内容表示你的理解。

二 幼儿社会交往发展的意义

幼儿期是一个人社会性发展的关键期，幼儿的社会交往是幼儿迈入社会的第一步。4—5岁是幼儿获得有效交往技巧的关键期，到了这个阶段，随着认知水平的发展以及自我意识的不断增强，同伴之间的交往也越来越多。皮亚杰曾指出："一般的同伴交往和具体的同伴冲突是儿童发展视角转换能力的必要条件，是儿童摆脱自我中心的前提。"良好的同伴交往有利于幼儿身心健康发展，有利于促进幼儿的社会性交往的发展，是幼儿社会化的重要途径。

《幼儿园教育指导纲要（试行）》指出，幼儿应乐意与人交往，学习互助、合作和分享，有同情心；爱父母长辈、老师和同伴，爱集体、爱家乡、爱祖国。良好的社会交往是幼儿成长的需要，既能促进幼儿的智能发展，又能促进幼儿心理的健康发展。因此，社会交往对幼儿来说极为重要。

三 幼儿社会交往的现状及存在的问题

1. 以自我为中心

以自我为中心的幼儿为人处事总以自己的兴趣和需要为出发点，不顾及他人。他们固执己见，很少关心他人，不能与他人和睦相处。现阶段，我国的幼儿大多是在家中享有特殊地位的独生子女，所以在与同伴交往的过程中更加以自我为中心。在自己的兴趣和需要受到影响时，他们往往情绪变化过快或过激。

2. 不喜欢与同伴交往

有的幼儿在与同伴交往中表现得较孤僻、任性，不愿意和同伴一起游戏，不愿意参加集体活动，常常闷闷不乐，甚至过于敏感。他们喜欢一个人呆在一边，不愿让别人接近自己，更不会主动与同伴玩合作游戏。这些幼儿有时还伴有小心眼、爱钻牛角尖等表现。这些不合群的心理问题严重影响着幼儿身心的健康发展。

3. 不善于与同伴交往

有些幼儿在与同伴交往中有明显的攻击性行为，如骂人、踢人、推人、对别人吐口水、争抢玩具、给别人取绰号、故意刁难小朋友等。如不及时矫正这些行为，幼儿会逐渐形成傲慢无礼、脾气暴躁、冷酷无情等不良性格。

 延伸阅读

孩子的依恋类型

心理学家安斯沃斯做过一个"陌生情境实验"，通过这一实验发现：儿童的依恋类型可以分为三种，即安全型依恋、焦虑—抗拒型依恋、焦虑—回避型依恋。

安全型依恋：这样的孩子把母亲当作"安全基地"，一旦进入陌生的环境，如果母亲不在身边，他就会放弃对陌生环境进行探索，并表现出明显的焦虑不安，用大哭表达情绪。这时外人的劝慰会有效果，但母亲的安慰更有效。只要发现母亲陪伴在身边，孩子就有勇气重新往前行进。

焦虑—抗拒型依恋：孩子遭遇陌生的环境，不愿意主动进行探索；没有母亲陪伴在身边，会感觉到焦虑，即使母亲回来，情况也不会好转。表面上是母亲没有找到正确应对孩子的方法，实际上是孩子对母亲的接触产生了抗拒心理。也就是说，他们并不认为母亲是"安全基地"。

焦虑—回避型依恋：这种依恋型的孩子，与母亲处在比较疏离的状态，也可以理解为对母亲的依赖程度低。母亲在身边或者不在身边，孩子都是一个状态。如果母亲刻意表现出要亲近的样子，孩子甚至会采取回避的态度。而且，孩子觉得焦虑时，母亲的安慰根本不能让其觉得宽慰。

（四）幼儿社会交往发展的家庭指导策略

（一）耐心引导，培养谦让意识

幼儿社会交往的发展，需要家长耐心引导。

一是引导幼儿掌握交往的技巧和规则。如让幼儿懂礼貌，守规则，学会交流与分享，学会矛盾和冲突的解决方法。

二是提升幼儿的语言表达能力。家长要与幼儿平等交流，多向幼儿提一些问题，由幼儿自己来表述。当幼儿表述出现困难时，换个角度进行提问，或是给出一些提示，引导幼儿表达自己的想法。

三是培养幼儿的同理心。同理心，主要指的是换位思考、将心比心。比如可以问孩子：别的小朋友抢走你的玩具，你会愿意吗？如果你摔倒了，你是不是也很想你的朋友过来扶你？

（二）积极创设环境，提供锻炼机会

家长是幼儿的第一任教师，幼儿是通过与家长交往学会初步的人际交往原则和方法的。在家庭教育中，家长既要关心幼儿的身体健康，又要注意幼儿的心理健康。家长应改变对幼儿过分保护、溺爱的态度，给幼儿提供与同龄人交往的机会。家长一定要为孩子多创造与小朋友交往的机会，让孩子多和小朋友游戏、互动。还可以邀请孩子熟悉的小朋友到家中共同玩耍，分享玩具或者适当地让幼儿融入他自己的交际圈，及时对幼儿在交往中出现的问题给予指导和帮助。

（三）进行游戏表演，传授交往经验

幼儿具有表演的天性，表演游戏是幼儿园众多游戏活动中的一种，是幼儿非常喜爱并乐于参与的游戏活动。在游戏活动中，家长和教师引导幼儿通过相互监督促进共同进步，使幼儿体会到合作的快乐，以培养幼儿适应游戏环境、遵守游戏规则以及及时调整和改进自身游戏行为的意识。游戏中积极鼓励和引导，可以培养幼儿的人际交往能力，培养幼儿的群体意识和合作能力。家长在家庭教育中可采取的方式如下。

（1）阅读绘本。在许多社交类的绘本中，会预设诸多社交场景，在这些故事中，幼儿能很自然地领悟到一些方法。

（2）开展游戏。家长可以和幼儿玩角色扮演游戏，模拟社交场景，如简单问好、冲突发生、道歉和好等。

（3）聊天。通过聊天让孩子多思考，多表达。家长应给幼儿表达的机会，幼儿才能说得更多。

（四）加强家园合作，开展社会活动

幼儿社会交往能力的培养，需要家园携手共育，运用科学有效的方法引导幼儿开展社交活动，提升幼儿社会交往能力，这才是给幼儿最好的成长礼物。

（1）以家委会为平台，确定以家园共同教育，促进幼儿社会交往合作能力为活动主要目标。家委会成员通过观看幼儿园的半日活动进一步了解幼儿园的教育形式、方法，通过小组座谈会的形式提出切实可行的建议。如针对交往合作游戏中的挫折教育、失败以后的情绪引导、幼儿在家缺乏交往途径等问题进行讨论。

（2）发挥家长会的作用。首先，幼儿园确立家长会的重点内容，即帮助家长改变培养幼儿社会交往能力的观念、态度、行为，促使家长掌握科学培养幼儿社会交往能力的方法。其次，让家长有目的地看孩子在园的游戏活动情况，发现自己孩子在交往合作能力上的不足以及和别的孩子的差距，从而引起重视。同时，组织家长展开讨论、发现原因，提出建议和措施并通过家园互动来落实。

（3）组织各类活动。为了促进家园合作，幼儿园会经常利用节日开展各类庆祝活动，如儿童节、元旦、春游、秋游等。各类活动可以使幼儿充分感受节日的快乐氛围，从而锻炼他们的能力，促进他们的交往合作能力的发展。

思政在线

怀仁爱之心　做幸福的幼教人

2014 年 9 月 9 日上午，中共中央总书记、国家主席习近平在会见庆祝第三十个教师节暨全国教育系统先进集体和先进个人表彰大会受表彰代表后，在北京师范大学呼吁全国广大教师要做"有理想信念、有道德情操、有扎实知识、有仁爱之心"的好老师。

"仁爱之心"是幼儿园教师最为核心的素养，是最为重要、最为突出、最为基本的素养，正如夏丏尊先生在翻译意大利作家亚米契斯的名作《爱的教育》时欣然说道："教育上的水是什么？就是情，就是爱。教育没有了情爱，就成了无水的池，任你四方形也罢，圆形也罢，总逃不了一个空虚。"

任务三　社会情感发展指导

随着幼儿教育理念的不断更新，越来越多的家长认识到，幼儿身体健康发展很重要的同时，幼儿的心理健康发展同样值得重视。现在的幼儿很多都是独生子女，家长长期以来的过度呵护与溺爱，让他们在心理发展方面出现了各种不可忽视的问题，尤其是在社会情感发展方面，如感情冷漠、自私，缺乏自信心、不善交往，没有爱心、责任心等。本任务将从幼儿情感发展的方面进行家庭教育指导。

一　幼儿社会情感发展的主要内容

（一）道德感

道德感是用一定的道德标准去评价自己、他人的思想和言行时产生的情感体验。3 岁前的幼儿只有某些道德感的萌芽。小班幼儿的道德感主要指向个别行为，如懂得摘花、咬人是不对的。中班幼儿不但关心自己的行为是否符合道德标准，而且开始关心别人的行为，并由此产生相应的感情。如发现不遵守规则的小朋友就向老师告状，评价其他幼儿的行为是否符合规则。大班幼儿的道德感进一步发展和复杂化，他们对好与坏、好人与坏人有明显不同的感情，这不仅表现在想法上，还表现在更抽象的观念体验上，如爱小朋友、爱集体等。羞愧感从幼儿四五岁时开始发展起来，他们会对错误行为感到羞愧。

（二）理智感

理智感是在认识客观事物的过程中所产生的情感体验。学前期是理智感开始发展的时期。例如，三四岁的幼儿在成人的指导下，用积木搭出一座房子或一辆汽车，会高兴地拍起手来。五六岁的幼儿会长时间迷恋一些创造性活动，如用积木搭出居民小区、宇宙飞船、航空母舰，用泥沙堆出公路、山坡等。六岁幼儿理智感的发展还表现在喜欢玩各种智力游戏，如下棋、猜谜语等。这些活动不仅使幼儿产生由活动本身带来的满足、愉快、自豪、独立感等积极情感，而且还会强化幼儿进一步去完成新的、更为复杂的认识活动。

幼儿的理智感主要表现为强烈的好奇心和求知欲。幼儿特别喜欢追问，这是其他任何年龄阶段都无法相比的。幼儿往往会先问"是什么"，而后逐渐发展到问"怎么样""为什么"等。

（三）美感

美感是使用一定的标准评价事物时所产生的情感体验，是幼儿对客观事物美的感受和体验，是培养幼儿审美能力的基础。艳丽的色彩、优美的线条、和谐的造型、完美的构图等，都能引起幼儿愉快的体验、美好的感受。年龄小的幼儿往往就事物的单个属性去体验美，而年龄大的幼儿则从整体属性上去体验事物的美。幼儿美感发展要受多种心理因素的影响，如感觉、知觉、表象、思维、情感等。教师根据幼儿的心理特点进行美育，可主要采取训练感觉和知觉、丰富表象和联思维、加深情感体验等方法。

案　例

3岁的丁丁有一次为穿什么衣服去幼儿园与妈妈发生争执。妈妈从保暖的角度，让她穿厚一些，而丁丁执意要穿漂亮的小裙子。妈妈很纳闷，3岁的小不点就学会"臭美"了？

3岁的幼儿已具有了朦胧的审美态度，开始接受优美的事物，欣赏它，并产生美感体验。若成人在孩子、尤其是女孩面前，常提衣服漂亮、头饰漂亮等，会使孩子将自己的穿着和外貌纳入审美的对象。

幼儿对自己的美的关注也是因自我意识萌发而产生的，父母可利用这个时机，恰当地、循序渐进地引导幼儿树立正确的审美观。

二　培养幼儿社会情感发展的意义

社会性情感是人们对社会生活中客观事物的态度体验。社会性情感是社会认知的产物和功能，抑或是观察和组织认知活动的动机因素。它包括道德感、理智感、审美感，是人的主体性的最高表现。形成积极的社会性情感的人，在生活、事业中能及时调控自己的情绪，不断自我激励，不断锻造自己真善美相融合的人格。正是这种人格意识的不断觉醒、进化，才推动了人类社会的进步和发展。由此可见，如何发展幼儿社会性情感是一个很值得深入研究的问题。大量研究和实验结果证明：社会性情感发育不全的幼儿入学以后问题较多，如果教育工作跟不上，幼儿就可能产生消极的情绪，这不仅影响幼儿的智力发育，还容易导致精神问题，甚至影响其良好品德品质的发展。

三　幼儿社会情感发展的家庭指导策略

1. 利用中华优秀传统文化对幼儿进行社会性情感的培养

中国的传统节日活动有一个很大的特点，就是可以共同参与，同时带有很强的可操作性。可以利用传统节日对幼儿进行传统文化教育，培养幼儿的社会性情感。在对待同一事物的时候，每个人可能产生不一样的情感，所以培养幼儿社会性情感的方法也不需要完全相同，只要是有利于幼儿的成长和发展的，就都是有意义的。

小小中国心
浓浓爱国情

例如，在利用春节对幼儿进行教育时，家长可播放一些人们过春节时的视频，让幼儿感受浓浓的节日氛围，感受不同民族、不同地域的人们过春节时的不同习俗。这样能让幼儿了解更多的节日文化，了解到中国是一个多民族的国家，各族人民紧密团结，生活幸福，国家繁荣昌盛。在这样的环境中，幼儿心情愉悦，情绪高涨，会更盼望春节的到来。家长和幼儿在这样的环境中也能够有更多的交流，有利于建立和谐融洽的亲子关系，有利于家长对幼儿进行正确引导。可以说，这些优秀的传统节日文化在潜移默化地影响着幼儿的成长，让幼儿不断增长见识，积累生活经验，进而从心底里产生对传统节日的热爱之情。

2. 通过各类阅读活动促进幼儿社会性情感的发展

首先，开展早期阅读有利于提升幼儿关爱能力。早期阅读教育主要是培养幼儿的阅读习惯。家长可以根据幼儿的发展特点设计阅读内容。如家长可以引导幼儿阅读一些关于"关爱"方面的读物，使幼儿能够在喜悦和乐趣中学习关爱知识，提升幼儿的情感和思想。

其次，各类绘本阅读可以有效渗透幼儿的社会性情感。绘本通过图文向幼儿展示故事，传递道理和知识。幼儿在绘本的学习和阅读过程中，会逐渐产生移情效果，能够在一定程度上感受世界的美好。

3. 通过各类体育游戏活动对幼儿进行社会情感的培养

在体育游戏中所开展的同伴之间的交往活动是促进幼儿早期社会性行为的一种重要契机，

有助于避免幼儿产生以自我为中心的意识。家长可以为幼儿创设一种合作竞争但又相互鼓励、彼此理解的环境，在这种生动活泼又温馨友好的气氛中，幼儿在各种非语言符号传递的环境中，不知不觉地接受了审美、道德等社会价值观的传递。

通过体育游戏能够有效地进行道德感及理智感的培养。例如，通过分水果的游戏，观察孩子们的不同表现，在此基础上，通过给孩子们讲解"孔融让梨"的故事，让幼儿了解中华民族的传统美德，并逐渐形成互相谦让的道德观念。另外，通过体育游戏还可以培养幼儿的美感。在体育游戏中结合幼儿的特点创编一些能让幼儿表现出自己动作美、姿态美的游戏，使他们在游戏中充分地体验和感受美的存在。

此外，通过体育游戏还能培养幼儿社会交往的能力。体育游戏为幼儿交往提供了良好的心理环境，幼儿在游戏中可以表达自己的喜、怒、哀、乐，在愉快良好的心理环境中，孩子们之间的交往更加自然，交往的主动性增强，交往能力得到充分的发挥和表现。在体育游戏中，家长不仅要给幼儿创造一种合作竞争、相互鼓励、彼此理解的环境，而且要亲自以平等的身份参与活动，注意自身榜样作用的影响和环境潜移默化的效能，让幼儿在生动活泼而又友好的气氛中不知不觉地接受社会价值的传递。

4. 通过混龄教育促进幼儿社会情感的发展

混龄教育中幼儿间的互动使他们得到了情感体验机会，在施教者的正确引导下有利于幼儿健全人格的发展与形成。在社会情感的发展过程中，幼儿之间存在着年龄、能力、经验等各方面的差异，这些差异在混龄教育中更加明显，幼儿从小班进入大班的身份的纵向变化，从需要帮助的小弟弟小妹妹成长为学会付出的大哥哥大姐姐。不断变化着的角色使幼儿得到了更多的社会情感体验机会。为促进幼儿情感交流能力的发展，在实施幼儿混龄教育时，要注意保持混龄教育给幼儿带来的良好体验，培养幼儿对同伴的各种感情敏锐性，同时要防止幼儿不良体验的产生，对不同年龄间幼儿的不正常行为要能够识别、及时发现与制止，并指导幼儿改正。

另外，混龄教育能够使幼儿情感体验的范围得到有效扩大，使幼儿对积极情感的敏锐度和对消极情感的承受力增强，为幼儿提供了较多的进行积极情感和消极情感体验的机会，有利于培养其对积极情感的认同与渴望。因此，混龄同伴交往活动在锻炼幼儿的情感控制能力方面作用重大，如年长同伴的积极行为为年幼幼儿提供了良好的榜样作用，且由于年龄的相近与最近发展区的相近而更具感染力，因而年幼幼儿通过与年长同伴的交流，可在榜样的感染下逐渐克服自己的消极情感。而年长幼儿在年幼同伴面前会有做榜样的自我心理暗示，他们喜欢担当哥哥姐姐的角色，因此在与年幼同伴交往的过程中也会自觉展示积极的一面，收敛自己的任性。

 **案　例**

在一次户外"大带小"的建构游戏中，幼儿总是不愿意彼此帮助，游戏合作较少，一些幼儿对搭建物品感兴趣，宁愿一次次地自己搬积木，也不选择找人帮忙，而且在游戏中幼儿经常因为争执不欢而散。如：中班的俊俊想搭建小城楼，他在周围转了一圈也没开口。这时大班的天天走了过来说要和俊俊一起运积木，但在运积木回来后一直是天天在搭建，俊俊始终在帮忙运积木。终于，俊俊不愿意了，他提出要交换玩的想法，天天也不愿意，提出了一会再换的想法。就这样，幼儿产生了争执，你不听我的，我不听你的。天天有些生气地说道："我不要带你玩了！"

在"大带小"活动中引导年龄较大幼儿建立责任感，是助力幼儿社会情感发展的重要途径。如果幼儿发生争执，教师可以以玩伴的身份和幼儿说："我可以加入你们的游戏吗？"在运积木的时候，教师又可以巧妙地告诉两个幼儿，可以用手心手背或者石头剪刀布的方法决定谁搬积木，还能建议可以三个人一起搬运积木一起玩。就这样，两个幼儿和教师又开心地玩了起来，在幼儿拥有了解决交往问题的意识后，教师便可退出游戏。在这个过程中，幼儿的社会情感也会不断地发展。

思政在线

厚植家国情怀　情系湖湘幼教

何为爱国主义情怀？我理解为：情感、思想、行为。那对保护自己的国家，养育自己的家乡故土，深爱自己的亲人、朋友所表现出的一份真挚深切的感情。我们需要把这种情感升华为爱国的思想，再把思想转化为爱国的行动，为祖国的繁荣富强而付出自己的努力，正如苏霍姆林斯基所说："对祖国的忠诚要靠忠诚地为祖国服务来培养！"

优秀的幼儿教师应把握好五大关系：教师与儿童的关系、与自我的关系、与自然的关系、与社会的关系、与家园的关系。这就需要教师有仁爱之心，以善治善；以自由之性静待花开；陶冶审美之情促进美育熏陶；学人文之品提升人文情怀；保持忠诚爱国的赤子之心。

爱国情怀不是口头说说，是需要付诸行动的，这个过程离不开脚踏实地的行动，需要教师去探究方法，去下功夫磨炼心智，去淬炼品德，真正将爱国主义情怀深入骨髓，并积极落实到行动上。教师强，则诸生强，教师弱，则诸生弱；教师智，则诸生智；教师昏，则诸生必不得昭。在新时代的引领下，有越来越多充满爱国情怀的教师，这将是民族之幸、儿童之幸！

模块二　实训指导

任务一　自我管理——口齿不清的小明

一　实训背景

　　小明是一个 5 岁的男孩，正在上幼儿园中班，他活泼好动，很喜欢参加各种游戏和活动。但由于口齿不清或者语言表达能力较差，他常常与其他孩子无法顺畅沟通，也因此遭到了一些孩子的嘲笑和排斥。小明妈妈发现这个问题后，开始着手调整家庭教育策略，希望能够帮助孩子提升自我认知和沟通能力，从而更好地融入幼儿园的生活。

二　实训目标

　　（1）家园合作，共同针对问题分析原因，寻找对策。
　　（2）掌握提升幼儿自我认知与沟通能力的家庭指导策略，并有效指导。

三　实训准备

　　经验准备：观察小明的在园表现，进行初步总结和评估；与家长建立良好的情感联系，充分了解家长的性格特征和家庭教养方式。
　　物质准备：通信设备、纸、笔、幼儿沟通方面的资料等。

四　实训过程

1. 反馈小明的在园表现，并指出问题

　　师：小明妈妈，您好！小明非常活泼可爱，在幼儿园参加活动很积极。但在最近的游戏活动中，他与其他小朋友发生了一点摩擦。通过了解，我发现小明生气是因为其他小朋友嘲笑他口齿不清。我们是不是可以想办法一起帮帮他？

2. 倾听家长反馈，共同分析原因

师：听了您的介绍，我知道您也很为他担心，并且您已经着手训练小明的沟通表达能力，值得肯定。在幼儿园中班阶段，孩子们需要通过语言交流来表达想法和情感，小明在语言表达上存在一定的问题，导致他在社会交往中出现了困惑。这样发展下去势必会影响到孩子的自我认知和自信心，进而影响到孩子的全面发展。希望通过家园合作，家庭教育和幼儿园教育双管齐下，让小明可以提高自己的沟通能力。

3. 探讨应对策略

（1）挖掘孩子的内在需求。

在家里，小明妈妈应多主动与孩子交流，听取孩子的意见和想法，让孩子感受到自己的声音被听到和重视，从而增强孩子的自信心和自尊心。同时，鼓励孩子多参与各种活动，培养孩子的兴趣和能力，让孩子在感兴趣的领域获得成功和成就感。

（2）开展身心健康教育。

在幼儿园中班，教师可以开展身心健康教育活动，让孩子学习和掌握自我认知的方法。通过游戏、课堂讲解、故事分享等方式，帮助孩子了解自己的情感和思维，认识自己的优点和缺点，不断增强自我意识，从而更好地与他人交流和相处。

（3）着重训练口语表达能力。

在家庭中，父母可以通过阅读绘本、谈论生活趣事、讲解词语含义等方式，与孩子一起练习语言表达能力。在幼儿园中，教师可以开展语言表达训练课程，帮助孩子规范用词、认清语音、提高口语表达能力，让孩子与人沟通时更加顺畅和自信。

（4）建立和谐家庭氛围。

营造和谐、温馨的家庭氛围，让孩子感受到亲情和爱意，有利于孩子的自我认知的发展。

4. 及时做好记录

教师及时做好家庭指导后的总结，形成经验和方法。

五 实训注意事项

（1）教师在沟通过程中应尽量耐心倾听家长的反馈，在交流过程中要注意礼貌，懂得站在家长的角度来看待问题。特别是在讲孩子问题时，要考虑家长的接受能力，注意用词。

（2）根据家长的反馈，及时调整指导策略。交流时，说话避免繁复啰唆，尽量简练有重点。

六　实训延伸

（1）了解家长的需求，多征求家长的意见，及时跟踪了解进展。

（2）在幼儿园集体教学和一日生活中，鼓励幼儿积极表达自己的想法，让其获得更多的成就感和自信心。

任务二　社会交往——独占玩具的小智

一　实训背景

幼儿园到了一批玩具，小一班分到的是拼图玩具。孩子们陆续来园，都被这个新玩具所吸引，大家聚在一起你拿一块我拿一块开始尝试拼图。小智来了，他也很想试一试，他挤进人堆也摆弄起来。可是他觉得自己的拼图不够用，于是开始阻止别人拿拼图，先是用双手盖住拼图不让别人动，后来直接用身体压在拼图上面。他的举动引起了大家的抗议，教师只好让他暂时离开，他气呼呼地走到了一边。

二　实训目标

（1）能结合幼儿的发展特点，制订相适应的家庭教育指导策略。

（2）能与家长充分沟通和交流，实现家园有效配合，共促幼儿发展。

三　实训准备

经验准备：观察小智的在园表现、家长接送时的表现，进行初步总结和评估。

物质准备：通信设备、记录本、笔、幼儿社会交往等方面的资料。

四　实训过程

1. 教师反馈小智在园中的表现

师：小智妈妈好！小智动手能力很强，在园是老师的小帮手，大家都很喜欢他。但今天自主游戏时，小智想一个人独占拼图，我想问问您，平时在家的时候小智有这种表现吗？

2. 共同分析原因

听取家长的反馈，结合小智的表现分析原因。

师：小智是一个很有主见的孩子，现在中班孩子的自我主观意识渐强，喜欢的东西都想占为己有，这是很常见的现象。但孩子表现出这种倾向时家长应及时干预。比如，在家里的日常生活中，父母可以针对这方面进行培养。

3. 探讨应对策略

（1）和小智谈话，让他意识到独占玩具是不对的。

（2）和小智约定，如果他是早晨第一个来园的，可以独享一段时间的新玩具。这样可以满足他渴望探索新事物的愿望，尊重他希望独立完成一幅拼图的想法。

（3）在日常生活中，家长可多带幼儿参加社会交往活动，让小智在与其他小朋友的交往中学会正确处理各种关系。

（4）教师多与家长沟通，告知应改变一味满足孩子需求的不正确做法，面对孩子发脾气、摔东西要学会冷静处理。

（5）家园合作，学会分享。建议家长在幼儿园给孩子过一次生日，让小智的爸爸在生日那天买一个蛋糕和一些糖果送到幼儿园，大家一起为他唱生日歌，合影留念，让小智给每一个孩子亲手送出蛋糕和糖果。通过这种充满仪式感又温馨有爱的活动，促进小智社会性发展。

4. 及时做好记录

五　实训注意事项

（1）教师和家长要尽量充分沟通，共同探讨适合幼儿身心发展特点的策略。

（2）家长应多创设轻松的环境，让幼儿学会与他人共享玩具和正常社交。

六　实训延伸

教师可将分享和社会交往方面的绘本投放至区角，也可让幼儿观看视频，学会正确与他人相处。

任务三　情感培养——害羞的兰兰

一　实训背景

兰兰是个 5 岁的女孩，她会为下班的爸爸拿鞋子，会拿着与妈妈一同买回来的大包小包物品上楼梯，会和爸爸妈妈玩在幼儿园玩过的游戏……但当父母带兰兰外出时，兰兰的表现却和在家里截然不同，任父母怎样哄她，她都不爱说话，也不愿意向叔叔阿姨问好。因而，妈妈下了个结论：兰兰很害羞。虽然兰兰在家里也经常提起叔叔阿姨，但在和叔叔阿姨一起用餐时，她却是一脸不高兴的样子。妈妈为此去打听了兰兰在幼儿园的情况，老师反馈兰兰在幼儿园表现非常棒，老师经常让她表现自己，让她锻炼胆量。

二　实训目标

（1）引导家长充分认识到幼儿情商发展的重要性，并共同探讨家庭教育策略。

（2）以正确的儿童观为指导，对幼儿进行情感培养。

三　实训准备

经验准备：预约家长到园，做好交流计划；对兰兰在园情况进行观察，并有初步的评估。

物质准备：通信设备、纸、笔、幼儿情感培养方面的资料。

四　实训过程

1. 倾听家长的反馈，共同分析原因

师：兰兰妈妈，兰兰每天都是第一个到幼儿园，她很乐意当老师的小助手，为小朋友做这做那，也喜欢画画、弹钢琴、跳舞，几乎是班里数一数二的能干孩子。但您说她与其他不太熟悉的长辈相处时特别胆小害羞，我们该看看兰兰情商发展方面的锻炼是不是不够？

（1）从兰兰的种种表现来看，她并不是害羞，而是在要脾气，希望父母、叔叔、阿姨更关注自己。

（2）从幼儿心理发展的角度分析，兰兰是个自我意识发展比普通孩子更快的孩子，她观察细致、情感细腻，好胜心也很强，特别在乎别人是否关注自己、哄自己开心。甚至可以说，她比较懂事，会分析成人的各种表现。从儿童的智力发展和情商发展的角度来看，兰兰的智力发展较好。智力是观察力、注意力、思维力、记忆力、想象力的综合。由于兰兰的智力水平较高，因而给老师和父母的印象都特别好。

2. 探讨应对策略

（1）鼓励家长学习有关幼儿情商发展的知识，认识情商的发展对孩子成长的意义，正视孩子情商发展不良的事实。

（2）不再给孩子以"害羞、胆小"的借口，应该让她正视自己的内心感受，学会正确地表达自己的情绪，而不是逃避，采取发脾气的形式。要让孩子意识到，不积极地表达情感，不仅没有人能猜到她的真实心理状态，也不利于交往和成长。

（3）相信孩子能照顾自己，不要给她过多的关注，以致让她感到太受束缚。可以适当地对她进行"冷处理"，然后巧妙地引导她达成父母对她的期望。例如，当她面对客人不打招呼、不愿吃饭时，父母不去劝说她，而是告诉客人"她过一会儿就会自己向你问好的""她过一会儿就会自己吃饭的，而且吃得很快"。当她有一点转变后，再鼓励和配合她，让她自己选择吃什么，而不是总让大人安排她吃什么。

（4）在日常相处的时候，用评价别的孩子的方法，引导她懂得能控制自己情绪的孩子是更让人喜欢的，激发她在外人面前展现自我。

（5）家园合作，当发现她在控制自己情绪，积极表达自己的快乐，有适合于各种场合的情绪反应时，就单独鼓励她，暗示她可以做得更好。

3. 及时做好记录

指导后，教师及时整理记录并形成意见和经验。

五　实训注意事项

（1）与家长沟通过程中要有礼貌，知道换位思考，肯定幼儿的闪光点。
（2）尽可能多地提供丰富的游戏，让幼儿在潜移默化中提高自我。

六　实训延伸

（1）开展发展情商的游戏，如我是小小服务员、表情传递、今天我来当妈妈等。
（2）引导幼儿正视自己的情绪，多给予表扬和激励。

—— 思考与练习 ——

一、选择题

1. 2岁半的豆豆还不会自己吃饭，可他偏要自己吃；不会穿衣服，也偏要自己穿。这反映了幼儿（　　）。

　A. 情绪的发展　　　B. 动作的发展　　　C. 自我意识的发展　　　D. 认知的发展

2. （　　）是个性系统中最重要的组成部分，制约着个性的发展。

A. 自我意识　　　　B. 自我评价　　　　C. 自我调节　　　　D. 自我认识

3. 幼儿自我意识萌芽的最重要的标志是（　　）。

A. 掌握代名词"我"　　　　　　　B. 掌握代名词"你"

C. 掌握代名词"他"　　　　　　　D. 分清自己及他人

4. 幼儿在绘画中开始不再满足于颜色鲜艳，还要求颜色搭配协调，这主要体现了幼儿的（　　）的发展。

A. 道德感　　　　B. 美感　　　　C. 理智感　　　　D. 和谐感

二、简答题

1. 如何促进幼儿社会情感的发展？

2. 如何培养幼儿社会交往能力？

三、案例分析题

小明 4 岁多了，妈妈发现小明不愿接受批评，一受到批评，他就说老师夸我爱帮助人，我画画好，我这个好那个好的。根据这则材料，说说幼儿自我意识发展的特点。

单 元 五

幼儿学习准备的家庭教育指导

 **学习目标**

素质目标

+ 树立正确的教育理念，锤炼职业技能，做好职前准备。
+ 养成在家庭教育指导活动设计中精益求精的工匠精神，做"四有"好老师。

知识目标

+ 了解幼儿学习准备的家庭教育指导内容和意义。
+ 掌握幼儿学习准备的家庭教育指导策略。

能力目标

+ 能根据幼儿的具体问题制订合理的家庭教育活动方案。
+ 能在实际的幼教工作中实施幼儿学习准备的家庭教育指导活动。

 **单元导航**

幼儿学习准备的
家庭教育指导
├ 理论奠基
│   ├ 学习兴趣养成指导
│   ├ 学习能力提升指导
│   └ 学习品质塑造指导
└ 实训指导
    ├ 亲子阅读——蚂蚁和西瓜
    ├ 科学实验——神奇的放大镜
    └ 专注力训练——好动的多多

 情境导入

东东的"开学第一天"

这学期，东东开始上小学了。东东妈妈以为终于可以清闲一点了，但没想到的是，东东上学的第一天就大哭大闹，并且之后每天去上学都上演这样的戏码。不管怎么哄、怎么劝，乐乐就是不愿意去上学，也不管怎么问他，他都说不喜欢学校，不是说班里的同学对他不好，就是说怕放学后妈妈不去接他。东东妈妈愁坏了。

对幼儿而言，从幼儿园进入小学是他们的一次重要转折。如果没有做好充足的准备，就会造成幼儿无法适应小学的生活，从而产生厌学心理，影响一生。家庭是幼儿主要的生活场所，对幼儿身心发展的影响最为持久和显著。因此，家长要想幼儿顺利地融入小学，就要帮助幼儿做好学习准备。只有做好学习准备，才能顺利打开幼儿通向小学学习生活的大门，并迈出快乐学习的第一步。

幼儿的学习准备主要是指通过不同的方法帮助幼儿对即将进行的学习保持良好的认知，具备相适应的学习基础，使幼儿在后面的学习中具有积极的学习状态。学习准备期教育在一定程度上决定着幼儿日后能否适应小学生活，影响幼儿整个小学阶段甚至整个学习生涯。本单元将从幼儿学习兴趣、学习能力和学习品质三个方面对幼儿学习准备的家庭教育指导策略进行介绍。

模块一　理论奠基

任务一　学习兴趣养成指导

孔子曰："知之者不如好之者，好之者不如乐之者。"古今中外有成就的人，多有着浓厚的学习兴趣，如著名生物学家达尔文从小就酷爱观察昆虫。对幼儿来说，小学的学习生活在形式、内容各方面都与幼儿园的有很大的差异，如40分钟的课堂教学活动代替了自由自在的游戏活动、学习科目增多等。兴趣是最好

微课：学习兴趣
养成指导

的老师，幼儿具有浓厚的学习兴趣有助于入学后适应新的学习要求和不同学科新知识的学习，变得更加自觉投入，能坚持不懈地学习。

一　幼儿学习兴趣养成的主要内容

学习兴趣指一个人对学习的一种积极的认识倾向与情绪状态。《幼儿园入学准备教育指导要点》指出，学习兴趣主要包括幼儿的好奇心和求知欲。

（一）好奇心

好奇心是幼儿遇到新奇事物或处在新的外界条件下所产生的注意、操作、提问的心理倾向，是幼儿学习的内在动机和寻求知识的动力，如对大自然和身边的事物有广泛的兴趣，喜欢刨根问底，乐于动手动脑，努力寻找答案。

（二）求知欲

求知欲是学习、理解和掌握新知识的欲望，也包括探索未知的欲望，如遇到问题经常通过图书寻找答案，对生活情境中的文字符号感兴趣，愿意用图画、符号等方式记录自己的想法和发现。

二　幼儿学习兴趣养成的意义

（一）唤起学习的自觉性

与强制被动的学习不同，当幼儿对某方面的知识感兴趣时，他们会产生探索的欲望，自觉主动地对那方面的知识给予更多的关注，并在学习中获得成就和满足感。

（二）提高学习的积极性

学习兴趣可以激发幼儿的求知欲，使幼儿对所感兴趣的内容抱有极大的热情，更加主动地投入学习相关知识的活动，积极地筹划如何去学习和探索，并从中获得乐趣。

（三）促进学习的持久性

学习兴趣可以激发和培养幼儿学习的毅力，引导、促使幼儿在学习中不懈地追求，克服困难，从而使学习活动深入持久地进行下去。

三　幼儿学习兴趣养成中的常见问题及原因分析

（一）常见问题

小杰很喜欢玩手机，经常整天拿着妈妈的手机玩，不是上网看视频，就是玩游戏，玩得忘乎所以。有一次，朋友带着小杰出去参加聚会，刚上车小杰就吵着要玩朋友手里的 iPad，弄得朋友很尴尬。

萌萌妈妈说："幼小衔接就是拼音、识字、计算等文化知识方面的衔接，名校也是考文化知识。"于是萌萌妈妈为了让萌萌满足名校的考核要求，在萌萌上幼儿园时就不顾其身心健康，让她花大量时间学习小学的内容，导致萌萌刚进入小学就有厌学问题。

（二）原因分析

1. 家庭教育理念的偏差

为人父母总是望子成龙、望女成凤，不希望孩子输在起跑线上。所以一些家长为了让孩子能够上名校、学习成绩好，过度焦虑，急功近利，在教育内容上片面追求知识的数量和难度，不仅要求幼儿园提前教授小学知识，自己也给孩子报班超前学习认字、数数，却忽视了幼儿学习兴趣、学习习惯等方面的培养。这样做虽然短期成效明显，但长远来看可能会使孩子对学习产生厌恶。等孩子真正进入小学，面对熟知的知识，还会失去原有的学习兴趣，和其他同学讲小话或开小差。

2. 家长教育陪伴的缺失

一些家长虽然重视孩子的学习，却只是给予物质上的支持，花钱把孩子送去各种幼小衔接班学习，自己却以工作忙、不懂等各种理由推脱，从未真正花时间陪伴、教养孩子。比如有的家长认为阅读习惯很重要，但从不陪孩子看书；有的家长为了有时间工作，把手机丢给孩子让他自己玩，导致孩子逐渐沉迷于手机不能自拔。

3. 家长未树立良好榜样

人们常说孩子是父母的一面镜子。幼儿喜欢模仿，父母的一举一动、一言一行都会给孩子带来深刻的影响，比如当我们问孩子为什么要这样做时，他们的回答往往是"因为我妈妈就是这样做的"。所以，如果家长爱看书，孩子就会潜移默化地拿起书来读；如果家长整天沉醉在电视剧中，陶醉在打麻将里，孩子也会慢慢耳濡目染养成以上嗜好。有些家长自己本身就喜欢玩手机，在孩子面前也是毫无顾忌地看视频、玩游戏，孩子自然而然地就成了"手机迷"。

四 幼儿学习兴趣养成的家庭教育指导策略

（一）改变认知，学习科学的教育方法

2019 年，我国将"科学做好入学准备"作为第八个月的全国学前教育宣传月活动主题，要求"切实扭转一些家长过度强调知识准备的认识偏差，重点养成良好的生活习惯和自理能力"。这说明，家长要摆正心态，走出只重视知识学习的误区，通过自主阅读、网络查询、听专家讲座等多种途径提升对学习准备的科学全面的认识，根据孩子的特征及水平，从学习兴

趣、学习能力、学习品质等方面帮助孩子做好全面的入学准备工作。在步入小学前，家长可以带领孩子参观附近的小学，体验半日生活，让孩子看看明亮的教室和一排排整齐的课桌椅，听听教师生动的讲述和学生们的朗朗书声，观看一下全校整齐的课间操及热闹嬉笑的课余活动场面，从而让孩子熟悉小学的环境，初步了解小学学习生活，让孩子内心产生对学校的归属感，萌生迫不及待当个小学生的愿望。

（二）以身作则，积极陪伴和参与

习近平在会见第一届全国文明家庭代表时曾说："广大家庭都要重言传、重身教，教知识、育品德，身体力行、耳濡目染，帮助孩子扣好人生的第一粒扣子，迈好人生的第一个台阶。"这说明，家长应该以身作则，以潜移默化的方式对幼儿进行教育。家长不希望孩子沉迷于电子产品，那么自己先要摆脱电子产品的诱惑。其次，家长要多花些时间陪伴孩子，如尽可能多地和孩子在一起看书，经常与孩子在一起交流读书的方法和心得，做孩子的阅读榜样，让孩子知道阅读的好处，从而转移对电子产品的痴迷。

豆豆5岁5个月，正在上幼儿园大班，是一个好奇心非常强、喜欢刨根究底的孩子。妈妈了解豆豆处在这样的年龄段，因此，总是尽力满足孩子的好奇心，有时还会带着豆豆一起为他好奇的事情揭开谜底。一次，豆豆妈妈从菜场买来各种各样的五谷杂粮煲粥。豆豆对这些谷物非常感兴趣，便问妈妈："这些谷物是用来干什么的？它们是从哪里来的？"于是妈妈借此机会向豆豆介绍了谷物的作用以及它们的来源。豆豆又问："它们的植株一样吗？它们的植株是从哪里来的呢？"为了使豆豆明白各种谷物植株的不同，以及植株的来源，妈妈对豆豆说，植株是由这些种子发芽长成的。为了能让豆豆更直观地看到不同谷物长出的不同植株，妈妈决定和豆豆一起把种子种下。不仅在播种前先给每颗种子拍照打印出来并且编好号，以便谷物长成植株后进行观察和比较；而且还带着豆豆一起为每种谷物做了一张观察记录表，用来记录谷物的生长过程。

案例中，豆豆妈妈碰上孩子的疑问时，没有直接给予孩子一个现成的答案，而是借这个机会，通过实际操作、亲身体验带领孩子一起探索解答。这样的做法不仅有助于保护孩子的好奇心，还激发了孩子科学探索和实事求是的精神。

（三）创设环境，保护孩子的求知欲

"蓬生麻中，不扶而直；白沙在涅，与之俱黑。"在家庭教育中，家庭环境潜移默化的影响十分明显。因此，家长应有意识地创造一个适合孩子学习的家庭生活环境，如在光线充足

的地方为孩子布置一个学习角，让孩子有固定的学习地点；为其开辟一个专属的"读书小天地"，摆放专门的小书柜或小书架，让孩子能自由翻阅图书。此外，好问是孩子的天性，他们小小的脑袋里有着无数个"为什么"，如瓦特小时候看到水沸腾时能顶起壶盖，好奇并想要弄个明白，长大后就发明了蒸汽机。所以家长要学会保护好孩子的好奇心，尊重幼儿好问的天性，当孩子遇到不懂的问题时，认真倾听，耐心解答，不要心不在焉，还要鼓励孩子通过自己的方式去获取答案，从而激发孩子对学习的无穷兴趣。

（四）拓宽途径，参加亲子研学活动

古往今来，很多有成就的名人，从小就常与大自然和社会接触，如我国古代医药学家李时珍，他从小就跟随父亲上山采药，观察药用植物的生长、形态与构造，这为他后来从医，写出具有世界影响力的巨著《本草纲目》奠定了基础。通过对自然、社会的观察与体验，不仅可以增长阅历，帮助幼儿开阔视野，还能积累丰富的感性经验，培养广泛的兴趣。因此，家长要经常带幼儿外出接触大自然或参加一些有意义的活动，如带领幼儿参观当地的图书馆、博物馆、红色教育基地等，或一起

《90 后奶爸带着
4 岁女儿 71 天骑
行 4139 公里》

参加亲子研学活动。在图书馆里，孩子可以感受到浓厚的读书氛围。在研学活动中，可以开阔幼儿视野，丰富幼儿认知，如郴州市道官冲古法造纸研学馆开展的"郴州蔡伦造纸"一系列研学活动、新疆博物馆连续 4 年举办的小小讲解员培训班，这对于幼儿都是大有裨益的。

📁 思政在线

圣人的启蒙老师

孔子很小的时候，父亲就病故了，是母亲带着他长大的。虽然家境贫苦，但孔母没有放弃对孩子的教育，在孔子很小的时候，就买来了很多乐器，有时自己为儿子吹弹，有时请人为儿子演奏，有时让儿子自己玩弄。邻里乡人不解其意，孔母说："孩子现在还不懂事，但天长日久，他就会喜欢这些乐器。做人要讲根基，办事要按规矩，无规矩不能成方圆，礼器最讲礼仪与规矩，无章法演奏不出动听的乐曲。让孩子早点懂得礼仪、音律、等级，对他日后的成长是至关重要的。"在母亲的教导下，孔子对音乐产生了浓厚的兴趣，为日后成为大教育家奠定了良好的基础。

任务二　学习能力提升指导

学习能力是幼儿达成学习目标所必需的个性心理特征，是顺利完成学习活动的各种能力的

组合。在知识爆炸的时代，学习将伴随孩子的一生，学习能力的强弱不仅直接影响孩子学习知识的快慢，还可能影响孩子的命运。如有些孩子在生活上、心理上虽已具备了学习的条件，但往往因学习能力较差而无法适应小学的学习节奏；有的孩子学习态度很好，也遵守课堂纪律，但学习成绩就是不理想，这可能是缺乏良好的学习能力所导致的。因此，家长要注重培养孩子的学习能力。本任务将从倾听和表达能力、阅读与书写能力、探究能力、创造能力的培养等几个方面进行幼儿学习能力的家庭教育指导的学习。

一　培养幼儿的倾听和表达能力

幼儿入学后，课堂上听课、回答问题和转达学校通知等都需要较好的倾听和表达能力。因此，家长应注重培养幼儿的倾听和表达能力，从而帮助他们在未来的学习和生活中取得更好的成绩和更多的成功。

（一）培养幼儿的倾听和表达能力的意义

1. 帮助幼儿更好地表达自己的想法和情感

良好的倾听和表达能力是帮助幼儿建立良好人际关系的重要媒介。幼儿拥有清晰、准确的倾听和表达能力，就能更好地与他人交流，表达自己的需求和想法，并理解他人的想法和情感，进而与他人建立良好的人际关系。

2. 帮助幼儿更好地理解和掌握知识

良好的倾听和表达能力是幼儿获取知识的重要途径之一。上小学后，孩子大多是通过听课和口头表达来获得知识和展现学习成果的，因此倾听和表达是学习的基础，只有懂得倾听和表达、乐于倾听和表达并且善于倾听和表达的孩子，才能准确地理解学习内容。如果孩子的倾听和表达能力不好，就难以在学习中取得好成绩。

3. 培养幼儿的自信心和自尊心

良好的倾听和表达能力可以带给幼儿交流的自信。当幼儿发现自己的价值得到了认可，感受到他人的关注和关爱时，也就会感觉到被尊重和理解，同时促使自己学会尊重他人、关注他人、理解他人。

（二）幼儿倾听和表达能力培养的主要内容

表达能力是指运用语言、文字阐明自己的观点、意见，或抒发思想、感情的能力。倾听能力是指在沟通中，主动地聆听对方的言语，理解意思，领悟情感，并回应对方的思想和感受的一种能力。根据《幼儿园入学准备教育指导要点》提出的要求，幼儿的倾听和表达能力主要包括以下几个方面。

1. 能主动大胆地与他人交流

幼儿愿意和别人交谈，能用简短的语言把自己心里想要说出来的话大胆地表达出来，不会词不达意、啰里啰唆，不会紧张结巴，并掌握较丰富的易理解的词汇，认识且会书写自己的名字。

2. 能认真倾听并听懂他人表达

幼儿在集体情境中能认真听他人说话，并能正确地理解，有疑问时能主动提问，且根据自己已有的知识迅速地、流利地表达出自己的见解。

3. 能较正确清楚连贯地表达

幼儿能听懂和会说普通话，发音正确。讲述一件事情时，语言连贯、清晰、正确，具有条理性、逻辑性，基本合乎语法，感情真挚，用词生动巧妙。

（三）幼儿倾听和表达能力培养的常见问题及原因分析

1. 幼儿缺乏自信心

一些幼儿敢于在集体面前大胆表达自己，而另一些幼儿不敢在众人面前大声说话。究其原因，主要在于这些幼儿缺乏自信。一般来说，3—6 岁的幼儿处于害羞敏感期，他们有的比较内向，每当遇到不熟悉的人或环境，他们便支支吾吾，不敢发声。

2. 幼儿存在语言障碍

存在语言障碍的幼儿会难以听懂老师的教学语言和用连贯的语言表达自己的意思。此外，幼儿的生活用语与学校教学用语存在一定的差距，比如孩子在幼儿时期的用语主要是为了同成人和小朋友交往，对其语言的规范、严谨和逻辑性要求并不十分严格，只要能大致表达出意思就可以了。但入学以后，对孩子在课堂中的用语则要求完整、规范和连贯。所以，对即将入学的幼儿要特别重视训练其说话、听话的能力。

（四）幼儿倾听和表达能力培养的家庭教育指导

1. 建立自信心，让幼儿有话敢说

家长要了解幼儿的个性特点和心理需要，多点耐心，多点鼓励，不要催促，不要经常性训斥和批评孩子，否则只会让幼儿越来越畏缩，越来越不敢说，如不要说"见生人就不会说话，真是笨死了"。相反，家长应该告诉孩子不要太紧张，也不用担心自己说得不好，就算说错了也没关系。来自湖南郴州的江梦南从小双耳失聪、说话困难却成为北京大学博士生，奇迹的背后正是源于父母的无限关爱，不断鼓励。此外，父母可以多创造幼儿言语交际的机会，多带孩子到各种场合走一走，让他多接触人，鼓励孩子跟不同的人说话、交往，比如家里有客人拜访时，可试着让孩子接待，为客人送茶水、送水果、搬椅子。自己也要多和孩子交谈，谈话的主题可以联系孩子在幼儿园的生活，如"宝贝，你今天在幼儿园画了哪些画""你今天又和谁交朋友了"。在孩子每一次的主动表达之后，家长要及时给予表扬与称赞，这不仅能让孩子从中

体验交流的乐趣，而且能增长见识、锻炼胆量，提高幼儿说话的能力。

2. 复述故事，让幼儿有话会说

复述故事是迅速提高幼儿倾听和表达能力的一个好方法。家长应选择适合孩子复述的内容，如篇幅比较短小、情节生动有趣、结构比较简单的故事，或者是孩子熟悉和易于理解的故事。在引导幼儿复述故事前，家长要先为孩子作示范，完整、有条理地给孩子复述一个故事。此外，复述故事的过程中，还要教给孩子复述的方法。一是要在理解的基础上复述，不要死记硬背；二是学会运用一些连词，如"有……还有……"等；三是可以采用多种复述方式，如分角色复述。例如在复述《小马过河》这个故事时，就可以由爸爸讲故事，孩子和家庭其他成员分别担任老马、小马、老牛和小松鼠等角色并进行对话。

案　例

卡尔·威特语言学习

卡尔·威特是德国一位著名的学者。他刚出生时，曾是个有些痴呆的婴儿。由于他父亲教子有方，才造就了一位著名学者。卡尔的父亲把对卡尔 14 岁以前的教育写成了一本书——《卡尔·威特的教育》。书中详细地记载了卡尔的成长过程，以及自己的教学原则和教育方法，摘录如下：

当儿子稍微能听懂话时，我和他母亲就天天给他讲故事。在我们看来，对于幼儿，没有比对他讲故事更为重要的事了，因为孩子是这个世界的生客，这个世界对于孩子来说一无所知，所以应该尽早让他知道这个世界，越早越好。为了培养孩子对这个世界的亲和力，最好的做法当然就是讲故事了。除了给儿子讲故事，我们还选择好书，清晰而又缓慢地读给儿子听。讲完故事后，便让孩子复述，或者是与母亲一道进行表演。儿子到了五六岁时就毫不费力记住了三万多个词语。

卡尔的父亲和母亲利用复述故事的方法不仅帮助卡尔积累了大量的词汇，还开发了卡尔的智力，促进了其表达能力的发展，最终成就了一位著名学者。

3. 提供资源，让幼儿有话能说

幼儿在学习语言时，喜欢与具体的事物联系起来。因此，家长在训练幼儿的倾听和表达能力时，要为幼儿提供一些直观形象的教具，如图书、光碟、识字卡片等，也可以利用幼儿生活的直接经验，如认识玻璃器皿、木制品、铁制品时，可根据物品的用途进行分类，从而掌握"餐具""服装""玩具""家具""交通工具"等词。

二 培养幼儿的阅读与书写能力

阅读能力是指幼儿凭借色彩、图像、文字，并能借助于成人形象的读讲来理解读物的能力。书写能力是指幼儿通过肌体运动，掌握书写基本动作和书写规律的能力，包括手掌肌肉力量的控制、手眼协调和手掌运动的节奏等。良好的阅读与书写能力是学习的基础，陪伴和影响整个求学的过程，使孩子终生受益。因此，家长要注重培养孩子良好的阅读与书写习惯，为日后的学习打下坚实的基础。

（一）培养幼儿的阅读与书写能力的意义

1. 能让幼儿萌发对阅读的热爱

培养幼儿的阅读与书写能力对幼儿的终身发展有着非常重要的影响，能激发孩子对阅读的兴趣。如幼儿从小开始阅读，接触大量书籍，不仅会形成一个良好的阅读习惯，且看书的孩子大多有着较浓厚的学习兴趣。

2. 能为幼儿的学习打下坚实基础

良好的阅读与书写能力是将来的语言学习和书写表达的基础，陪伴和影响孩子整个求学的过程，使孩子终生受益。如阅读能力强的孩子，入学后学习成绩一般都不错，在以后的学习中也表现出较为娴熟的对文字运用能力。

3. 能培养幼儿的专注力和坚持性

幼儿时期如能逐步培养孩子良好的阅读习惯，使其掌握书写的基本技能和常识，将有助于锻炼其手部的肌肉，发展手眼协调能力、注意力、观察力和毅力等。

（二）幼儿阅读与书写能力培养的主要内容

1. 培养幼儿的阅读兴趣和能力

家长要根据幼儿的阅读兴趣和活动需要及时提供和更换图画书，并给予幼儿充足的阅读时间让其自主阅读，还要经常和幼儿一起讨论书中内容，鼓励幼儿根据情节、图书画面对故事结果进行预测或续编、创编，或者通过绘画、表演等方式再现故事情节，从而加深幼儿的阅读兴趣和理解。

2. 保护幼儿的前书写兴趣

家长应有意识地让幼儿感受文字符号在日常生活中的功能和意义，如鼓励幼儿用图画、符号、文字等方式为自己的活动区、生活活动设施等制作标识，保护他们对符号、文字的兴趣和敏感性，同时还要运用文字和符号辅助幼儿记录和总结游戏的过程、想法等。

3. 做好必要的书写准备

家长应有意识地锻炼幼儿手部的精细动作，促进手眼协调，如通过让幼儿自己扣纽扣、系鞋带的方式，但不宜要求幼儿提前学写字。如果幼儿有自发书写行为，可以为其示范正确的书写姿势，但不宜进行机械训练，也不宜简单评判做得对不对、好不好，重在保护幼儿写字的兴趣。可以通过拼图帮助幼儿认识上下、左右等方位，进一步体会由上至下、由左至右的运笔技能；还通过"跳房子"的游戏，帮助幼儿认识田字格的结构。

拓展阅读

要不要提前教给孩子小学阶段的知识

有的家长说，花钱把孩子送到幼儿园就是让孩子学识字、算数，这样的幼儿园才教得好。有的家长说，孩子入学后，最担心的就是孩子的学业能否跟得上……生活中，我们常常看到幼儿在入小学前就参加各种学前班的学习，大量地学写汉字、拼音，幼儿园为了迎合家长，争取生源，也教幼儿汉字和拼音，甚至让孩子写汉字，并布置家庭作业。那么，要不要提前教给孩子小学阶段的知识呢？

《幼儿园入学准备教育指导要点》强调：家长不能强迫幼儿提前学写字。《教育部关于大力推进幼儿园与小学科学衔接的指导意见》中也明确指出，幼儿园不得提前教授小学课程内容，不得布置读写算家庭作业，不得设学前班，要改变过度重视知识准备，超标教学、超前学习的状况。

显然，这种屡见不鲜的幼儿园"小学化"现象是不可取的。这不仅严重损害了幼儿的身心发展，还会导致幼儿在入学适应中出现诸多问题，如由于幼儿手部肌肉发育不完全，控制能力差，所以幼儿往往握笔较低，运笔吃力，既影响手部肌肉的发育，又因长时间趴伏写字导致幼儿驼背、视力减弱。又如过早地进行读写汉字、拼音训练，使幼儿进入小学后重复学习，失去学习的新鲜感和兴趣，进而出现上课注意力不集中、做小动作等坏习惯。这些不良习惯会影响孩子之后对新知识的接受。如果教得不规范，上小学后再去纠正就会比较困难。

诚然，在幼小衔接的当口，家长理应帮助孩子做好适应小学学习生活的各种准备，但孩子入学后要应对的其实不仅是学业的挑战，更多的是心理和习惯的适应与养成。

（三）幼儿阅读与书写能力培养的常见问题及原因分析

1. 急功近利的教育观

有的家长将孩子的学习准备仅仅定位在多识几个字、多算几道题上，孩子被要求长时间坐在桌前认字、看书、计算，不认下几个字就不准出去玩，不会数数就不让吃饭……这些现象的背后是急功近利的教育观，会严重影响孩子的健康成长。实际上，孩子的学习准备是全方位的。《3—6岁儿童学习与发展指南》也指出，要充分理解和尊重幼儿发展进程中的个别差异，切忌用一把尺子衡量所有幼儿，应支持和引导他们从原有水平向更高水平发展。因此，家长不要逼迫孩子学习，要注意孩子的感受和身心发展特点，要让学习变成孩子乐意参加的一项有趣的活动。

2. 家教方法简单粗暴

一些家长在培养幼儿的阅读与书写能力时，要求高、管得严，又缺乏耐心、细心，只要孩子没兴趣或是没做好，就采取简单粗暴的方法，如打骂、冷落。这样的行为不利于孩子身体和心理的健康成长。孩子在父母"棒棍下"战战兢兢、提心吊胆，容易引起逆反心理、厌学心理和紧张心理。

绘本《嘭嘭嘭》
亲子阅读实录

（四）幼儿阅读与书写能力培养的家庭教育指导

对幼儿的阅读和书写能力进行培养的方法多种多样，如绘本阅读法、创编故事法、直观感受法等。

1. 绘本阅读法

绘本阅读法是指家长挑选幼儿感兴趣的读本与幼儿一起阅读。绘本阅读不仅可以使家长与孩子之间的关系更密切，还可以丰富幼儿的认知，启发幼儿想象。因此在家里，父母应尽可能多地和孩子在一起看书，选择色彩鲜明、图画内容简单有趣、配文优美简练的书籍，同时涉及面要广，如童话故事类、自然科学类等，以引起孩子的兴趣，吸引孩子的注意，利于孩子理解。阅读前，家长应先熟悉绘本内容。由于幼儿的思维活动以直观形象性为主，所以家长要通过适当的表情、动作和抑扬顿挫的声音绘声绘色地朗读绘本，加强故事的感染力，加深幼儿对故事情节的理解，还可以与孩子一起表演绘本中的故事，增强阅读的趣味性。在阅读的过程中，还要教会幼儿正确的阅读方法，帮助幼儿顺利阅读，使幼儿养成良好的阅读习惯，如通过示范的方式，引导孩子从前到后按顺序翻阅，告诉孩子什么是封面、封底等。阅读后，可以和幼儿一起交流读书的心得，引导孩子有条理地复述故事的大致内容，给孩子讲解一些道理，或设计提一些问题，激发他们阅读的欲望，如假如你是故事中的这只小兔，你会怎么办呢？

2. 创编故事法

创编故事法是指在话题所指定的范围内，虚构一个情节生动的故事，从而表现主题的方法。家长可以鼓励和支持幼儿自编故事，或和孩子共同创编故事，并指导启发孩子充分利用故事提供的线索，如让孩子编故事的中间部分，家长编故事的结束部分，还可以做"你想到了什么"的创编故事游戏，将生活中的一些声音录下来放给孩子听，让孩子发挥想象讲讲想到了些什么，再用较连贯的语言编成一个小故事。如果孩子的故事情节编得不合理，用词不准确，或语法有错误时，家长要及时提醒、引导和纠正。最后，还可以引导孩子为自编的故事配上图画，制成图画书。

3. 直观感受法

直观感受法是指借助幼儿的多种感官和已有知识，通过具体的实物、图片或动作直接展示各种具体的形象，使幼儿获得新的知识的方法。如理解"杯子"一词时，可先让孩子看各种各样的杯子的实物；理解"走""跑""跳""拍"等词语时，可依次演示动作，再把动作与字形联系起来，从而加深孩子对字义的理解，还可在家中的物品上贴上相应的汉字，让孩子随时认字，帮助孩子将字形与实物特征联系起来。

三 培养幼儿的探究能力

探究是幼儿涉猎丰富知识、提升多种能力的有效途径，良好的探究能力有助于幼儿不断刷新他们对于世界的认知。对幼儿来说，学到知识固然重要，但是比学到知识更重要的是学会思考，探索新方法、新思路。因此，家长要重视幼儿探究能力的培养。

（一）培养幼儿探究能力的意义

1. 帮助幼儿获取新知识

第斯多惠曾说：要给予儿童真知，更要引导他们主动寻求真知。这说明，引导幼儿自主获取知识或信息，对于幼儿学会学习、终生学习都有重要的意义，只有通过亲身探究和实践获得的知识才是幼儿自己主动构建起来的，是幼儿真正理解的。

2. 提高幼儿解决问题的能力

探究过程本身就可以使幼儿的思维受到良好的锻炼，其不仅有利于问题解决能力的培养，而且是科学精神、科学态度、科学方法培养的主要途径，对于幼儿科学素养的全面发展十分关键。

3. 激发幼儿强烈的好奇心

探究是满足幼儿求知欲的重要手段。通过探究，幼儿可以从中获得巨大的满足感、成就感、愉悦感和自信心。

（二）幼儿探究能力培养的主要内容

探究能力是指幼儿通过实践活动，探索环境，寻求答案，形成自己的认知方式和思维方法的能力。《幼儿园入学准备教育指导要点》指出，幼儿探究能力培养的主要内容包括以下方面。

引导幼儿尝试用数学和科学的方法解决日常生活中的问题，帮助幼儿体验运用数学和科学的方法解决问题的乐趣。

发现和学习解决生活中和数学、科学有关的问题，如统计每天出勤人数、测量记录身高和体重的变化、自主管理进餐和睡眠时间等。

（三）幼儿探究能力培养中的常见问题及原因分析

1. 常见问题

爸爸在苗苗 3 岁生日时送了一架小电子琴给她。苗苗不仅十分高兴，还非常好奇，想看看发出美妙音乐的琴键里面是不是有人在唱歌。不久，一架崭新的电子琴就被苗苗拆得七零八落。苗苗爸爸认为这是女儿探索的萌芽，于是陪着女儿一块儿拆装，并趁机讲述琴键发声的原理。之后，苗苗爸爸不断带领苗苗拆装不同的玩具，苗苗的探索能力越来越强，10 岁那年还发明了"取暖凳"。

2. 原因分析

幼儿以操作性思维为主，喜欢通过动手进行思考，如他们想知道眼前的东西是什么时，就会用手摸摸、拉拉。这种动手思维现象，常常伴随着"破坏"现象。因此，家长应该认识到，孩子的"破坏行为"并不一定是真的在搞破坏，之所以会弄坏某个东西，是因为他们对这个东西感兴趣，想看看究竟是怎么回事。面对孩子的"破坏行为"时，家长要多予以理解和宽容，支持孩子大胆地探索，不要一味地指责和打骂，不要急于求成，不然可能就扼杀了孩子对外界的探索兴趣了。

（四）幼儿探究能力培养的家庭教育指导

1. 开展科学小实验，激发孩子的探究欲望

家长要理解和尊重幼儿的学习方式和特点，支持幼儿通过直接感知、实验操作和亲身体验等方式获得科学经验，理解简单的科学原理。抓住活动中的教育契机，给予幼儿及时的讲解和科普，如可以与孩子一起开展一些科学小实验，按照预想的目的或设计，利用一些材料，通过简单演示或操作，对周围常见的科学现象加以验证，不仅能让孩子在动手操作的过程中，发现科学现象和知识，还能促进幼儿主动建构自身的知识经验体系。开展科学小实验时，家长要注意选择一些内容浅显易懂，形式生动有趣，操作简单易行的实验活动；还要在实验中教给孩子必要的防护方法和知识，让孩子既不受伤害，又能尽情体验探索的乐趣。如进行"鹌鹑蛋的外壳是带斑点的"科学小实验，家长可在洗鹌鹑蛋时，引导孩子仔细观察鹌鹑蛋壳，思考蛋壳上的斑点能不能洗掉，鼓励孩子带着疑问

数学启蒙小游戏

去使用不同的清洗剂进行清洗的实验，亲身体验后理解"鹌鹑蛋的外壳是带斑点的"的知识。这样的小实验，不仅能够引起幼儿对科学的兴趣，还能激发幼儿对事物探索的愿望。

2. 开展数学游戏，启蒙孩子的数学思维

幼儿处于形象思维向逻辑思维转变时期，数学的学习要求幼儿具备一定的逻辑思维能力。游戏作为幼儿最喜爱的活动，通过游戏对幼儿进行计算等数学启蒙，不仅可以让幼儿更容易接受，还能激发幼儿对数学的兴趣，建立对数概念的感知和应用，起到数学启蒙的作用。如家长可以和孩子玩"走迷宫挖宝藏"的数学游戏，通过轮流抛掷两个骰子，将数字相加作为自己走

迷宫的步数，看谁先走到迷宫中心，率先挖到宝藏。在游戏中，润物细无声地帮助孩子学会简单的加法计算。

3. 给予支持，为幼儿提供探究的玩具

玩具是父母教孩子认识世界的工具，可以让幼儿在玩的过程中受到教育，获得知识，发展智力，并在他们幼小的心灵埋下寻求、探索的种子，如电动玩具可以教孩子初步了解电的正负极。因此，家长要为孩子提供丰富多样、安全有趣的玩具，如拼图、积木、科学实验套装等。同时，还要指导孩子玩的方法，如孩子叠积木时，要引导孩子根据不同结构材料的特点，用不同的方式堆积、排列和调换。刚开始时，只要孩子能抓稳一块积木叠稳在另一块积木之上就行，之后让孩子反复练习直到能重叠多块，再引导孩子叠出美的造型，这不仅能让孩子在叠积木的过程中认识积木材料的性质、形状、大小、轻重，还发展了孩子的视觉、触觉和想象力。需要特别注意的是，如果您的孩子在玩的过程中出现紧张、害怕的情绪或者探索失败了，那么千万不要呵斥他，如"算了，这很危险，你不要做了"，这会打击伤害孩子想要探索新事物的自信心，可以对孩子说"没关系，刚开始做这样很正常""没事，你再试一下吧"。这样，孩子在失败后就能够迅速调整心态，继续他们的探索活动。

四 培养幼儿的创造能力

创造能力就是根据一定目的，运用一切已知信息，生产出某种新颖、独特、有社会和个人价值的产品的能力。近年来，国家越来越重视创造力的培养。未来社会的迅速发展要求人能够适应不断变化的工作、生活环境，要求人能够独立地、创造性地分析问题和解决问题。因此，家长要重视培养幼儿的创造能力。

（一）培养幼儿创造能力的意义

1. 有助于幼儿的身心健康发展

幼儿时期是创造能力发展的萌芽期，良好的创造精神和创造思维能使幼儿从中得到巨大的乐趣与满足，增强他们的自信心，从而使幼儿身心得到健康发展，并对幼儿一生的发展产生重要的影响。

2. 促进幼儿的社会化发展

幼儿作为个体的人，自身在进行创造性学习的过程中，会不断通过发现、探索、尝试来认识周围世界并获得经验，从而成为一个具有丰富想象力和新颖思想的、能够有效地和创造性地解决问题的人，由此促进幼儿的社会化发展。

3. 帮助幼儿适应未来社会发展

未来是人才竞争的社会，人们不仅要学会生存、学会做人，更要学会创新，因此对幼儿进

行创造能力培养是社会发展的需要。家长要有意识地培养孩子具有创造意识、创新精神、创造能力，以帮助幼儿适应未来的学习和生存。

（二）幼儿创造能力培养的主要内容

培养幼儿具有丰富的想象力；具有畅通、发散的思维，解答问题敏捷；能提出卓越的见解，并以新奇的方式处理问题；具有较强的独立性，有主见，不盲目听取他人的意见。

（三）幼儿创造能力培养中的常见问题及原因分析

1. 常见问题

佳佳妈妈希望佳佳成为一个多才多艺、全面发展的孩子，为了培养孩子的创造力，她给佳佳报了各种各样的兴趣班，如心算、画画、钢琴等。佳佳每个周末都被兴趣班填满，但效果并不理想。

乐乐喜欢画画，但老是画得不太好，只是乱涂乱抹。一次，乐乐在纸上画了飞机、坦克，父母觉得乐乐进步很大，十分高兴。突然，乐乐在画纸上大手一挥，画了几大笔，嘴里还发出"轰""嗒嗒嗒嗒"的声音。乐乐爸爸觉得乐乐太不听话了，老是乱来，把好端端的一张纸都毁了，但乐乐却心满意足，仿佛他亲临了陆空作战的战场一样。他觉得只有这样，这幅画最后才算完成了。

2. 原因分析

（1）家长对素质教育的理解错误。一些家长认为素质教育就是让孩子什么都学、什么都会，所以不惜耗费大量精力和财力送孩子上各种培训班，根本不考虑孩子的兴趣、能力，甚至不注意孩子生理、心理的承受能力，致使孩子学习负担过重，失去了应有的学习兴趣。

律动儿歌歌单
推荐

（2）幼儿具有丰富的想象力。幼儿思维活跃，有天马行空的想象力，许多父母就是因为不理解孩子的这种思维特点，没有给予正确的引导和鼓励，才扼杀了孩子创造的欲望，掐灭了孩子心中创造的火花。

（3）幼儿手部肌肉不发达。由于幼儿年龄小，手部肌肉还不发达，还不能很好地控制手的动作，所以不能做到要画圆就圆，要画方就方，更难以画出像样的形体，因此在纸上乱画是正常的。

（四）幼儿创造能力培养的家庭教育指导

1. 实践活动法

实践活动法是家长有目的、有计划、有组织地让幼儿运用实际行动，在真实的活动场景中获取知识、解决问题、积累经验的一种方法。家长要尊重幼儿自发的表现和创造，创造机会和条件，组织幼儿进行丰富多样的实践活动，让幼儿敢于并乐于表达和表现。如和幼儿一起用食指蘸上颜料在纸上作画、唱跳律动儿歌、带孩子欣赏画展等。进行实践活动时，家长要趁机激发孩子的创造欲望，如欣赏画展时，家长要指出画的是什么、在干什么等，还可鼓励孩子模仿作画。

2. 鼓励肯定法

鼓励肯定法是家长满怀热情激发和鼓励幼儿在原有基础上完成新的活动，以达到更高水准的一种教育方法。对于孩子的创造行为，家长要多加留意，细心观察，了解孩子的实际表现，随时掌握孩子进步的情况，并做到多多鼓励孩子。一个微笑、一次点头、一声赞扬都能有助于孩子自信心的培养。我国著名体操运动员李宁，他小时候就迷上了体操运动，整天翻跟斗、练倒立，把被子、蚊帐全都弄坏了。正是因为他的父母理解和鼓励他，才使他的才能得到充分的施展。鼓励时注意不要泛泛地说"你真棒"，应该要用具体的语言评价孩子的创造行为的变化，如"你的画用了这么多红颜色，感觉就像过年一样喜庆""你扮演的大灰狼声音真像，要是表情再凶一点就更好了"等，还可在家中展示孩子的作品，让孩子看到自己的进步，感受到创作的喜悦。鲁迅先生曾说："孩子的世界与成人截然不同，倘不先行理解，一味蛮作，便大碍于孩子的发达。"所以在欣赏幼创造的作品时，不要用成人标准去评价，不把自己的意愿强加给幼儿，要站在幼儿的角度去观察和理解，了解并倾听幼儿对于艺术表现的想法或感受，领会并尊重幼儿的创作意图，保护幼儿的创作激情和想象力。

 案　例

有一次，儿子昆昆在家画菊花，我发现孩子的菊花画得很棒，色彩丰富，姿态各异，然而在画面上部涂上了一团团的黑色。虽然看了心里不大满意，可我还是耐着性子问："为什么要在这里涂上黑色？"他得意地告诉我："天黑了啊！"他的回答让我出乎意料，庆幸自己没有贸然地去批评他，否则就伤害到他的想象力了。孩子的心中有一百种语言，孩子发现的美也就有一百种美，因为孩子是创造的天才。

幼儿的艺术创作是不能用对与错去形容的。在幼儿没有按照家长的要求去做时，又或者幼儿呈现的作品与众不同时，家长不妨冷静下来听听他们的意见，允许幼儿在展现个性特点的基础上大胆表现，让他发表自己与众不同的见解，从而形成积极的创新热情，培养幼儿的创造能力。哪怕有时幼儿的想法很奇怪，甚至很荒诞，家长也不能以成人的标准横加指责，而应敏锐地捕捉其创新思维的闪光点，并加以有效的引导，发展幼儿的艺术创作潜能。

3. 循序渐进法

循序渐进法是指家庭教育要遵循儿童自身发展的规律，依据儿童个体发展的实际水平安排教育内容和进度。幼儿年龄小，与成人相比，其无论在创造能力的质上还是量上都有很大差

距。因此家长在进行创造能力培养时，不能任凭自己的主观理解和想法，而应按照成才过程的规律慢慢来，不能操之过急，揠苗助长，要根据孩子的年龄特点、个性特征和能力水平量力而行，适度发展。总之，家长要明白幼儿创造能力的培养，并不是一味地让孩子去发明什么、学什么，而是激发幼儿创造的兴趣和好奇心，鼓励幼儿勇于创造性的想象与实践，塑造幼儿创造的个性和冒险精神等。

任务三　学习品质塑造指导

学习品质是指幼儿在学习过程中具有的技能和习惯，这些技能和习惯可以帮助他们达到学习目标，促进其学习能力的发展。教育家叶圣陶先生曾说：教育就是养成良好的习惯。这说明，孩子将来能否有出息、成大器，不能光靠良好的智力，还必须有良好的学习品质。古今中外，很多有成就的人都具备良好的学习品质，如勤奋、专注、意志坚强、毅力过人、坚持不懈等。家长在对幼儿实施家庭教育时，必须重视塑造孩子良好的学习品质。本任务将从专注力、坚持性、主动性三个方面对幼儿学习品质的培养进行介绍。

一　培养幼儿的专注力

幼儿专注力的好坏直接影响其听课的效果和学习的效率。在小学，一节课有 40 分钟，上课以讲授为主，孩子容易疲劳，注意力易分散。有一些刚入学的孩子上课不专心听讲，学习成绩不好，根本原因不是智力落后，而是注意力不集中。因此，家长在孩子入小学前就要有意识地对其进行专注力的训练。

（一）培养幼儿专注力的意义

1. 提升幼儿的学习能力

当幼儿专注于某一件事情时，他们就会主动去探索未知的东西，寻求解决问题的办法，这不仅可以提升幼儿独立思考的能力，还能提升幼儿的学习能力。如专注于搭积木的孩子更容易掌握组合与分解的知识，数学思维能力提升更快。

2. 提高幼儿的学习效率

良好的专注力能使幼儿在学习中集中精神，更快地进入学习状态，更为有效地获取并消化知识，从而提高观察、记忆、思考和学习的效率。

3. 锻炼幼儿的毅力

如果幼儿专注于一件事情，他会慢慢地变得更加有耐心，养成遇到事情不骄不躁的好品质和沉着冷静地处理问题的能力，并形成稳定的心理素质。

（二）幼儿专注力培养的主要内容

专注力指的是人在某一时刻把自己的注意力集中在某一对象上面的能力。幼儿专注力的强弱和能否高度集中，主要体现在能否把专注力集中在某一事物的主要方面，能否在进行两种或两种以上活动时恰当地对专注力进行分配，以及是否能对某一对象保持长时间的关注等。幼儿专注力培养的主要内容包括以下方面。

（1）支持幼儿专注持续地完成任务。

（2）有意识地增加需要一定专注力和坚持才能完成的游戏和活动，保证幼儿有充足的活动时间能够专注地完成任务。

（3）对需要多次探索的活动，要提供足够的时间和空间，鼓励和支持幼儿完成，避免因活动频繁转换干扰幼儿专注探索。

（三）幼儿专注力培养的常见问题及原因分析

1. 幼儿身心发展的特点决定了他们专注力不够持久

幼儿的好奇心很重，刚入学的新生以无意注意占主导地位，所以很容易受到外界环境或他人的影响，任何能够吸引他们注意力的物品和声音都能转移他们的注意力，所以我们经常看到孩子在课堂上、在家里学习时东瞧瞧、西摸摸，一会儿玩这，一会儿玩那，永远坐不住，做什么事都难以集中注意力。如有的幼儿搭积木时看别人搭飞机，他马上也搭飞机，看别人搭火车，飞机没搭成他就又去搭火车。其实，这是因为幼儿喜欢活动，在幼儿园时基本以玩为主，但进入小学后就要以学习为主，幼儿还未养成良好习惯。并且由于年龄小，注意力只能维持10—15分钟，超出这个时间，幼儿大脑会出现阶段性疲劳，出现动来动去、开小差、讲小话等情况。

2. 家庭环境的干扰过多

生活中，我们会看到有的家长对孩子的活动干扰较多，如当孩子正全身心地投入游戏时，父母一直在旁边不停地说："宝宝，来喝酸奶吧！""宝宝，来吃水果吧！""宝宝，休息一会儿吧！"……家长这种不合时宜的关心，不但会引起孩子的反感和烦躁，还会无意间分散了孩子的注意力。特别需要注意的是，如果孩子无论做什么事，包括他最感兴趣的事情都坚持不了5分钟的话，那么就要考虑孩子是否有多动症，必要时要带孩子去专业机构进行咨询和诊断治疗。

（四）幼儿专注力培养的家庭教育指导

1. 游戏训练法

游戏训练法是运用游戏提高幼儿的兴趣，集中幼儿的注意力，促进各种感官和大脑的积极活动，增强教育效果的方法。苏联著名儿童教育专家克鲁普斯卡娅强调："游戏对学龄前儿童有着特殊的意义。游戏对于他们是学习，对于他们是劳动，游戏对于他们是严肃的教育形式。"幼儿好动、好奇、好模仿，而游戏中有动作、角色、情节，形式生动活泼，有趣多变，所以游戏是最适合孩子年龄特点和认识发展水平的活动。家长要利用幼儿喜欢游戏的天性，通过游戏的方式来培养孩子的专注力，有目的、有计划地组织、指导、参与幼儿的游戏活动。如可以陪孩子玩"复读机"的专注力训练游戏，家长任意说一句话，让孩子尽量原原本本地复述出来，也可以轮换讲述者和复述者的角色，或将句子从短句变为长句。

2. 环境熏陶法

环境熏陶法是指在家庭教育中，家长有意识地创造一个整洁、安静、宽敞的学习生活环境，让孩子置身其中，在日常生活中耳濡目染。心理学家认为，环境与孩子专注力的好坏有着密切的关系，如果想要孩子不一心二用，那么家长就要学会给孩子创造一个良好的环境。我国古代就有家长特别重视环境对孩子的影响，如"孟母三迁"故事中讲述的三次迁居，就对孟子的成长起着至关重要的作用。在进行家庭环境布置时，要注意干净整洁，不能过分杂乱，堆放很多影响孩子集中注意力的物品在孩子玩乐、学习的场所，比如电视、电脑、零食、玩具等。可以为孩子布置阅读角、活动角，使孩子一来到这些区域就形成条件反射，集中思想，专注学习或活动。此外，在孩子专心地做一件事情或学习时，家长尽量少向孩子问话、同孩子交谈，随意地打扰孩子，如不能一会儿给他倒水，一会儿给他拿水果，一会儿又问这问那，这样势必会人为地干扰他的注意力。

二　培养幼儿的坚持性

幼儿坚持性的培养和发展，可以促进其学习能力的发展。如果没有良好的坚持性，学习就会事倍功半，如一些孩子对待学习，总是三天打鱼两天晒网，学东西也是三分钟热度，最终一事无成。家长在对幼儿实施家庭教育时，必须重视幼儿的坚持性培养。

（一）培养幼儿的坚持性的意义

1. 帮助幼儿入学后顺利完成学业

良好的坚持性可以磨炼幼儿的意志，提高其毅力和耐力，使幼儿逐渐克服困难，并坚持完成听课、写作业等学业活动，改变遇到一点学习的困难就叫苦叫累的态度。

2. 帮助幼儿实现目标和梦想

良好的坚持性能帮助幼儿更好地发展自己。只有坚持不懈地努力，幼儿才能赢得更多的机会，才能变得越来越强大，逐步迈向成功的道路。

3. 形成良好的学习态度

良好的坚持性有助于幼儿形成认真努力、不怕困难、顽强拼搏的学习态度，而良好的学习态度不仅能够使幼儿在遇到挫折时勇敢地走出困境，获得突破，还能提高幼儿的自信心，更好地面对新的挑战。

（二）幼儿坚持性培养的主要内容

坚持性是指幼儿在行动中能坚定不移、坚持不懈，努力克服一切困难，完成既定目标的品质。幼儿坚持性培养的主要内容包括以下方面。

（1）能有计划地做事并一鼓作气完成，在行动中能长期保持充沛的精力和坚韧的毅力。

（2）鼓励幼儿尝试有计划地安排自己的活动，并持之以恒直到完成。

（3）面对困难时保持积极、乐观的心态，并能顽强地克服。

（4）遵守诺言，有良好的自制力，表现出较好的时间管理能力。

（5）对自己的行动目的有清楚的认识，坚持目标不动摇并为之努力。

（三）幼儿坚持性培养中的常见问题及原因分析

1. 未养成良好的自制力

幼儿年龄小，作为意志的控制器官大脑额叶成熟较晚，好动贪玩，自我控制能力差，因此难以自觉地约束自己的行为，克服困难，认真地、有始有终地把事情做好。如课堂上不遵守纪律，一下课就开始跟同学玩得忘乎所以，没有想到要上厕所，即使想上厕所，也会在玩乐的诱惑中让自己等一等。

2. 未树立准确的时间概念

上幼儿园时，入园离园的时间比较随意，迟到早退都关系不大，课堂也比较自由，这与小学严格的作息制度有很大的差距。而升入小学后，从入学第一天起，学生就必须按时上课、放学、完成作业、参与集体活动。如果没有良好的时间观念，孩子就会常常出现赖床迟到，随意请假早退的情况。

3. 未养成规律上厕所的习惯

俗话说，习惯成自然。在幼儿园阶段，有的孩子上厕所养成了依赖家长、老师提醒的习惯，进入小学后就会经常忘记课间要去上厕所，反倒是一上课就想去了，加上害羞、胆小，所以迟迟不敢开口跟老师说，只能忍着、憋着，憋不住了还会尿裤子，次数多了自然会影响学习。

（四）幼儿坚持性培养的家庭教育指导

1. 以学定教培养自制力

家长应根据孩子的发展水平逐步提高其自制力，任务难度要适度合理，这样孩子才能坚持把任务完成，把事情做好。如果任务太多太难，孩子觉得反正也完成不了，就会放弃；任务太少太容易，孩子又会觉得没有挑战性。一些难度较大的任务，家长可以将其分解成一个个小目标，或者分步骤让孩子完成，或者和孩子一起做，对孩子进行适当的引导和帮助，教孩子一些克服困难的方法和技巧。此外，坚持性的培养要循序渐进，切忌操之过急，比如让孩子静坐，要求不能讲话，自然坐在凳子上，开始时可以先练习 1 分钟，然后再慢慢延长时间。

2. 规定良好的作息时间

良好规律的作息时间可以让幼儿养成按时上学、上厕所、睡觉的良好生活习惯，保证孩子有充沛的精力完成一天的学习。因此，家长可以和孩子一起制订一份合理的作息时间表，包括每天几点起床、几点睡觉、几点学习，看电视不能超过 30 分钟等，帮助幼儿调整一日作息。开始时，孩子可能会不太适应，那么家长可以先陪着孩子一起按作息时间学习和休息，等孩子初步养成了习惯之后，就可以买个卡通闹钟，教孩子使用闹钟来自我监督，时间观念自然也就增强了。

 **案　例**

（早上起床，妈妈召集 3 个宝贝开会）

妈妈：早上好呀！各位"懂"事，来汇报一下你们今天上午的"工作安排"。"懂"事长，你先说。

大宝（"懂"事长）：我上午 8 点半到 9 点 10 分是语文直播课。

妈妈：那不耽误你啦，你先忙去吧。副"懂"事长，你有什么安排？

二宝：我语文课 9 点直播，数学课 10 点半直播。

妈妈：最近进步很大，"转正"指日可待！（微笑着与二宝握手）忙去吧。

妈妈：部长，你有什么安排？

小宝：（挥挥小手）我没有安排。

妈妈：部长怎么能亲自安排呢？我已经给你安排好了，咱们先开一个线上会议。

小宝：开完啦。

妈妈：好的，部长，这有份"文件"需要你审核一下。（递给小宝一份数学加法算式题，已经算出答案）

小宝：妈妈，这些都不对呀！

妈妈：那麻烦部长把错误给指出来。

案例中的这位妈妈为了帮助孩子合理安排时间，引导三个孩子分别制订了上午的"工作安排"，这种做法不仅尊重了每一个孩子的个体发展差异，而且发挥了孩子学习的积极主动性，使孩子有计划、有毅力地完成任务。

3. 养成定时排便的习惯

对于不能控制自己大小便的孩子，帮助他养成按时排便的习惯是很有必要的。首先，家长要多加留心观察孩子的排便习惯，一般来说，多数孩子 2 小时左右小便一次，每天大便一次，家长可以每隔 2 小时让孩子去厕所排便一次，此外早饭后是孩子胃肠蠕动增加的时候，在这个时间训练孩子排便也是比较合适的。家长可以引导孩子坐到马桶上去，模仿他日常排便时发出的声音。同时，家长还要多叮嘱孩子在学校要记得上厕所，"下课之后，不管便意是不是很强烈，都要去厕所蹲一下。""上课时，如果想上厕所，要及时跟老师说。""课间时先去上厕所，然后再玩。"如果孩子不小心尿裤子了，家长不要急躁、责备，这样不但解决不了问题，还会打击孩子的自尊心，不利于孩子的健康发展，因为孩子已经觉得很丢脸了，你的指责只会加剧这种羞耻感。

三　培养幼儿的主动性

良好的主动性对幼儿未来自觉地学习知识，创造性地解决问题和改造世界都会产生长远的影响。通过积极主动的行动，幼儿能够不断地超越自己，实现自己的目标和梦想。学习中，主动性强的幼儿对周围环境及事物能产生积极的反应，有强烈的好奇心和求知欲，在活动中能坚持不懈，能主动获得知识。相反，主动性差的幼儿参与活动的积极性较低，不善于思考问题，在活动中常常被动地顺从或模仿，久而久之，就会养成懒惰、被动的性格，从而失去自信与竞争能力。因此，家长应该在家庭教育中培养孩子的主动性。

（一）培养幼儿的主动性的意义

1. 促进幼儿的自我发展

良好的主动性会促使幼儿主动学习和成长，自觉寻求改变和进步。他们不会满足于现状，更不会被动地接受老师的传授或者重复简单的操作，因此对学习内容的理解会更深入，在实践中学到的知识也更多。

2. 培养幼儿积极的心态

良好的主动性会使幼儿从积极的角度来看待问题和挑战，主动寻找解决问题的办法，不会轻易放弃和抱怨，不会轻易被负面情绪所影响，从而能够更好地处理学习中的各种问题和困难，提高学习效率。

3. 提升幼儿的自信心

良好的主动性能帮助幼儿明确计划和行动，让幼儿有足够的信心和勇气去面对各种挑战和困难，不会轻易放弃，不会被外界干扰和左右。

（二）幼儿主动性培养的主要内容

主动性是幼儿按照自己规定或设置的目标自觉主动地行动，而不依赖外力推动的行为品质。幼儿主动性培养的主要内容包括以下方面。

（1）对周围环境及事物能产生积极的反应，有强烈的学习兴趣。

（2）能自觉主动地通过自主探究或问问题的方式掌握知识，解决问题。

（3）对外界事物好奇，充满兴趣，能积极探索和控制外在环境。

（三）幼儿主动性培养的常见问题及原因分析

1. 常见问题

果果上小学已经三个月了，妈妈规定她放学回家后要先写完作业才能玩，可是果果根本不听，一心就想玩，每次都是等到妈妈下班回家后再三提醒才开始写作业；做作业时边玩边做，本来10分钟就可以完成的任务，但果果总是静不下来，没几分钟就坐不住了，一会儿要削铅笔，一会儿要去喝水，一会儿要去上厕所，一会儿又说想吃零食，总要拖拉很久才写完。而且她每天写完作业后，课本、作业本、铅笔、橡皮被丢得到处都是，妈妈让她自己整理，她马上就跑去看电视，除非妈妈凶她，她才整理一下，但也是直接把所有东西都塞进书包里，搞得书包里面乱七八糟。

2. 原因分析

（1）家长的包办取代自理。

一些家长觉得孩子年纪小，既不放心又不相信孩子，只要孩子有任何差错就忍不住代劳，索性就包办了孩子日常的所有事务，帮他处理好一切问题，从不给孩子动手自理的机会。即便孩子表现出自己动手的愿望，比如自己整理书包，父母也会阻止说："你还小，长大了再自己做。"或者斥责孩子："你这么小，会吗？别嚷嚷了。"这样的行为不仅挫伤和压抑了孩子的独立性、主动性，也会让孩子变得毫无主见，时时处处都要依赖家长。

（2）幼儿缺乏主动的意识。

由于幼儿的日常事务都被家长代劳了，所以孩子自小就养成了依赖和懒惰的心理，没有"自己的事情自己做"的意识，也因为自理能力差，面对众多的课本、作业本、文具，根本无从下手，不知道如何整理和收拾自己的物品。因此，孩子写完作业后，只会坐在一边玩耍，等着家长来收拾。

（四）幼儿主动性培养的家庭教育指导

1. 以榜样引导替代包办

家长可让一些和孩子年龄相仿、比较熟悉的同伴作为孩子学习的榜样，既让孩子容易理解、接受，也能激起孩子赶超的上进心，比如为幼儿拍摄关于小书包的视频或图片，让孩子通过视频或图片了解书包里应该装哪些学习必备品，并学习整理的方法。但是家长不能借机去批评、挖苦孩子，如："看看某某小朋友多好，不像你，真没用！" "他要是我的孩子多好啊，你真让我失望！"正确的做法是循循善诱，从正面激励孩子："儿子，你看萌萌会自己穿衣服了，我觉得如果你也自己动手的话，一定会穿得比萌萌还好、还快！"

2. 培养幼儿主动的意识

日常生活中，家长要学会放手，让孩子自己动手做事，培养孩子的主动意识和提高自理能力。起初，家长要在孩子上学前多叮嘱孩子仔细收拾好上课用的物品，并细心地给孩子指导，引导孩子根据课表准备相应的课本、练习册、文具等，并将它们按照科目分好放进书包，水壶、卫生纸等物品要放在书包两侧，然后让孩子自己动手去做，家长在旁观察并及时提醒、纠正就可以了。经过一段时间之后，家长就可以完全放手让孩子自己对照课表进行整理，只要定期抽查即可。

思政在线

王羲之教子学书法

东晋著名书法家王羲之是琅琊王氏家族的名人。琅琊王氏是当时的望族，非常注重子女教育。王氏先祖曾经留下以"信、德、孝、悌、让"五字为核心内涵的家训。

王羲之的儿子王献之在家风的熏陶下，从小练习书法。王献之苦练了五年后将自己的书法作品递给父亲评定，王羲之笑而不语，随手在一个"大"字下面加了一点，然后让儿子将全部字稿拿给母亲审阅。王羲之的妻子看后，叹了口气说道："吾儿磨尽三缸水，唯有一点似羲之。"王献之听后泄气了。母亲接着说："孩子，只要功夫深，就没有过不去的河、翻不过的山。你只要像这几年一样坚持不懈地练下去，就一定会实现自己的梦想！"王献之听完后深受感动，又锲而不舍地练下去。功夫不负有心人，王献之的字最终也到了力透纸背、炉火纯青的程度，后来也成为举世闻名的书法家，与父亲齐名，被后人称为"二王"。

模块二 实训指导

任务一 亲子阅读——《蚂蚁和西瓜》

一 实训背景

童童妈妈希望童童能养成爱读书的习惯，所以平时只要没事，就会拉着童童一起读书。可偏偏事与愿违，每次叫童童一起看书，她就左躲右闪、避而远之、心不在焉，没一会儿就犯困。有时一本书才刚刚看了个开头，就被丢在一边，为了不看书甚至还故意把书撕烂。此外，邓老师发现童童妈妈带童童一起阅读时，基本没什么互动，就是自顾自地照着书念，既不谈论书中的内容，也不太关注幼儿对故事的反应。于是，她决定在园中开展一期亲子阅读活动。

二 实训目标

（1）让幼儿认识蚂蚁，初步了解蚂蚁的身体结构及生活环境。

（2）通过爬、搬运等动作，锻炼幼儿大肌肉，提高身体协调性。

（3）培养幼儿的观察能力，激发其模仿以及表演的兴趣。

三 实训准备

经验准备：观察童童的阅读行为，分析和归纳童童的学习兴趣特点；与家长沟通，充分了解孩子在家庭中的阅读行为。

物质准备：绘本《蚂蚁和西瓜》、蚂蚁玩偶、蚂蚁头饰、西瓜球，以及伴奏《夜的钢琴曲》《花之舞》《E大调第一号无伴奏小提琴随想曲》等。

四 实训过程

1.看一看，亲子阅读激兴趣

（1）播放音乐《夜的钢琴曲》，营造亲子阅读的良好氛围。

（2）幼儿自主阅读或父母带读绘本《蚂蚁和西瓜》，初步了解故事内容。

2. 听一听，萌宝绘本阅读会

（1）播放音乐《花之舞》，展示绘本《蚂蚁和西瓜》。

（2）简要介绍绘本的作者和主要内容。

（3）集体观看教师示范讲读绘本。

（4）展示蚂蚁玩偶，引导幼儿观察每一只蚂蚁的神态、动作，比较各只蚂蚁不同的地方。

（5）讲述书中对蚁穴的描述，鼓励幼儿想象蚁穴的样子。

（6）引导幼儿仔细观察绘本的插图中的蚁穴每个房间里的特殊物品，鼓励孩子跟读"糖果""饼干""奶酪""蘑菇种植室""宝物""正在施工"等词语，从而丰富幼儿的词汇量。

3. 演一演，亲子阅读舞台剧

（1）播放音乐《E大调第一号无伴奏小提琴随想曲》，介绍表演要求，搭建游乐设施。

（2）亲子自由拿取蚂蚁头饰和西瓜球，练习模仿绘本中不同蚂蚁的表情和动作。

（3）随机选择一组亲子上台表演。

（4）幼儿戴上蚂蚁头饰，分成两组进行比赛，走过平衡木，爬行通过钻筒，上坡、跨越三级阶梯到达终点，在终点拿到西瓜球后绕开搭建物跑回起点。

（5）根据比赛情况，宣布比赛结果，对幼儿的表现进行表扬。

4. 活动总结

蚂蚁是一种可爱的小动物，也是在生活中处于弱势地位的孩子们的象征，蚂蚁和孩子们之间总有着某些相似之处。一群小蚂蚁、一块大西瓜，形态对比强烈，故事简单而有趣，这是老师的精心构思。爸爸妈妈和孩子们都沉浸在这种简单的快乐中，同时也被蚂蚁们的勤劳、乐天、聪明和团结合作的精神所感染。

五　实训注意事项

（1）开展活动前可下发调查问卷，充分了解班级中各个家庭的亲子阅读习惯。

（2）注意在演一演的环节中，要做好活动的保护措施，制定好比赛规则，避免场面混乱。

六　实训延伸

（1）爸爸妈妈们可以自由借阅与蚂蚁相关的绘本，如《喂，小蚂蚁》《两只坏蚂蚁》《蚂蚁出发》等，回家之后讲给孩子听。

（2）爸爸妈妈陪孩子玩玩亲子游戏"我是勤劳搬运工"，练习运物，发展孩子手臂的力量，培养孩子坚持不懈的品质。

（3）爸爸妈妈利用"小蚂蚁"DIY材料包，回家陪孩子一起制作蚂蚁。

任务二　科学实验——神奇的放大镜

一　实训背景

　　5 岁的萱萱把家里的烟灰缸、火柴、热水瓶盖、铅笔盒、针、橡皮，以及爸爸的拖鞋、妈妈的眼镜盒和她自己的玩具娃娃、汽车都放进了装满水的脸盆。萱萱妈妈发现后火冒三丈，把萱萱训斥了一顿，萱萱觉得很委屈，大哭了起来。萱萱妈妈不知如何是好，给邓老师打去了求助电话，在诉说了萱萱的所作所为后，才了解到萱萱是因为在幼儿园做过沉与浮的小实验，所以想弄清楚家里有什么东西能浮上水面，什么东西能沉到水底。也许像萱萱这样爱探究的幼儿还有很多，邓老师决定开展一次亲子科学实验活动。

二　实训目标

　　（1）使幼儿愿意探索，体验到使用放大镜的快乐。
　　（2）使幼儿知道使用放大镜观察各类物体。
　　（3）引导幼儿用语言描述观察到的现象。

三　实训准备

　　经验准备：观察萱萱的科学探究行为，分析和归纳萱萱的科学探究能力现状；与家长沟通，充分了解孩子在家庭中的科学探究行为。
　　物质准备：放大镜、平面镜、各种实物、标本、黑纸、白纸、剪刀。

四　实训过程

　　（1）让幼儿用放大镜观察各种实物或标本。
　　（2）引导幼儿观察比较同一种物体在平面镜与放大镜下的不同。
　　（3）指导幼儿取一张纸，然后将放大镜放在太阳光底下且让放大镜的焦点对准纸张，观察纸张燃烧。

放大镜小知识

　　（4）引导幼儿玩小鸡翻身游戏，介绍游戏规则：取一张黑纸，剪成放大镜镜面大小，在纸中间剪一只镂空的小鸡，再把纸粘贴在放大镜上。然后把放大镜对准阳光，并在放大镜的对面放一张白纸。当放大镜离白纸较近时，会在纸上看到站立的小鸡；当放大镜离白纸较远时，会在纸上看到小鸡翻身了。

五 实训注意事项

（1）引导幼儿不断变化物体与放大镜之间的距离，观察镜中成像的变化。

（2）在做用放大镜点火的实验时，教师提示幼儿注意安全。

六 实训延伸

家园共育：教师可以引导家长利用家中资源，与幼儿开展科学探究活动。

任务三 专注力训练——好动的多多

一 实训背景

这天，多多妈妈来到幼儿园向邓老师求助。多多妈妈告诉邓老师，多多在家学习时注意力总是不集中，东瞧瞧、西摸摸，一会儿玩这，一会儿玩那，永远坐不住，做什么事都难以专注。在搭积木时也是这样，看见哥哥搭飞机，他马上也去搭飞机，看见哥哥搭火车，飞机没搭完他就又去搭火车。邓老师给多多妈妈分析了其中原因，多多妈妈才知道原来孩子的专注力可以在游戏中得到训练。

二 实训目标

（1）让幼儿学会专心倾听并懂得遵循指示，具有良好的注意力。

（2）提高幼儿思维和口语表达能力，能和同伴和睦相处。

三 实训准备

经验准备：观察多多的学习及游戏表现，分析和归纳多多的专注力现状；与家长沟通，充分了解孩子在家庭中的学习及游戏表现。

物质准备：录音带、森林地图、各种植物和动物小卡片、若干小奖品。

四 实训过程

1. 倾听故事《我知道》

（1）简单介绍故事的主要内容。

故事讲述的是小白兔明明什么都不懂，却总喜欢说"我知道"，出去玩的时候还误把老山羊、小松鼠、刺猬当成了狼。后来，当它真的遇上狼的时候却又认不出，还被狼骗到了森林中，差点被吃掉，幸亏小松鼠和刺猬赶来相助，小白兔才得救。

（2）教师提问：小白兔为什么差点被大灰狼吃掉？

（3）幼儿自由交流，教师引导幼儿在听别人讲话时，不仅要注意听，还要听清、听明白。

2. 倾听录音带《这是什么声音》

（1）播放录有各种声音的录音带，并适当地调低音量，让幼儿猜猜是什么声音。

（2）幼儿自由交流。

小结：为什么有些小朋友听出的声音多，有些小朋友听出的声音少呢？因为听出的声音多的小朋友注意听了、认真听了。

3. 专注力训练游戏"我会做"

（1）教师发布指令，幼儿听指令做动作，要求幼儿专心听、听清楚、听明白。

（2）幼儿熟悉游戏之后适当加大难度，并适时对幼儿进行表扬和小结。

小结：能做对老师所说的动作的小朋友不仅注意听清了老师所讲的话，还听明白了。

4. 讲述生活经验

（1）教师提问：在日常生活中，小朋友会在什么时候注意倾听呢？

（2）幼儿自由交流。

小结：唯有专心倾听，我们才能听懂别人讲的话，从别人那里知道更多的东西，而且用心倾听别人讲话也是一种礼貌。

幼儿专注力
训练游戏

5. 综合操作练习"大家一起来布置"

规则：每人一张大森林地图和一套小动物卡片。当小朋友听到低声发出的指令时，要跑回自己的位置把小动物卡片放入大森林地图中相应的位置。奖励按要求完成得最快又准确的幼儿。

五 实训注意事项

教师应创设轻松的游戏氛围，对于完成有困难的幼儿适时给予鼓励和指导。

六　实训延伸

家长可以在家中自行带幼儿开展其他专注力训练游戏。

思考与练习

一、简答题

1.幼儿学习兴趣养成的家庭教育指导策略有哪些？

2.幼儿阅读与书写能力培养的家庭教育指导方法有哪些？

3.幼儿探究能力培养的家庭教育指导方法有哪些？

二、案例分析题

案例一　据记载，曾有一位母亲去教育家陶行知先生家做客，谈起白天发生的一件事，她激动地说："我今天非常生气，因为小儿子把我新买来的金表当玩具全给拆坏了，我重重地打了他一顿。"这时陶先生笑着说："恐怕一位中国的爱迪生被你'枪毙'掉了！"这位母亲百思不得其解。陶先生又说："孩子的这种行为原本是有出息的，遗憾的是多少父母对孩子的教育是不许动手，否则就要打手，往往因此而摧残了儿童的创造力。"这位母亲才恍然大悟，并向陶先生求教补救的方法。陶先生说："你可以和孩子一起把金表送到钟表铺，请求修表师傅让你的孩子站在他一旁看如何修理。这样钟表铺就成了课堂，修表匠成了先生，修表费成了学费，令郎成了速成学生。你的孩子的好奇心就可以得到满足，或许他还能学会修理呢！"

案例二　世界著名的"发明大王"爱迪生，为人类做出了大量的发明创造，仅他在专利局登记过的发明就有1128种，将未公开发表的放弃的专利加起来，有2000种左右。他活了84岁，也就是说平均每十五天就有一项新发明。奇怪的是这位著名的发明家一生中只在学校读过三个月书，没有受过正式的学校教育。他的成才完全是他母亲精心教育和培养的，如爱迪生5岁那年，有一天看到母鸡孵蛋，他连蹦带跳地跑去问妈妈："那只鸡把蛋放在屁股底下干嘛呀？"妈妈耐心地回答："这是鸡妈妈孵小鸡，它怕蛋'着凉'，给它们暖和暖和。"当天下午，爱迪生突然不见了，吃晚饭的时候，爸爸终于在鸡窝里把他找了出来，原来他正仿照母鸡孵小鸡呢！他屁股上粘满了鸡蛋清和鸡蛋黄，可是妈妈并没有责怪他，而是认真地给他讲小孩子为什么不能孵鸡的道理。就是这样，尽管老师曾说爱迪生是"傻瓜"，在考试中全班倒数第一，但他母亲最终还是把他培养成了典型的创造性人才。

问题：

（1）案例中的家长的家庭教育行为是否合适？为什么？

（2）案例中的家长在家庭教育中有哪些行为值得我们学习？请尝试模拟演示。

单 元 六

幼儿家庭教育个别化指导

素质目标

→ 感受中华民族家庭教育的优良传统。

→ 积极动脑思考，能运用创造性思维解决实际问题。

知识目标

→ 知道幼儿家庭教育个别化指导的形式和作用，明确其内容和特点。

→ 理解幼儿家庭教育个别化指导的意义与方法，掌握其策略。

能力目标

→ 能灵活选择合适的沟通方法进行个别化家庭教育指导。

→ 能制订较为科学合理的个别化指导方案并实施。

→ 能尝试根据不同家长的特点，选用合适的个别化指导进行沟通。

情境导入

想沟通的蓉蓉妈妈

蓉蓉刚上幼儿园，蓉蓉妈妈很想了解她的在园情况，但每次都是蓉蓉妈妈主动问起，幼儿园老师才简短地回一句，内容也大多是一些空泛的教育经，至于蓉蓉在这个班集体中的各方面表现、日常教学中的一些细节、家长应该怎么配合进行家园共育，老师却很少提及。蓉蓉妈妈觉得与幼儿园老师之间的沟通不太顺畅，沟通效果不佳。

幼儿教师与家长建立良好的伙伴关系是一个过程。为提高交谈的有效性，幼儿教师在工作中应做有心人，对幼儿各方面表现要做到"心中有数"，要细心观察记录幼儿一天的表现，如吃饭、睡觉、喝水、游戏等，及时与家长交流。幼儿教师要加强学习，提升自身的素质及教育教学水平，尽快学会与不同类型的家长进行沟通。本单元我们将从接送交流、家访、网络沟通、个别约谈等方面对幼儿家庭教育个别化指导的形式与方法进行介绍。

模块一　理论奠基

任务一　接送交流指导

接送交流主要是指幼儿教师在幼儿来园、离园的时间，以访问、谈话为主要方式进行的个别交流形式。接送交流的主要目的是让家长了解幼儿在幼儿园的表现，让幼儿教师了解幼儿在家里的行为表现以及所处的家庭环境，以便在沟通交流后家园双方共同促进幼儿发展。

一　接送交流的意义

（一）接送交流是幼儿教师对幼儿现状进行交流的机会

在幼儿教师和家长间的各种交流方式中，接送交流是使用频率最高、最直接、最普遍的交流方式。

在接送交流的理想状态下，幼儿教师和家长作为幼儿不同生活环境中的教育主体，皆能以积极主动的态度进行交流并发挥出自身优势：幼儿教师向家长反映幼儿在园情况，获得对幼儿更全面的了解，同时针对家长和幼儿的问题发挥专业人员的指导作用；家长向幼儿教师反映幼儿在家情况，了解幼儿发展进程，积极配合幼儿教师工作。幼儿教师和家长在对育儿问题的平等探讨中形成正向合力促进幼儿发展，同时获得自身发展。

（二）接送交流是幼儿教师与家长、幼儿增进感情的机会

接送过程也是一种人际交往过程，不但有幼儿教师与家长之间的交往，还有家长与幼儿之间、家长与家长之间、幼儿与幼儿之间以及幼儿与幼儿教师之间的交往，这些交往行为都会直接或者间接地影响幼儿的成长。可见，接送过程虽然时间短暂，却是一个信息丰富、人际关系多元的生活场景，因此合理地把握接送交流环节有利于达成家园共育的良好局面。

二 接送交流的类型

在家园共育实践过程中，接送交流的时间和对象有所不同侧重而形成不同的交流类型。研究接送交流的类型有助于幼儿教师更加明确地把握不同接送交流类型的特点以及各自利弊，以改变自己的交流策略。

（一）入园沟通交流和离园沟通交流

幼儿教师在不同时间的工作内容不同，接送交流的特点也有所不同。早晨家长们送幼儿的时间比较集中，幼儿教师会比较忙，且由于家长上班也赶时间，因此交流时间非常有限，没有特殊情况，家长、幼儿和幼儿教师都是匆匆忙忙，这时不适宜长时间沟通。此时，幼儿教师与家长之间一般都是交代幼儿穿衣注意事项，提醒生活照顾或者一些临时通知。

到离园时间，家长接幼儿的时间相对比较分散，家长也下班了，因此这时交流时间相对宽裕，幼儿教师与家长之间除了交流常规事务以外，会围绕家园共育进行相对深入的沟通。交流的话题和内容虽然未必写成计划，但是绝大多数幼儿教师或家长都会心中有数、略有准备，等待交流时机出现。

（二）父母接送交流与代养人接送交流

由于接送幼儿的家长主要是父母和除了父母以外的代养人，那么依据交流对象的不同，可以把接送交流分为教师与父母、与代养人之间的接送交流。由于不同的家长在年龄、文化背景以及家庭角色等方面存在不同，他们在关注幼儿成长、家庭教育意识以及与人沟通能力等方面也会存在不同程度的差异。调查发现，在接送交流中，父母较多关注幼儿的交往、学习与性格发展，祖辈较多关注幼儿的情绪、健康与饮食状况，保姆则主要负责在幼儿教师与家长之间传达信息。事实上，接送交流对幼儿发展的价值是多方位的，发现不同家长的关注倾向之后，幼儿教师要主动引导家长全面关注幼儿，这样更有利于促进幼儿的全面发展。

三 接送交流的内容

在接送交流过程中，主要进行的交流内容包括情感交流、事务沟通、问题处理、情况反馈和教育指导。

（一）情感交流

幼儿入园的情绪是家长与幼儿教师在接送过程中首先关心的问题。入园适应主要发生在新入园的托班幼儿和小班幼儿身上。在完全适应入园之前，幼儿的不良入园情绪会反复出现，尤其是病后初愈和节假日之后的入园第一天。家长如果不能坚持每天送幼儿入园，会导致幼儿入园适应的过程更加漫长。有的幼儿是因为家长表现出来的过分担忧和犹豫不决而影响了入园的安全感与自信心，其实家长一旦离开班级，幼儿很快就会破涕为笑，融入班级活动。因此，幼儿教师不但要做好幼儿的入园情绪安抚工作，还要做好个别家长的入园情绪稳定工作。入园适应期之后，幼儿教师和家长都会对幼儿产生更高的期待，期待幼儿身体健康、养成好习惯、培养出好性格，接送交流的内容因此变得更加丰富。每经历一次舒心愉快的交流，家长与幼儿教师之间的信任都会得到进一步加强，幼儿也会在积极的家园关系中得到更好的发展。

（二）事务沟通

幼儿园举办的各种园内和园外的活动都需要家长配合和参与，家长委员会还会承担相应的管理职能，因此幼儿教师会经常与家长沟通相关事务，或者出示临时通知。如果只需要少数家长参与，接送交流时段就可以解决问题，个别家长则可能需要幼儿教师特别叮嘱和个别沟通。

（三）问题处理

幼儿在园过程中会发生大大小小的事件，比如受伤了、尿床了、同伴间发生冲突了等，这些对幼儿教师来说司空见惯、习以为常，可是在家长看来都是十分重要的事情。有的家长面对问题缺乏经验、不够冷静，也缺乏正确的态度，需要幼儿教师及时且科学地进行引导。

（四）情况反馈

家长都希望自己的幼儿在幼儿园里有所进步、有所成长，幼儿也希望得到老师和家长的肯定与认可，所以幼儿教师不但要敏于发现问题，还要敏于察觉幼儿的点滴进步，并在接送交流中面对面地、真诚地表达自己对幼儿的欣赏，这会带给幼儿及其家长莫大的鼓舞。向家长反映问题的时候，幼儿教师采用"欲抑先扬"的沟通技巧也会让家长更容易接受一些。大多家长担心幼儿教师只看到幼儿的缺点，没看到幼儿的优点，如果幼儿教师先充分肯定幼儿的优点，再指出幼儿需要改进的方面，那么家长就更有可能放下顾虑，配合幼儿教师共同教育幼儿。

（五）教育指导

教育指导未必都需要幼儿教师和家长深入沟通、改变家长观念才能实现，幼儿教师利用接送交流时间的三言两语也可以点拨到位，有效解决很多问题。

　　入园时，晨晨妈妈向幼儿园老师反映，晨晨前一天晚上因为不吃毛豆而闹情绪。了解了情况之后，老师说："主要是你们剥好了喂她吃，而她觉得剥豆子很有趣，所以才不配合好好吃东西。"晨晨妈妈表达了自己的担心："如果不剥好，晨晨更不会吃了，再说她也剥不好。"老师建议下次做一个这样的尝试：家长先把毛豆剥开一个小口，其余部分让幼儿剥，这样幼儿就会很有成就感，同时也能让手部的小肌肉得到锻炼，边剥边吃还会让她感到很快乐。晚上回家之后，晨晨妈妈按照老师的方法做，意外地发现晨晨边剥边吃很开心。

　　相比大部分家长，幼儿教师更了解学前儿童的心理发展特点，故能针对幼儿的行为提出合理的改善建议。接送幼儿的过程中，家长反馈问题，幼儿教师针对性地点拨，能有效解决问题。此外，还有一些家庭教育问题，比如有的家长教育观念正确，但是教育能力还需提升，幼儿教师就可以利用接送交流的时间进行家庭教育指导。

四　接送交流的策略

　　接送交流时间较短，交流须做到简短高效，因此，接送交流要讲究方法与策略。

（一）接送交流前

1.教师心中有计划

　　幼儿教师可以根据交流的时间和交流对象的数量，制订每周或每月接送交流计划。在有限的接送交流时间内，幼儿教师应确定交流的内容哪些是针对所有家长的，哪些内容是针对个别家长的；同时，根据本班家长的构成和特点，确定怎样沟通更有效，以确保自己的工作合理、有序、公平。如在认字、写字、计算方面对幼儿要求过高的家长，老师要向他们解释幼儿的年龄特点，告诉他们过多、过急的要求会导致幼儿产生畏难情绪，丧失自信心。如果几个家长都有同样的想法，幼儿教师可同时向几个家长一起说。当家长有不同的看法时，幼儿教师应事先有计划，列出具体谈话内容，然后再分时间、分批向他们宣讲科学的育儿方法。

2.场所选择有讲究

　　场所的选择较为灵活，如在走廊、活动室等较开阔地与家长交流一些公共话题；在较僻静的地方，如走廊一角，可以与家长个别交流幼儿较为私密的问题；在大部分幼儿离园后，留请家长交流幼儿存在的较严重复杂的问题。

3. 预约家长有安排

有时幼儿教师需要与家长沟通，但是家长未必准时接送幼儿或者来接送幼儿的家长不是幼儿教师的谈话对象，这种情况很常见。为了提高工作效率，幼儿教师可以提前与家长联系，安排一个双方都方便谈话的时间段；也可以征求家长意见，家中可否安排两位家长来接幼儿，一位家长负责陪伴幼儿，另一位家长与幼儿教师交流。幼儿教师尤其要关注很少主动交流的家长，应该主动寻找话题、预约家长，调动家长交流的积极性。

（二）接送交流中

1. 专注进行交流

接送过程人员繁多，难免忙乱，要做到乱中有序，幼儿教师的合理分工与密切配合非常重要。接送时间，三位幼儿教师应同时在岗，但站位不同，不能将所有的事情交给一位幼儿教师。三位幼儿教师的合理分工应该是一位幼儿教师在门口接送，一位幼儿教师在活动室陪伴幼儿，一位幼儿教师在两位幼儿教师之间配合，随时满足人手紧张的需求。三位幼儿教师都应该集中注意力，确保每个幼儿都安全送到家长手里，以防幼儿在不经意间悄悄跑出班级。

值得注意的是，绝大多数幼儿园都有当班幼儿教师以及交接班工作制度，即每天上午和下午分别有一位幼儿教师是当班幼儿教师，另一位幼儿教师是配班幼儿教师，还有一位是保育老师。这样就有可能存在迎接幼儿入园的时候是一位老师，放学送幼儿离园的时候是另一位老师，所以在迎接幼儿入园时，幼儿教师与家长的一些沟通与交流，需要在交接班的时候传达给另一位幼儿教师，以免出现送时交流与接时交流不畅甚至产生疏漏，尤其是入园时家长交代的用药、饮食、穿衣、运动等生活与健康问题，两位幼儿教师在交接班时务必做到沟通细致和到位。

案　例

小莉刚入园不久，还没适应幼儿园的生活。所以，小莉的妈妈想在接送的时候和老师交流一下。可是，早上送幼儿的时候老师怕影响幼儿的情绪，总是委婉地拒绝她："小莉，跟妈妈说再见。"希望家长快走。下午接得早，老师又怕影响别的幼儿的情绪，又说不了几句。偶尔接得晚，老师又要下班了，小莉的妈妈也不好意思说了。

幼儿教师和家长之间未能进行充分的交谈，针对这种情况，幼儿园应制定相关接送交流管理制度，计划好一个月内第一周与哪些家长沟通，第二周与哪些家长沟通等，尽量做到一个月内与每位家长都能沟通一至两次。也可在接送高峰到来之前，一位老师负责组织幼儿活动，另一位老师负责接待家长，这样就可以充分利用接送时间。

2.非语言交流

接送交流固然以语言交流为主，但是非语言交流也非常重要。幼儿教师未必要与每个幼儿和家长都说很多话，但是幼儿教师的目光、点头、微笑和手势要顾及所有幼儿及其家长。幼儿教师接幼儿进班的时候，每个幼儿都应该得到幼儿教师的点名、问候、拉手、抚摩或者拥抱，幼儿教师还要记住是哪个家长送幼儿进班的。放学送幼儿离园的时候，所有幼儿及其家长都应该得到幼儿教师的欢送和挥手致意。幼儿教师要有意识地培养家长用非语言交流的方式传情达意，这是营造其乐融融班级氛围的重要表现。

3.交流信息积极明确

接送时间幼儿教师会同时面对很多幼儿和家长，幼儿教师接送交流的时间短但要效率高，因此交流信息应包含积极肯定的态度，且简短明确，不要让幼儿及其家长觉得幼儿教师言犹未尽。有的幼儿对老师的话很敏感，会因为幼儿教师的一句消极的评价而变得情绪低落，家长也会因老师当着这么多人的面批评自己的孩子而觉得很尴尬。可见，接送交流的信息不能模糊，在不能充分阐述和解释的情况下，幼儿教师不宜给予否定和消极评价，应确保幼儿每天高兴兴地来幼儿园，快快乐乐地回家。

4.礼貌地结束交流

在接送过程中，幼儿教师既要照顾幼儿，又要与家长交流，因此，幼儿教师自己要清楚地意识到即使有重点交流对象，也不要与一个家长沟通时间过长。如果个别家长态度比较热情和急切，需要占用较长的沟通时间，幼儿教师可以依据情形礼貌且委婉地示意家长等自己送完其他幼儿之后再交流或者另外再约时间交流。暂时结束谈话不是要打击家长沟通的积极性，而是为以后深入约谈做铺垫，不过幼儿教师的言谈举止要让家长感受到真诚与礼貌。

 延伸阅读

用心陪伴，深化师幼互动

教师应给新入园幼儿留下好印象。当家长与幼儿进行活动时，教师可以靠近家长坐下来，一边陪幼儿玩，一边向家长了解幼儿的兴趣和生活习惯等，利用合适的时机与幼儿交谈，逐步帮助幼儿消除对教师的陌生感。教师的热情问候和亲切交谈可以为新入园的幼儿营造出轻松、自然的氛围，缓解幼儿初次见面的紧张情绪，给幼儿留下好印象。

帮助亲子双方学会说"再见"。让家长在离开前3—5分钟对幼儿说："爸爸妈妈再过几分钟就要去上班了，下班后就会来接你回家。"帮助幼儿理解家长离开的原因，认识到与家长的分别只是暂时的。当从家长手中接过幼儿时，教师也要鼓励幼儿与家长说"再见"。亲子

双方学习说"再见"的过程也是幼儿增进对父母和教师的信任、建立安全感的过程，在此过程中，教师应帮助幼儿转移依恋对象，逐步适应新环境。

当好幼儿的"依靠者"。新入园的幼儿都存在不同程度的分离焦虑，他们往往会根据自己的第一印象选择一位教师成为自己的"依靠者"。因此，"依靠者"需要无条件地伸出双手，及时回应幼儿的需求，坚持平等互敬的互动原则，与幼儿建立良好的互动关系，并尽量增加与幼儿单独互动的机会。

（三）接送交流后

1. 消除安全隐患

安全是接送工作最重要的问题，对于幼儿教师而言，安全隐患最容易潜藏在放学时分。幼儿教师要确认经常接送幼儿的家长是父母、祖辈还是保姆，要求不要随意更换接送幼儿的家长，必要的时候应该让家长签字确认。幼儿教师要确保亲自把幼儿送到家长手中，不要把幼儿放在其他班级或者交给其他家长。有的家长因特殊原因晚接幼儿，幼儿教师需要安抚幼儿一起耐心地等待家长。如果家长委托他人代接，幼儿教师要亲自与家长通话确认，才能让幼儿离开。最后，幼儿教师离开班级的时候，要仔细查看班级的各个角落，确保所有幼儿都已经离班，才能断电、关门、落锁。

2. 多种方式展示幼儿的在园状况

在接送交流过程中，幼儿教师会发现托班、小班大多数家长很关心幼儿的生活状况，问的问题也差不多，幼儿教师一遍一遍重复回答的工作量还是很大的。为此幼儿教师可以设计一段"幼儿一日生活情况小报告"，然后通过微信或家园沟通平台发给负责接送的家长，让家长对幼儿的在园生活情况一目了然。

接送交流
注意事项

📁 思政在线

言传身教，重在躬行

"重在躬行，寓教于乐"是家庭教育的重要方法。父母在日常生活中的言谈举止潜移默化地影响并塑造子女的人格。父母为人正直则子孙多慈孝。没有原则的爱是教育不出人才的，严慈相济是家庭教育中最难把握的一点，其弊者常在于溺爱有余而威严不足。在中国古代教育家、《颜氏家训》的作者颜之推看来，人们之所以不能教育好子女，在于当其犯错误时，出于疼爱之心，不能及时训诫。颜之推自述幼年丧父，由其兄长辛苦抚养长大，但兄长疼爱有余而管教不足，因此他沾染了一些不好的习惯，等到自己年长，习惯成自然，便很难改正。教育子女仅有严或光有爱都是不够的，一定要严慈相济，寓爱于教。今天，我们的家庭教育也应该根据少年儿童的特点，遵循他们成长的规律，循循善诱、春风化雨，让幼儿们在家庭成长中既有健康的身心，又有良好的品格，不断朝着悟道理、明事理的方向成长前进。

任务二　家访指导

家访是指保教人员到幼儿家庭进行调查访问，分为幼儿入园前的家访和幼儿入园后的家访两种。幼儿入园后的家访又可分为常规性家访和重点家访两种。常规性家访是对全班幼儿家庭进行的定期的一般性家访。重点家访是对行为异常幼儿、家庭教育不当的家庭进行的专题家访。

微课：家访指导

一　家访的意义

家访是打开幼儿心灵的钥匙，更是家园共育重要的桥梁。为了进一步促进幼儿健康成长，促进家园之间有效沟通交流，教师们利用下班时间，走进幼儿的家庭，感受幼儿的生活，拉近了教师和家长、幼儿之间的心灵距离。

二　家访的类型

家访的形式有初访、细访、重访、特访、线上家访等。

（一）初访

初访即对学生家庭的初次访问。这种形式多用于新接手的班级，教师为了普遍了解班级所有学生的家庭情况，需进行家访。所以，初访也叫普遍访问，旨在了解基本情况，并无具体的教育目的。

<h3 style="text-align:center">新生家访记录</h3>

姓名：李晨晨　班级：小一班　家访时间：2023 年 3 月 10 日

幼儿园：阳光幼儿园　家访教师：主班老师刘老师

幼儿基本情况：李晨晨是一个特别乖巧懂事的小女孩，活泼开朗，观察力特别强，尤其是跳舞特别棒。

家访体会：以前都是妈妈在家带李晨晨，爸爸妈妈很疼爱她，甚至有点溺爱。最近她妈妈不在家，由爷爷奶奶照顾，他们只照顾孩子吃饱穿暖，孩子在自尊心上有点受打击，有点自卑，所以没有以前那么开朗了。不过她妈妈经常打电话询问晨晨在园的表现，也跟我交流她的家庭教育方法，征求我的看法，询问她的教育方法是否正确，正确了她继续坚持，不正确她会尽快改。我觉得有这样的家长确实很难得，他们注重幼儿的身心发展，对幼儿的性格成长很有益。

（二）细访

细访不同于初访，是有选择的家访形式。细访的内容比较具体，必须从实际出发确定细访对象、内容和目的。

 **案 例**

老生家访

姓名：李瑞杰 班级：大二班 家访时间：2023 年 4 月 13 日

幼儿园：阳光幼儿园 家访教师：主班老师向老师

幼儿基本情况：李瑞杰是我班一名幼儿，他聪明、好动、性格外向，学东西也很快，总的来说各个方面都不错，也挺讨人喜欢的。但最近一段时间，他在教学活动中注意力不集中，总是和旁边的小朋友讲话。为此，我和李瑞杰的妈妈进行了一次谈话。瑞杰妈妈说，自己以前全职带娃，现在上班了，所以对瑞杰的照顾没以前那么精细，加上他爸爸经常出差，也没有什么时间管孩子。我给瑞杰妈妈讲了幼小衔接时期幼儿养成良好学习习惯的重要性，分析了现阶段教育的重要性，她表示会多关注，多上心。

家访体会：通过此次家访活动，教师了解到幼儿父母情况，同时让家长了解到了幼儿在园的真实情况，并在一定的程度上提醒了家长在家庭内部也要有意识地培养幼儿良好的学习习惯。

（三）重访

重访是指对重点对象的家访。一般来说，班主任常常把有特殊需要的幼儿或家庭作为重点家访的对象。重访往往需要对重点对象进行反复多次的走访，是带班教师与家长比较特殊的合作形式。

（四）特访

特访是指学校组织大型活动或班级里发生意外事故时，针对可能产生的家长的顾虑或影响进行的家庭访问，具有一定的偶然性因素。

（五）线上家访

通信技术手段不断发展，教师可以利用手机或网络平台进行家访。为了能更好地和幼儿家长互动，很多幼儿园会通过微信、QQ 等平台进行视频家访。视频时，家长应尽量选择光线好、整洁的室内，并保持网络通畅。

三　家访的内容

家访的主要内容包括了解幼儿的家庭情况，如健康状况、基本生活能力与习惯、亲子依恋关系等，还包括在园情况反馈、对家长的教育指导等。

（一）了解幼儿家庭情况

健康状况包括患病情况、身高体重、出生日期、疾病史等。

基本生活能力与习惯包括喝水、进食、睡眠、穿脱衣服、大小便、作息等方面。

亲子依恋关系的建立离不开父母的陪伴。工作不太繁忙的父母有更多时间陪伴幼儿，幼儿会表现出更多的亲社会行为；反之，幼儿可能会在一定程度上表现出社会性发展问题。

由父母养育的幼儿，一般来说社会适应力会更好，更容易快速适应幼儿园；由祖父母带大的幼儿，往往会更任性、娇惯一些；而由保姆带大的幼儿，与父母的依恋关系不佳。

通过聊天，老师还可以判断出谁在这个家庭当家做主。在未来的家园共育过程中，老师可以直接与其沟通以保证有效的家园联系。

（二）在园情况反馈

在园情况反馈主要为教师根据日常的观察记录，反馈幼儿在园的表现，确定有无需要家长配合的事宜。

（三）教育指导

幼儿教师应在了解幼儿家庭的教养态度和教育内容后，有针对性地提出较为合理有效的教育建议。

四　家访的策略

（一）家访前

家访前，班级教师一起探讨家访事宜，互相梳理家访中需要了解的具体内容、礼貌礼节等注意事项。

1. 制订家访计划

根据学生的居住地，分区域、分批次进行家访，尽量精减路程时间。在确定具体时间后，与家长电话预约访问。

目标明确是成功家访的首要条件。因此，主班老师在家访前，应制订一个明确的家访计划，把需要反映的问题、需要解决的情况、家长需要配合的事宜都一一记录下来，交谈时做到心中有数、有的放矢。

2. 确定家访时间

主班老师在家访时间的把握上，不能只考虑自己的方便和感受，也要多考虑家长的方便和感受。如果主班老师不注意这个问题，家访就很难达到理想的效果。建议在家长的下班休息时间（晚上或周末）19：00—21：00之间进行，周末以不打扰幼儿家长休息为宜。

3. 考虑教师和家长的情绪

当幼儿犯了严重错误的时候，当主班老师苦口婆心的教育总是不见效果的时候，当通过电话联系后学生家长的配合依然见效甚微甚至没有任何改变的时候，家访就成了必然的选择。但此时，主班老师也应该面带微笑，亲切而平和地与家长交流，切不可讽刺挖苦幼儿，或影射家长教育不力，否则不但难以取得实效，甚至有可能火上浇油，激化矛盾。面对情绪比较激动的家长，教师应该先安慰劝说家长，等家长情绪稳定后再继续交流。如果一时平复不了家长的冲动情绪，可选择暂时中断家访。

4. 准备家访物品

在进行家访前，教师应注意携带需要交给幼儿家长的通知、签字笔和幼儿园家访登记表（表6-1）等重要物品，还可以带一些幼儿较为喜爱的小礼物，帮助家访的顺利进行。

表6-1　幼儿园家访登记表

家访教师		家访时间	
家访学生		家访形式	
幼儿家庭情况记录			
幼儿身体状况			
幼儿性格特点			
幼儿语言表达			

续表

幼儿运动能力	
亲子关系情况	
家长的疑惑和要求	
教师指导	
其他谈话内容	
教师反思	

（二）家访中

1. 仪容仪表

教师应注重仪容仪表，家访时的服饰、发型、妆容等应整洁、大方，切忌浓妆艳抹。教师的言谈举止应文明礼貌，从进门开始教师就要面带微笑，并主动问候和自我介绍："××好！我是 × 班的 × 老师。"进门之前应询问是否要换鞋，教师可以提前准备好鞋套。

2. 语言交流

家访活动中，教师应详细地向家长反映幼儿在园的表现，肯定幼儿的优点，甚至是家长还没有注意到的闪光点。同时诚恳地指出幼儿的缺点，耐心地传授家庭教育的方法，让家长知道幼儿的健康成长不仅是幼儿园的责任，也是家庭的责任。提醒家长不仅要关心幼儿的学习习惯，也要关心幼儿的情感及生活习惯。

家访语言交流
要点

3. 与幼儿进行互动

家访并不是简单地与家长交流就可以，教师应观察幼儿在家的情况并与幼儿进行互动。有些幼儿活泼开朗，一见到老师便想做一个小表演，展示才艺，这时教师一定要先停下与家长的交谈，专心看表演，表演结束后给幼儿掌声，或者竖起大拇指，表扬幼儿。有些幼儿比较内向，不爱说话，一见到老师便躲到妈妈背后，甚至想跑到自己房间去，教师这时不要强留幼儿，亲切的话语以及和蔼的笑容最能打动幼儿的心。

家访过程中，教师不要忽略幼儿，多一些互动能让幼儿更快地消除陌生感。教师临走时要与幼儿告别，让幼儿体会到教师的关心。

（三）家访后

1. 整理、分析家访中的信息

家访结束后，教师除了要整理在家访中获得的已有信息，还要根据家长的谈吐和素养，对幼儿家庭教育情况进行总结。

（1）家长的基本情况及性格特征。

结合登记信息和家访过程，能分析家长的性格特征，从而得出未来的家长工作中对该家长应该采取的态度。如对于愿意交流教育理念的家长，教师要积极地做家庭教育的指导者；而对于那些较被动的家长，应进行针对性引导。

（2）家长对学前教育的态度。

有的家长对学前教育有一定的了解，知道基本的儿童发展理论，也认可幼儿园老师是专业的教育者，对于这样的家长就比较容易展开家长工作，教师以后可以与其多交流，也可能会收获家长的支持和帮助。有的家长则会将幼儿园老师视为幼儿的养育者，更加注重幼儿园的保育功能，针对这样的家长，幼儿教师需做到心中有数，应适时沟通分享学前教育理念。

（3）家长对幼儿的期望值。

每一位家长对于幼儿的期望值都是不一样的，有的要求很高，有的则很低，甚至不对幼儿提任何要求。

针对期望过高型家长，教师要从客观、全面和发展的角度反馈幼儿的在园情况，以免伤及家长的自尊心；在措辞方面，教师要注意委婉，让家长易于接受。针对期望值低的家长，像溺爱骄纵型、放任武断型的家长，教师可以提出严格的教育要求，阐述如此发展下去的不良后果，以引起家长的注意。

2. 提交家访报告

一个高质量、有效的家访活动，结束之后的回顾环节同样是至关重要的。教师需要回顾并整理此次家访中观察记录到的幼儿及家庭相关信息，与团队老师信息共享。认真阅读家长反馈表，就反馈表以及家访过程中出现的一些疑惑或共同问题，进行归纳总结，并与团队进行研讨，为之后的家访工作以及班级教学活动提供方向。

家访注意事项

思政在线

开学了，但张桂梅一整个假期都没有歇过。她的手上贴满了膏药，受风湿困扰，每走一步路都像被针扎一样疼，但她就这样被搀扶着，又走完了一年的家访路。这条路，她已经走了十多年，从未间断。镜头记录下的她，脸上慢慢布满沧桑皱纹，步伐也渐渐蹒跚，从自己挂手杖，到由左右两个人支撑着才不至于倒下。有的学生家位置偏远，她和同事们就在路边以自热饭当午饭。晚上回到学校时，她已是全身都痛，呼吸困难，严重时需要去医院吸氧，才能缓过神来。

她坚持的目的只有一个：要让孩子读书，要让每一个孩子都有书可读。为此，她自掏腰包，在家访的时候，给了很多孩子资金上的支持，每月600、1000……孩子们哽咽着接下，张桂梅却笑了，因为孩子们不用再跟家里要钱了，可以不用背负那么大的经济压力。她也在家访中一遍一遍问他们的家人："你让不让孩子读书？"直到听到"读书"的答案才放心，转头叮嘱孩子要按时完成作业，安心上学。

　　家访是十分重要的。通过家访，老师不但能够及时反映幼儿在园的学习生活情况，还能够全面了解幼儿在家里的学习生活情况。这样，老师和家长就能够根据幼儿两个方面的情况，共同探讨和制订科学合理的的教育计划，实施有针对性的教育方法和教育步骤。同时，成功的家访能够增进老师与家长之间的感情，能够很大程度上争取到家长的支持和配合，对教育效果的加强起到很大的促进作用。但并不是所有的家访都会受到家长的欢迎，因此一定要注意方式方法。

任务三　网络沟通指导

微课：网络沟通
指导

　　网络沟通指导是利用信息技术来实现信息沟通的方式，如通过短信、微信等进行沟通，具体可分为集体沟通和个别沟通。

一　网络沟通的意义

　　幼儿教师使用网络同家长沟通非常方便与快捷，并且形式多样，其意义主要表现在如下几个方面。

（一）方便交流与沟通

　　网络可以让幼儿教师与家长更加方便地交流和沟通，节省时间和精力。家长可以通过网络随时了解幼儿的在园情况，幼儿教师也可以及时向家长反馈幼儿的学习和生活情况。

（二）增强家长的参与感

　　网络沟通可以增强家长对幼儿教育的参与感和信任感。通过网络，家长可以更加直观地了解幼儿教师的教学理念、教学方法和教学成果，从而更加信任幼儿教师，更加积极地参与幼儿的教育。

（三）促进家园合作

　　网络沟通可以促进幼儿教师和家长之间的合作和共同进步。通过网络，幼儿教师可以向家长传授一些教育知识和育儿经验，帮助家长更好地照顾幼儿；家长也可以向幼儿教师反馈幼儿在家中的情况和问题，帮助幼儿教师更好地指导幼儿的学习和生活。

　　综上所述，幼儿教师使用网络与家长沟通指导是非常有意义的，可以促进幼儿的发展和家庭教育的提升。

二　网络沟通的内容

（一）反馈幼儿的在园情况

幼儿教师可以通过网络沟通向家长汇报幼儿在园的行为表现、情绪态度、身体状况，以及取得的进步和需要改进的问题。

（二）介绍幼儿园的教育活动

幼儿教师可以通过网络沟通向家长介绍幼儿园的教育活动，包括幼儿园的课程设置、教育理念等，还可以分享教学视频，让家长更直观地体会到办园理念。

（三）收集家长的反馈意见

幼儿教师可以通过网络向家长征求反馈意见，了解家长对幼儿教育的看法和建议，以便提高教育质量。

总之，幼儿教师与家长进行网络沟通的内容应该围绕幼儿的学习、行为、身体健康等方面展开，以便更好地促进幼儿的成长和发展。

三　网络沟通的策略

（一）网络沟通前

网络沟通常见的一种方式就是班级群聊，幼儿教师要在建群之初阐明群的规则。

（1）申明建群的目的。建立班级微信群是为了及时地反馈幼儿在园情况，并更好地进行家园之间的沟通与加强彼此之间的联系。

（2）明确群内交流的时间。教师在上班期间专注于带幼儿进行活动，无法随时与家长进行交流，家长请尽量选择晚上或教师有空的时间交流，若有事请留言。

（3）群内成员的管理。父母可以把负责接送幼儿的亲属拉至群内，但不要邀请过多的亲属进群，以免引起麻烦。

（4）群内信息的监控。群内不要出现负面的言论，不发集赞、购买物品或拉票之类的信息，发布的内容要与家园沟通有关。

（5）群内交流沟通的指导。如果个别家长之间交流得比较多，教师可以建议其私下进行沟通，切忌在群内刷屏，以免影响到他人。

（二）网络沟通中

在网络沟通中，往往容易因为语言而产生误解。幼儿教师应注意如下几点事项。

（1）情感不够，表情来凑。有情感的文字需要老师具备一定的文字功底，但是并不是人人都可以做到，最好的办法就是要善于使用表情包，比较生硬的一句话加上一个微笑的表情图片，就会让人看起来轻松很多。

（2）不能没有标点符号，也不能乱使用标点符号，少用感叹号。用感叹号显得语气比较重，容易给对方造成一定的压迫感。例如：您好！再见！好的！可以在这些词语后面加一个微笑的表情包，这样给人的感觉会轻松一些。

（3）在家长群里发送文件之前，要在备忘录提前编辑好要让家长配合的内容，一同发出来，切忌发出一个文件后就没有后话了。家长看了以后也不知道要怎么配合，要怎么做。

（4）不要和家长随意使用微信里面的"拍一拍"功能。

（5）早上 7 点之前，晚上 9 点之后最好不要发信息，切忌半夜给家长发信息，更忌半夜给异性家长发信息。

（6）需要家长在群里回复，但是有个别家长没有及时回应的，要注意在家长群表扬按时完成的家长，私聊提醒没有回复的家长，千万不要在家长群里直接点名"××家长请回复"。

（三）网络沟通后

幼儿教师在和家长进行网络沟通后，需要注意以下几点，以便更好地促进幼儿的成长和发展。

（1）确认沟通内容。在网络沟通后，双方需要确认沟通的内容和达成的共识，以免出现误解或者遗漏。

（2）落实行动。如果在网络沟通中达成了某些行动计划或者承诺，那么双方需要及时落实，以免影响孩子的教育和成长。

（3）保护隐私。在网络沟通中，双方需要保护孩子和家庭的隐私，不要将沟通内容透露给其他人。

（4）维护关系。在网络沟通中，双方需要维护良好的关系，不要因为沟通中的分歧或者误解而影响彼此的感情。

（5）反思总结。在网络沟通后，双方需要反思总结沟通的过程和结果，以便在以后的沟通中更加有效地交流和合作。

任务四　个别约谈指导

随着社会的发展，家园联系的方式也不断变化着，而且方式越来越多，越来越便捷，教师可以根据具体情况，结合环境与时间，灵活选择沟通方式。个别约谈以约谈形式划分，主要包括线上个别约谈和线下个别约谈。

个别约谈是家园共育和家庭教育指导过程中不可或缺的一种方式，是教师与家长围绕幼儿教育问题进行有目的、有计划、一对一的深度交谈。约谈的发起方可能是教师，也可能是家长。个别约谈侧重教师与家长专门针对某一现象或者某一问题进行有准备的深层次的教育交流，交流的主题比较鲜明、内容比较丰富、针对性很强。

一 个别约谈的内容

个别约谈的内容包括幼儿的进步情况反馈、特殊情况反馈以及家园共育情况沟通。

（一）幼儿的进步情况反馈

（1）幼儿在学习上的表现。如幼儿在学习上表现出色，能够很好地掌握新知识，思维敏捷，有较强的学习能力。

（2）幼儿在社交上的表现。如幼儿与同伴相处融洽，能够主动参与集体活动，有较强的社交能力。

（3）幼儿在生活习惯上的表现。如幼儿能够自觉遵守幼儿园规章制度，有良好的生活习惯，能够积极参与幼儿园活动。

（4）幼儿的身体发展。如幼儿的身体发育正常，身体素质良好，能够参加各种体育活动。

（5）幼儿的智力发展。如幼儿的智力发展迅速，能够理解和运用新知识，思维敏捷，有较强的学习能力。

（6）幼儿的情感发展。如幼儿的情感发展良好，能够与同伴相处融洽，有较强的社交能力，能够积极参与幼儿园活动。

（二）特殊情况反馈

如果幼儿存在破坏集体活动秩序、做事拖拉、不能和同伴友好相处等问题，教师在与家长沟通前应该做好充分准备，如果方式方法不当有可能会引起家长的反感。

 **案 例**

李老师发现天天最近在集体活动时总有点坐不住，不是摇晃椅子，就是歪坐或反坐在椅子上，半小时的活动中常要教师提醒很多次。一天下午，天天几番"故伎重演"，因而被李老师"请"出了小组，罚他独自坐在一旁。天天妈妈来接幼儿时，李老师当着很多家长和幼儿的面，冲口说道："天天这段时间不知怎么搞的，集体活动时间总是不安静，还影响其他幼儿活动！"天天妈妈一听，脸就挂不住了。李老师没能控制好情绪，这样直接对家长"发泄"一通，尽管本意是希望家长对幼儿的缺点引起重视，但结果很可能会适得其反，难以心平气和地与家长沟通。

在毫无准备的情况下向家长"和盘托出"幼儿的问题，可能会影响进一步的家园合作。那么，可以在哪些方面做些事先准备，让沟通尽在把握之中呢？发生在幼儿身上的问题大致有行为习惯不良、认知发展迟缓、个性发展存在偏差等。家长对不同性质的问题重视程度可能不同。即使是相同性质的问题，对于不同的家长来说也可能有不一样的意味。比如，有的家长可能认为幼儿所谓的"性情孤僻"只不过是比较文静、内向罢了，"情绪不稳定"也只不过是独生子女有些任性而已，算不上大毛病，但他们接受不了自己的幼儿算术比别人差、认字比别人少。又如，有的家长可能会认为幼儿顽皮、好动、爱抢东西、乱打人没什么大不了，而有的家长则会强调要坚决制止幼儿的攻击性行为。结合幼儿的实际情况和对其家长的了解来分析幼儿身上的问题，可以帮助教师选择合适的方式与家长沟通。

（三）家园共育情况沟通

（1）了解家长的期望和需求。在约谈中，教师可以询问家长对孩子教育的期望和需求，了解家长的想法和意见，以便更好地制订家园共育方案。

（2）分析孩子的特点和需求。教师可以根据孩子的年龄、性格、兴趣爱好等特点，与家长探讨孩子的需求和发展方向，为制订家园共育方案提供依据。

（3）制订共育目标和计划。教师可以根据家长的期望和孩子的特点，制订共育目标和计划，明确家园共育的方向和重点，包括学习、生活、情感等方面。

（4）确定家园共育的方式和方法。教师可以根据孩子的特点和需求，确定家园共育的方式和方法，包括亲子阅读、亲子游戏等，以及教育孩子的方法和技巧。

（5）确定家园共育的时间和频率。教师可以与家长商定家园共育的时间和频率，制订具体的计划，以便更好地实施家园共育方案。

二　个别约谈策略

（一）个别约谈前

1.要明确约谈对象、目的和意义

谈话对象有幼儿教师、家长、幼儿等，目的是让家长了解幼儿的情况，给家长提出合理的建议和要求，意义是让家长了解幼儿在园情况及表现。

2.制订约谈计划

约谈计划包括时间、地点、谈话人员、谈话内容等。

（1）约谈时间。

针对不同的对象和问题，我们可以选择不同的约谈时间。比如：面对幼儿的不良行为和在园期间表现出来的问题，我们可以在课前、课后或户外活动时与家长沟通；针对幼儿个别需要

帮助的问题，我们可以在孩子放学时与家长进行沟通。总之，约谈时间应根据具体情况而定。

通过约谈，教师能够综合了解幼儿的情况，从而及时调整教育策略；而通过约谈，家长能够了解幼儿在园期间的表现并及时向教师反馈，从而帮助教师更好地开展教育工作。

（2）约谈地点。

在约谈地点的选择上，教师要考虑家长的心理特点，在环境的布置上充分准备，有利于谈话效果的增强。教师可以将约谈地点设置在相对安静、比较私密的场所，如教师办公室或教师休息室。这样既可以让家长看到教师对幼儿的关注和关心，又可以让家长感受到教师对幼儿的爱。另外，教师也可以选择在幼儿园内，设计一些场景来创设谈话的氛围。比如在户外活动时，教师可以邀请家长来参加幼儿户外活动，当幼儿玩得尽兴时，家长也能看到幼儿可爱活泼的一面。

（3）约谈人员。

为了达到约谈目的，谈话前教师应该了解幼儿的基本情况，包括性格特点、兴趣爱好、生活习惯等。幼儿园要安排好约谈时间，教师可以将约谈计划提前告知家长，让家长有充分的准备时间。如果是多人约谈，那么教师应提前与所有幼儿家长沟通好谈话时间，让家长做好相应的准备工作。此外，教师还可以邀请小朋友参与谈话活动。因为小朋友之间有较强的亲和力且互相了解，更能增强谈话效果。

 **案　例**

线下约谈邀请函

尊敬的家长：

　　您好！

　　为了让家长进一步了解幼儿的在园情况，我园特安排×月×日为家长接待日，请您在百忙中抽时间来园。通过观察幼儿的活动，您会更全面、客观地了解幼儿，发现一些在家中难以发现的问题。同时我们也真诚地希望您在观察时能用赏识的眼光看待幼儿的发展水平，避免伤害幼儿的自尊。望您能准时到园。

××幼儿园

××××年×月×日

（二）个别约谈中

1. 态度上要尊重家长

在个别约谈中，教师要尊重家长，虚心听取家长的意见和建议，与家长进行真诚的沟通。教师可以通过真诚的交流，拉近教师与家长之间的距离，从而让家长更加信任、理解教师。教师在与家长约谈时要尊重幼儿的人格，尤其是对性格孤僻、胆小害羞的幼儿，更要尊重其人格。同时，在约谈过程中，教师还要注意语气和语调。语气和语调是影响谈话效果的重要因素之一，不同的语气会产生不同的效果。

2. 谈话过程要诚恳

在个别约谈中，教师要诚恳地与家长进行交流，对于家长提出的问题，要诚恳地回答，不能随意敷衍或者置之不理。在个别约谈中，教师要向家长说明幼儿存在的问题及原因，让家长能够理解自己的良苦用心。同时还可以通过一些简单的话语对家长做出回应，如"我明白您的意思"等。

3. 谈话内容要具体

个别约谈的目的是了解幼儿在家庭、幼儿园和班级中的表现情况，以促进幼儿健康成长。教师与家长谈话时，应先了解幼儿在家、在园和班级中的具体表现情况，然后有针对性地谈一些具体的问题，这样才能起到事半功倍的效果。例如：孩子吃饭慢、孩子不肯睡觉、孩子在幼儿园受了欺负等。教师要先了解清楚孩子的具体情况，再针对具体问题与家长进行沟通。

（1）针对家长提出的教育问题，与家长一起商讨解决办法。

在个别约谈中，很多家长都会提出一些教育问题。幼儿教师可以从以下几个方面来和家长商讨解决办法：一是针对家长提出的教育问题，与家长一起分析问题产生的原因，并帮助家长分析幼儿存在的不足；二是针对不同年龄阶段的孩子，结合教育教学的需要，对不同年龄段的孩子进行针对性教育；三是结合幼儿的年龄特点，提出不同的教育目标和要求。

（2）针对家长的合理要求，提供相应的建议方法。

例如，当有家长询问幼儿可以开展哪些游戏时，教师可以这样建议家长："您可以让小朋友一起做一些游戏，比如跳房子、堆沙子等，这样既可以锻炼身体，又可以让幼儿学会和同伴合作，共同游戏。"当有家长询问可以开展哪些亲子活动时，教师可以这样建议家长："您可以和孩子一起选择适合孩子的书籍阅读、画画、做手工等类似的活动，这样既能够培养孩子的阅读能力、动手能力、思维能力、想象能力等，又能让孩子养成良好的习惯。"当幼儿教师提出一些合理的建议时，家长要积极采纳和实施，并在幼儿教师的指导下不断完善。

（三）个别约谈后

1. 对家长提出的问题进行分析和总结

个别约谈时
要注意的事项

在与家长个别约谈后，幼儿教师应该针对家长在谈话中提出的问题和需要注意的问题，结合自己在日常教育教学工作中观察到的情况进行分析和总结。

2. 对家长提出的教育建议进行反馈

幼儿教师要针对家长提出的教育建议进行反馈。如果幼儿教师针对家长提出的教育建议没有及时进行反馈，那么，家长会以为幼儿教师不重视自己的孩子，或者认为幼儿教师没有认真听自己说话，这样不仅不利于家园沟通，还会影响家园合作。

思政在线

模范幼儿园教师沈霞的自述

相遇是美好的开始，携手是温暖的共育。小班新生入园是对幼儿的一场考验，更是对家长的一种考验。面对号啕大哭的孩子和门外翘首的家长，我深知在照顾孩子情绪的同时，还要做好家长工作。为了让家长放心，我会及时记录孩子在园的表现，每天一条信息，每周一个小结，让家长了解孩子的进步。同时也会在班级群发布相关的育儿文章，帮助家长树立正确的育儿观念，减轻焦虑。针对家长比较苦恼的孩子不爱阅读的问题，我积极引导家长通过制订亲子阅读计划、制作图画书等方式，帮助孩子们爱上阅读。一段时间下来，家长纷纷反映孩子慢慢喜欢上了阅读，能自己主动看一本书，能给弟弟妹妹讲故事。更让我惊喜和感动的是在毕业生回访的问卷中，家长表示孩子在幼儿园养成的习惯对于小学的学习非常有用，我想这就是对我工作最大的认可。

模块二　实训指导

任务一　接送交流——不好好吃饭的轩轩

一　实训背景

最近，轩轩在幼儿园吃饭有点慢，总是拖拖拉拉，边吃边玩。幼儿园老师与轩轩妈妈就这个问题进行了沟通。轩轩妈妈说，轩轩姥姥这个月从老家过来了，吃饭的时候，老人总是追着轩轩喂，还允许他边看电视边吃，这可能让轩轩养成了不良习惯。请你阅读以上材料，分组设计接送交流方案并进行演示。

二　实训目标

（1）积极与家长交流，家园合作共同针对问题寻找对策。
（2）掌握接送交流的流程和注意事项。
（3）能充分利用接送时间科学合理地与家长交流，有效解决问题。

三　实训准备

经验准备：观察轩轩的进餐行为，进行了初步的总结、评估；与家长建立了良好的情感，充分了解家长的性格特征和家庭教养方式。

物质准备：交流计划表、通信工具、纸、笔等。

四　实训过程

1.问好，导入话题

师：轩轩妈妈，轩轩在幼儿园里的表现非常好，他搭的积木很有创意，他还说搭好的花园是送给姥姥种花用的，里面有各种花，很漂亮。轩轩很爱姥姥，是个有孝心的宝宝。不过最近轩轩在幼儿园吃饭有点慢，喜欢边吃边玩，不知道最近轩轩在家里吃饭情况怎样？

2. 诚恳与家长交流，共同分析原因

师：轩轩原来在幼儿园吃饭挺好的，能专注地吃，现在有点东张西望，似乎在等着谁来喂。您能介绍他在家里的状况吗？

师：听了您的介绍，我想这可能就是原因所在。轩轩吃饭不专注在于想有人帮忙喂，期待着边吃边玩。但因为幼儿园无法像姥姥一样满足他的想法，他就容易分心，拖拖拉拉，吃饭也变得没有胃口了。

3. 礼貌与家长探讨，寻求问题解决策略

提问：轩轩妈妈，针对轩轩这种情况，您觉得我们可以怎么做呢？

总结并补充：是的，姥姥喂饭是疼爱孙子，想让轩轩多吃一些，担心轩轩吃不饱，我们能够理解姥姥爱孙子的心情。不过这种做法会剥夺轩轩的动手的自理能力，养成依赖的习惯，而且因为吃饭不专心，会影响对食物的消化，导致胃口也可能受到影响。谢谢您能跟姥姥做好解释，我们一起培养轩轩自己吃饭的好习惯。

4. 感谢家长的配合，结束谈话

师：谢谢您的支持！幼儿的健康成长需要我们从小事中进行关爱培养，也需要教师、家长合作。谢谢您！向姥姥问好。

5. 及时做好记录

家访后总结与反思，持续观察，形成经验。

五　实训注意事项

（1）教师在沟通过程中应尽量耐心倾听家长的反馈，不插话、不打断。

（2）根据家长的反馈，及时调整指导策略。

（3）及时做好沟通效果记录。

六　实训延伸

（1）利用网络平台和家园联系手册与家长进行后续的交流和沟通。

（2）鼓励幼儿自行吃饭的行为，当幼儿有进步时及时表扬鼓励，并反馈给家长；对幼儿饮食习惯的改进有一个循序渐进的要求。

任务二　家访——萌萌在家的情况

一　实训背景

萌萌小朋友在自理能力方面比较弱，做事情需要大人多次提醒，而且在家里大多数是父母包办，导致入园后需要老师多方面的照顾。请你阅读以上材料，分组设计家访方案并进行演示。

二　实训目标

（1）就幼儿在园的一日生活情况与家长进行沟通交流。

（2）掌握家访沟通的流程和注意事项。

（3）充分利用家访时间科学合理地与家长交流，了解幼儿原生家庭情况，针对幼儿存在的问题给予专业的指导。

三　实训准备

经验准备：观察萌萌的自理行为，进行了初步的总结、评估；与家长建立了良好的情感，充分了解家长的性格特征和家庭教养方式；提前预约家访时间。

物质准备：幼儿园生活的资料、萌萌在园的手工作品、纸、笔。

四　实训过程

1.问好，导入话题

师：萌萌妈妈，萌萌在幼儿园表现非常好，她画的画特别有创意，是一个很有艺术天赋的孩子。不过萌萌在幼儿园里穿脱衣服总是需要帮助，吃饭也很慢，不知道她在家里的情况怎么样？

2.诚恳与家长交流

师：听了您说的情况，我想这可能就是原因所在。因为孩子还小，在家都是妈妈或者爷爷奶奶照顾她，很多事情都是大人一手包办，孩子没有自己动手的机会。以后可以让孩子自己多动手，有意识地锻炼孩子的生活自理能力。

师：另外，我还想了解萌萌平时在家的情况。比如周末会安排什么活动，培养了什么兴趣爱好，你们对她未来学习生活的规划。

3. 礼貌与家长探讨，寻求问题解决策略

提问：萌萌妈妈，针对萌萌的这种情况，您觉得我们可以怎么做呢？

总结并进行补充：是的，我们可以先让孩子来做一些简单的任务，然后多表扬她的进步，让孩子在成就感中提高自己的自理能力。

4. 感谢家长的配合，结束谈话

师：谢谢您的支持！幼儿的健康成长需要我们在日常生活中提高要求并进行培养，也需要教师、家长合作。谢谢您！

5. 及时做好记录和总结，并向幼儿园反馈

家访后总结与反思，持续观察，跟进幼儿情况。

五　实训注意事项

（1）教师在沟通过程中应尽量耐心倾听家长的反馈，不插话、不打断。

（2）根据家长的反馈，及时调整指导策略。

六　实训延伸

（1）利用网络平台和家园联系手册与家长进行后续的交流和沟通。

（2）鼓励幼儿在生活中形成良好行为习惯，当幼儿有进步时及时表扬鼓励。

任务三　个别约谈——杨珍珍家长要求换班

一　实训背景

杨珍珍小朋友的家长未经幼儿园的同意私自将幼儿从小一班换到小二班。家长和小二班的主班老师讲，小一班的小朋友不喜欢跟杨珍珍玩，发现杨珍珍没有朋友，于是换一个班级交新朋友。小二班主班老师找到小一班主班老师和小朋友们了解情况，杨珍珍日常习惯较差，刚入园几天就经常打人，抢别人的东西。请你阅读以上材料，分组设计个别约谈方案并进行演示。

二　实训目标

（1）积极与家长交流，家园合作共同针对问题寻找对策。

（2）掌握个别约谈交流的流程和注意事项。

（3）深入了解幼儿，以便因材施教。

三　实训准备

经验准备：观察了幼儿在园情况，包括幼儿在园的学习、社交、生活习惯、身体状况、智力发展、情感发展等；与家长建立良好的情感，充分了解家长的性格特征和家庭教养方式。

物质准备：幼儿在园生活的视频与照片、通信工具、纸、笔等。

四　实训过程

1. 问好，导入话题

师：珍珍妈妈，您好！珍珍小朋友想转到小二班来是您的意思还是孩子的想法，我们约个时间，在您方便的时候来园里我们聊一聊。

2. 诚恳与家长交流，共同分析原因

师：珍珍妈妈，您能说一下您想把孩子转到小二班的具体原因吗？

师：从与您的谈话中，我能看出您对珍珍的成长非常关注。平常在家里，爷爷奶奶也是围着孩子转，孩子不开心就会摔玩具和哭闹尖叫。所以您和孩子爸爸听孩子说在幼儿园没有人愿意跟她玩，并且没有小朋友会把玩具借给她玩后，就想给她换一个班级，让她重新交朋友，不被别人排挤。

3. 了解幼儿在家情况，与家长协商解决方案

提问：珍珍妈妈，现在孩子才刚进入小班，孩子本就刚刚适应幼儿园的生活，转到小二班珍珍又会进入全新的交友和学习环境，可能会让她在一段时间内难以适应。您看，在小一班珍珍也有要好的朋友（视频、图片），是不是再让她试一下呢？

总结并补充：是的，咱们家长也要调整育儿心态，下周有时间的话，您也可以来园观看珍珍的一日活动，了解珍珍的情况。咱们一起多沟通，家庭成员的教养方法也要一致，调整带娃方式，不溺爱、不无条件服从，有原则地正确引导。在幼儿园我们会留心孩子的情况，并及时与您沟通。

4.感谢家长的配合，结束谈话

师：谢谢您的支持！幼儿的健康成长需要我们从日常生活中进行正确的引导与培养，也需要家长和幼儿园的共同合作。谢谢您！

5.及时做好约谈记录

总结与反思后反馈给幼儿园，持续观察跟进幼儿情况。

五　实训注意事项

（1）教师在沟通过程中应尽量耐心倾听家长的想法与意见，不插话、不打断。

（2）要以平等的身份和家长交流，不要站在教师的角度给幼儿下定义。

（3）站在家长的角度思考问题，多体恤家长心情，给他们一点了解事实的时间，让家长亲眼看见幼儿在园的情况。

（4）询问家长对孩子出现问题的看法，循循善诱，避免指责幼儿与家长。

六　实训延伸

（1）利用网络平台和家园联系手册与家长进行后续的交流和沟通。

（2）引导幼儿改正生活中的不良行为，当幼儿有进步时及时表扬鼓励。

思考与练习

一、简答题

1.接送交流的内容有哪些？

2.请你简述家访的策略。

3.请你简述网络沟通的策略。

4.个别约谈的内容有哪些？

二、案例分析题

1.阅读以下材料，回答问题。

我班有个叫李瑞琪的小朋友，她是个体弱儿，性格内向。平时沉默寡言的她，在幼儿教师眼里属于那种听话、守纪律的幼儿。因为她的这种性格，她奶奶与我之间产生了一次小小的误会。

那天，我带幼儿进行户外活动，因室内外温差较大，我要求幼儿穿上外套，李瑞琪因外套太长，不愿穿。我看她身上的衣服穿得也不少，就答应了。正当我和幼儿在外面玩得尽兴时，李瑞琪奶奶来接她，我没顾上和她说话，只是挥了挥手。她奶奶边走边说："你们老师真不像话，这么冷的天也不给你穿外套。"李瑞琪一句话也没说。这情景正巧被一位在大门口的幼儿教师听见，她马上告诉了我。

我装作什么事也没发生，主动找李瑞琪奶奶聊天，让她为孙女准备一件短一些的外套或背心，并向她解释了孩子没穿外套出去活动的原因，并告诉她一些关于进入秋季后的幼儿的保健知识，她听完解释后宽慰地笑了，并主动讲出对我的误解，向我表示歉意。

问题：

（1）案例中的幼儿教师的接送交流行为是否合适？为什么？

（2）这位幼儿教师在接送交流中，有哪些行为值得我们学习？请尝试模拟演示。

2.阅读以下材料，回答问题。

学期期中，园长带领保教主任及中一班教师如约来到我班的晓娜家中，晓娜的爸爸和妈妈热情地接待了我们。晓娜看到老师，表现得十分兴奋，一刻都没有停过，一会儿玩滑板车，一会儿拿出自己的碟子给我们看，还在我们和爸爸、妈妈面前朗读了在幼儿园所学的儿歌，我们使劲给她鼓掌，她开心极了，家长也都很开心。

我们向家长介绍了晓娜这学期开学以来的进步，如上课能认真听讲；明白午睡时不能说话，能安静入睡；更是老师的好帮手，帮老师拿口杯、小椅子；等等。家长听到后十分感激老师在幼儿园对孩子的悉心照顾及耐心的教导。我们指出，家长在家要鼓励孩子自己的事情自己做，不要因为做得太慢或做得不好，就包办代替，从而使孩子失去学习锻炼的机会，养成不良的习惯。家长要多教给孩子一些做事的方法，经过一段时间的锻炼，他们会做得很好。

晓娜爸爸妈妈也谈及到自己在教育方面的顾虑，如爸爸工作忙，很少与她玩耍；妈妈文化水平不高等。我们提议爸爸多抽时间陪孩子，孩子和爸爸多在一起，会让孩子更加坚强、更加勇敢。

问题：

（1）案例中的幼儿教师的家访交流过程是否合适？为什么？

（2）案例中的幼儿教师在家访中，有哪些行为值得我们学习？请尝试模拟演示。

単 元 七

幼儿家庭教育集体指导

 **学习目标**

素质目标

★ 体验幼儿家庭教育集体指导形式的多样性，树立与家长相互学习、共同成长的观念。

★ 善于立足班级实际，富有创意地根据不同的家庭教育问题情境进行家庭教育集体指导。

知识目标

★ 理解幼儿家庭教育集体指导的意义、类型及价值，了解其具体内容。

★ 掌握幼儿家庭教育集体指导的组织策略及注意事项。

能力目标

★ 能根据不同的类型，选用不同的家庭教育集体指导方式达到家园共赢。

★ 能根据幼儿家庭教育集体指导的策略尝试模拟开展家庭教育集体指导，使家园实现良性互动，从而让幼儿受益。

 **单元导航**

```
                                    ┌── 家长会指导
                        ┌ 理论奠基 ┤── 家长开放日指导
                        │          └── 家长学校指导
幼儿家庭教育 ┤
集体指导                 │          ┌── 小班下学期家长会
                        └ 实训指导 ┤── 中班期末家长开放日活动方案
                                    └── 大班家长学校专题活动方案
```

 **情境导入**

焦虑的辰辰妈妈

　　一次开放活动中，辰辰的表现与其他孩子完全不一样。当小伙伴们在老师的指引下开展一日活动时，他总是不遵守集体规则，乱跑、大声喊叫，做操时也不好好排队，经常需要一个老师专门盯守。对于孩子的表现，辰辰妈妈看在眼里，焦虑不已地问："难道我家辰辰就是比别的孩子差吗？是不是有多动症？是发育有什么问题吗？"担心孩子的同时，辰辰妈妈还担心班级教师对孩子会有"嫌弃"，每天早晨出门前都会对孩子再三嘱咐，有时甚至发火训斥，但都收效甚微。感受到家长的焦虑后，教师经常耐心地跟辰辰妈妈分享辰辰的幼儿园生活，分析辰辰的行为成因，推荐家长阅读专业书籍，与家长一同尝试各种解决方案。在家长与教师的有效干预下，辰辰的行为发生了巨大的变化。在一次家长会中，辰辰妈妈还作为家长代表在会上讲述孩子成长的故事，引起了很多家长的共鸣，也帮助了更多的像辰辰这样的孩子。

　　《幼儿园教育指导纲要（试行）》中指出："家庭是幼儿园重要的合作伙伴。应本着尊重、平等、合作的原则，争取家长的理解、支持和主动参与，并积极支持、帮助家长提高教育能力。"幼儿园需要构建起家长、教师共同参与的学习共同体，在共同成长的过程中，依靠丰富的社会资源为辅助，提升科学育儿水平，帮助幼儿获得个体化的最优发展。幼儿园教育与家庭教育是紧密相连的，家长亟需正确的教育理念指导，我们必须在家长与幼儿园共同形成适宜教育理念的基础上，高质量开展家园合作，常态化开展家园共育。本单元我们将以家长会、家长开放活动、家长学校为切入点，对幼儿家庭教育集体指导的形式与方法进行介绍。

 **理论奠基**

任务一　家长会指导

　　家长会是幼儿园教育与家庭教育紧密结合的有效载体，幼儿园和教师都应设计、组织好每一次家长会，多形式地发挥家长的主体作用，吸引家长主动参与幼

微课：家长会
指导

儿园教育，指导家长科学开展家庭教育。

一 家长会的意义

著名教育家苏霍姆林斯基指出："幼儿园和家庭是一对教育者。"家长会是幼儿园、教师、家长相互交流信息，相互理解支持，从而达成教育共识的一种重要方式。通过家长会，教师能了解到幼儿在家庭中的成长情况以及家长对幼儿发展的期望；家长则通过家长会了解孩子在园的学习与生活情况以及孩子与其同龄人的发展现状。同时，家长会也是家长和教师互相了解的平台，是教师展示自己教育观的好时机。家长会可以由幼儿园、不同年龄组或班级向家长发起邀请，分为幼儿园、年龄组和班级三个层级，家长的参与度和沟通效果较其他活动形式更占优势。

（一）家长会是家园沟通的重要桥梁

家长会作为幼儿园与家长沟通的平台，一直备受重视。家长会便于幼儿园、教师与家长面对面沟通，便于及时达成教育共识，形成教育合力。甚至有部分家长既可以通过家长会与拥有同龄儿童的家长互通教育举措，消除内心的教育焦虑，又能通过与教师的面对面沟通增加对幼儿所在班级工作开展的了解，从而做好教育的合作者。

（二）家长会是传递先进育儿观的阵地

现在的家长比较关注幼儿园的保教质量，但是在认识上会存在一定的偏差，并不清楚幼儿园保教质量的衡量标准，甚至会简单地以为学习拼音、练习算术、会写会画、会唱会跳等就是所谓的学得好，而不知道身心健康、社会交往、习惯养成、学习品质等方面更值得关注。在家长会上，教师通过图片、视频等幼儿在园学习与生活的记录向家长真实呈现孩子的符合本年龄特点和发展水平的成长变化，围绕家长们突出的育儿困惑设立小专题开展研讨与分享，能更好地指导家长更新教养观念。

（三）家长会是体现教师素养、增强班级凝聚力的平台

教师的素养直接影响教师与家长沟通、合作的质量。通过家长会的直面相对，教师充分展示自我专业素养，如口语表达清晰流畅、仪表仪态落落大方、理论学识扎实等，能增强家长与教师对彼此的了解，并提升彼此间的信任和尊重，让家长工作的开展更加顺畅。在这样的互信基础之上，家长之间也会产生亲近感。通过交流互动，家长之间因为孩子而建立新的情感连接，在教师的牵引下为了共同的教育目标增强班级凝聚力，为更好地开展班级各项工作夯实基础。

二 家长会的类型

家长会从字面理解，就是召集家长开的会议，且基本每学期至少召开一次。家长会有多种多样的组织形式，且各有特色，教师可以使用其中一种形式开展，也可以多种形式融合，达到满足幼儿园或班级工作开展的不同需求的目的。以下将重点介绍几种家长会的类型。

（一）专题式家长会

所谓专题式家长会，就是围绕一个主题内容开展的家长会。这是幼儿园帮助家长解决共性问题的常用形式。如有针对班级幼儿发展现状设定的主题和针对家庭教育困惑设定的主题等。

针对班级幼儿发展现状设定的主题需要教师对全体幼儿进行持续跟进性观察，结合本班幼儿应有的年龄特点及发展水平做出初步分析，把他们出现的共性、典型问题进行筛选，再来确定家长会主题。比如：小班幼儿习惯以自我为中心，通常从自己的情感和需求出发来进行事件判断，极少能体会和顾及他人的想法。此外，此时的他们物权概念也不清楚，他们很容易随手拿走同伴的物品或者班级的公共物品，且不乐意他人侵犯自己的物品，甚至会为了保护自己的权益不被侵犯而引发打闹、咬伤等冲突事件。教师可以根据这些现状，开展以"如何培养小班幼儿社交能力"为主题的家长会，帮助父母认识小班幼儿人际交往的特殊性，在理解孩子行为的基础上，指导父母正确对待孩子们在人际交往中存在的问题，掌握一定的干预方法，以达到共建班级和谐氛围的目的。

针对家庭教育困惑设定的主题一般需要教师关注幼儿家庭中的日常问题，并理解父母的教育需求。教师可通过向家长发放调查问卷的方式进行前期调研，收集并整理出父母当下最关心的问题。比如大班家长最关心幼小衔接相关话题，主题则可以设定为"怎样帮助幼儿做好幼小衔接"。家长会主讲人可以是本班家长，也可以是外请专家、毕业生家长、小学教师等。

（二）分类式家长会

世界上没有两片完全相同的叶子，不仅每个孩子的知识经验、生活习惯、心理特点等都是有差异的，且不同的家长对家庭教育的指导需求也是不一样的。教师可以尝试组织不同家长群体的分类家长会，如全职妈妈家长会、祖辈家长会等。以祖辈家长会为例，教师可以充分发挥隔代教育的积极作用，引导爷爷奶奶们克服因"隔代亲"带来的溺爱、放纵、包容和迁就，能理解并支持孩子父母的教育观，加强两代家长的沟通和交流，从而保持教育目标一致、教育行为相互配合。对于这类家长会的准备，教师更要注重前期的资料收集，了解相关已有的研究成果，并结合本班幼儿和家长的实际情况、突出问题有针对性地设计情景、提出解决策略，提高家长会的实效性。

（三）参与式家长会

传统的家长会一般是教师讲、家长听的模式。这种类型的家长会凸显教师的权威性，往往枯燥无味，没有吸引力，效果自然也就大打折扣。参与式家长会则会给予家长思考和发言的机会，让家长的"班级归属感"更强烈。比如，提供幼儿作品让家长现场品鉴，解读幼儿作品背后的故事；设置问题情境，邀请家长群策群力为班级管理或教育中出现的问题献计献策；提前进行招募，鼓励家长承担发言、分享、组织游戏等家长会任务，这些都可以增强家长的融入感，提升家长的参与兴趣。

（四）体验式家长会

体验式家长会中，教师创造大量机会让家长不断亲身体验，全体家长都是主动的参与者，他们不单纯用耳而是充分用心，在体验中产生自我反思、互相交流，甚至能起到改变陈旧教育观念的作用。游戏体验是体验式家长会的经典策略，如，教师在家长会中组织游戏活动，家长可以在亲身体验中，穿越时空，回到童年，体验孩子的简单快乐的同时，通过游戏互动体会到游戏背后蕴含的意义，并积极分享自己参与游戏的体会。教师再从专业的角度分析孩子在游戏中的体验、学习与发展，引导家长深入了解幼儿的学习方式，帮助家长树立科学的育儿观，认识到幼儿园以游戏为基本活动的重要性。

三 家长会组织策略

（一）家长会前

1. 方案的设计

不论是新手教师还是有经验的老教师，在开家长会之前都需要设计方案。而方案需要在了解本班幼儿发展情况及家长情况的基础上，由班主任组织班级其他教师和保育员共同商议，在征求他们的意见与建议后完成设计。方案的基本要素包括主题、时间、地点、分工、内容。为避免教师遗漏会议环节，还需要在方案中体现主要流程和关键发言，还要制作配套的课件、视频等素材以及准备发言稿。需要注意的是，发言稿中开场和结束语都不宜过长。

2. 邀请函 / 通知的准备

家长会的邀请函 / 通知要注意关键信息齐全，清晰且温馨。要让家长一看就知道开会的时间、地点、主要内容和需要做的相关准备。发放的时间一般提前一周，让家长有充分的准备时间。发放的渠道要多样，如人手一份纸质通知、电子邀请函、编辑手机短信发送通知等，保证家长会的出勤率。教师还可以引导幼儿来制作邀请函。试想，家长从自己孩子手里领到了一张孩子自己精心设计绘制而成的"家长会邀请函"，凭邀请函入场，该会多么高兴。

3. 场地的准备

家长会视频
（家长游戏）

创设良好的会议氛围可以让家长会的成效事半功倍。可以在门口设置小黑板或画架，写上欢迎词，教师在门口迎接家长的到来并引导家长完成签到。室内桌椅的摆放切忌"排排坐"形式，可以尝试半圆形或分组围坐。桌面建议铺上温馨的布艺桌布，摆上孩子们用稚嫩的小手绘制的家长专属矿泉水标识。会议开始前，先播放配有温情或欢快音乐的图片集、视频等，让家长先行感受教师的用心，从而对会议的召开充满期待。

（二）家长会中

1. 利用小游戏调节气氛

家长会中设计的游戏不但能起到调节气氛的作用，还能渗透教师对家长教育观、育儿观的指导。一般游戏会放在教师开场语之后，游戏的选择可以是幼儿在园生活中做过的游戏，也可以是团建活动、心理类游戏。

2. 控制时长与内容

会议时长要适度，一般以 1—1.5 小时为宜。会议内容需注意详略恰当，如果教师将所有工作事无巨细地进行讲述，会议就会显得过于冗长。一般情况下，会议都需要做好会议记录，记录人可以是教师或家长志愿者。教师提前将会议流程、发言稿或会议方案交给记录人，让他们提前对会议有所了解，以便达到更好的效果。

（三）家长会后

1. 做好反思

反思由班主任组织班级其他教师及保育员共同完成。针对本次家长会的亮点与不足进行梳理，为下次更好地召开家长会奠定基础。

2. 收集反馈

家长会结束之后，教师要收集家长对会议的意见或建议并在此基础上及时整理，其中有需要向幼儿园提交的家长意见、建议或需要幼儿园给予支持和指导的内容，要及时向园领导反馈，并给予家长回应。

案　例

奔奔妈妈家长会后感言

今天，我推掉了一个重要饭局，准时踏入六幼中一班家长会的现场。伴随着"还好没迟到"的庆幸，由衷地感慨："来得真值啊！"

第一，没想到家长会还可以如此开心地玩游戏。盼盼老师用甜美的声音和笑容组织家长游戏，开场热身，我没想到家长会可以从游戏开始。六幼寓教于乐，让家长放低姿态与孩子共同成长，感受到孩子的开心、孩子的体会，实在是高！

第二，没想到家长会表彰的主角是家长。作为二孩家长，幼儿园的家长会我经历过很多了。从来都是在家长会上表扬孩子，第一次看到以家长为主角，表扬家长的。看到每一位为班级无私付出的家长站在台上，我由衷地体会到：家长是教育的主体。张园长跟我说：我们的教育是要家长参与的，家长需要陪伴孩子成长，更需要成为孩子的榜样。此言不虚！现场还有希琳妈妈的经验分享，从她的身上我看到了更新教养观的重要性。

第三，没想到游戏成为主要教育内容。开完家长会回家，外婆说："看看你家奔奔的衣服，野战游戏的成果！"我看着衣服上的泥巴印，乐呵地说："外婆，你得做好经常看到这个成果的准备！"家长会园长讲话中，张园长深度剖析了新学年幼儿园规划，分析了幼儿园的教学重点，看到游戏是核心，我非常欣慰转园转对了！听着盼盼老师像讲故事一样讲着"小小野战兵"的主角游戏，我真心感受到这个美丽又活泼的小姑娘，不但是孩子的老师，还是孩子的朋友！

我的孩子慢热，又有些害羞，但稳重、好强。到六幼后，每天放学时他都很开心快乐，我感觉到他变得能更加大胆地表达，更加会释放自己的情绪。我认为每一种性格都是好性格，关键是要有合适的环境让他得以发挥和释放。这就需要有懂孩子、爱孩子、陪伴孩子成长的引路人，老师、家长和孩子形成铁三角，这条成长之路才能行稳致远！

这次家长会，让我感受到六幼的教师在无微不至照顾好孩子生活，教会孩子自理的前提下，为孩子创造了从内容设计、环境布置到道具创意的沉浸式自主协作的游戏式成长环境，不得不说这是在用心培养孩子面向未来的能力。

非常感谢六幼，更感谢张园长，感谢盼盼老师，感谢李老师和肖老师！非常庆幸与这么多优秀的家长同行。相信奔奔小朋友会有愉快难忘的六幼生活。

　　幼儿园的家长会是为家长而开，是为幼儿而开，为更好的家园共育而开。幼儿教师在充分了解家长教育现状、幼儿发展现状的基础上设计会议方案，效果显著。家长之所以发出这样"真值"的感慨，一是因为她确实在本次家长会中感受到了幼儿园先进的育儿理念和班级教师真诚、用心、有爱的态度，并从心底认同幼儿园教育理念、班级教育举措；二是在体验参与式的活动中，更容易拉进家长与家长、家长与教师的距离，增进彼此间的了解；三是家长榜样的作用也能在一定程度上互相影响。

四 家长会的注意事项

（一）时间安排人性化

家长会具有集中性、高效性、交互性的特点，是专门召集家长参加的会议，是家长与教师、家长与幼儿园难得的面对面沟通的机会。因此，幼儿园安排家长会的时间要尽量考虑合理性和适宜性。教师可以以学期为单位，采用调查问卷的方式征求家长的参会意愿，确定最合适的时间，确保更多的家长能参加会议。

（二）要体现尊重家长

由于家长会上更多由教师为主导，极容易在教师的介绍、传达中出现强调园方要求与配合的事项，却忽视家长的内在需求。因此，要做到对班级幼儿和家长的总体需求和个体需求都有了解，然后针对性地分析和解决问题，这样才能有效调动家长参与的积极性。

（二）多用赏识教育

家长对于幼儿在园的一日生活非常感兴趣，他们关注孩子在幼儿园的学习、游戏、饮食、午睡等环节，教师可以多采用赏识教育方式对每个孩子的点滴成长进行"点赞"。如，用视频、图片等方式记录孩子的优秀行为，在家长会上进行播放；分类表扬孩子的成长与进步，让家长回家再表扬与鼓励等。教师要记住，赞扬孩子、赞扬家长是家长会上与家长保持良好沟通的桥梁。

思政在线

好家风好家教

家风家教是一个家庭最宝贵的财富。一般来说，家教家风是家庭或家族中的长辈或有名望的人通过言传身教，向后辈、其他家族成员传递形成的。优良的家风家教是一种正能量，一种精神纽带，维系着家的和谐。家庭教育涉及很多方面，但最重要的是品德教育，是如何做人的教育。作为父母和家长，应该把美好的道德观念传递给孩子，引导他们有做人的气节和骨气，帮助他们形成美好心灵，促使他们健康成长，长大后成为对国家和人民有用的人。

任务二　家长开放日指导

《幼儿园工作规程》中指出："幼儿园应当建立家长开放日制度。"幼儿园家长开放日活动指的是幼儿园在特定的时间里向家长开放各种教育教学活动，是一项面向幼儿家长的活动。

能让幼儿家长近距离深入了解自己孩子在幼儿园的一日生活、学习及游戏情况，了解老师的教育水平，增加幼儿园办园透明度，深受家长欢迎。

一　家长开放日的意义

（一）有利于增进家长对幼儿园教育观的了解

很多家长不理解幼儿园的教育理念和实施的各项活动对于幼儿成长的价值与意义。家长开放日活动通过展示幼儿一日生活或教育活动，来转变家长的育儿观念，从而促进幼儿身心全面发展。活动中，教师们以丰富多彩的活动形式，要求家长参与其中并亲身体验活动，见证幼儿的成长。活动不仅能展现幼儿园新的教育观念，充分体现幼儿的主体性，同时把尊重幼儿、相信幼儿、支持幼儿等宝贵的经验和新的教育观念传递给了家长。

（二）有利于加强家长对班级工作开展的信任

大多数的家园沟通障碍来源于家长对幼儿教师工作缺乏了解。即使有一定的了解，也会因为缺乏细致的观察及深入的体验而无法产生共鸣，无法转变本身已有的教育观念，很容易站在个人视角甚至用有色眼镜来看待教师的教育行为。对于家长而言，当家长存在育儿理念和教育观念不科学、对幼儿的认识不全面等问题时，需要幼儿园教育的配合。对于教师而言，幼儿的生活方式及经验各不相同，教师不可能时刻兼顾每名幼儿的需求，也需要家庭教育的配合。因此，通过开展家长开放日活动为家长创造参与幼儿园教育的机会，提供更广阔的育儿平台，有助于提升家长对育儿理念的认识，同时也可以为教师提供与家长相互促进的空间，从而实现有效的家园合作。同时，家长开放日活动也是体现家园共育思想的重要形式，是幼儿家长与教师双向沟通的重要渠道。

（三）有利于促进亲子关系的健康发展

最好的老师是父母，最好的教育是陪伴，陪伴是家长给孩子最好的礼物。调查表明，大多数家长是愿意陪伴孩子一起成长的。父母需要先了解自己、了解爱孩子的正确方式，还要了解孩子的实际能力和个性特征，才能建立好的亲子关系，有的放矢地帮助孩子成长。在教师精心设计的开放日活动中，孩子有机会与家长共同参与体验，在幼儿教师的引导下，家长认真、及时地聆听孩子内心的声音，分享孩子的快乐，体会孩子成长中的各种收获。家长的参与及与孩子之间的互动能给予孩子安全感、自信心，从而促使亲子感情的升温，促进亲子关系的健康发展。

二　家长开放日的类型

家长开放日一般每学期1—2次，不同的家长开放日形式有不同的作用。在幼儿园实际工作中，幼儿教师可根据实际需求灵活设计。如，围绕主题开展的开放日活动，也有多种形式结合开展的开放日活动。

（一）半日活动展示型

向家长展示孩子的半日活动是家长期待的事。家长通过观察孩子在教学或者是游戏等活动中的表现，能够直观地看到自己孩子在幼儿园的生活、学习、游戏和锻炼等情况，多角度多层次理解幼儿园的教育理念，学习科学的教育方法，促进良好家庭教育的开展。同时还能促进家长和幼儿园良好的沟通合作，有助于家园教育的进一步提升。这种类型的活动中，教师要特别注意对幼儿日常行为习惯的培养，如洗手、如厕、整理收纳、积极发言等，让家长看到孩子入园后的变化，真正感受到"孩子长大了"。

（二）亲子互动型

开放日中组织亲子活动，看到教育成果能够让家长充分感受幼儿园教育教学氛围，有助于促进家园教育的共同推进。教师应注意在亲子活动的开展过程中，有心地将教育内容和理念渗透到游戏活动中去，构建交流互助平台。在潜移默化中，改变家长教育理念，提升教育能力。家长和幼儿在共同活动的过程中，增进了彼此感情，促使亲子关系的进一步升温。此外，亲子活动的开展形式以户外体育游戏、室内手工游戏居多，让家长和幼儿在活动中提升素质，增进亲子感情，促进幼儿身心全面健康成长。

（三）参与体验型

在幼儿园举办传统节日等主题教育活动，是组织开放日活动的良好选择之一。邀请家长共同参与其中，学习寓教于乐的教育方法，促进家庭教育质量的提高，这对于幼儿身心全面发展具有重要的意义。如，"三八妇女节"主题教育活动中，教师根据孩子的不同年龄段特点开展多层次的活动：针对大班孩子，可以设计"护蛋活动"。开放日当天要求幼儿实施保护蛋宝宝行动，亲口询问母亲怀自己时的感受，了解父母的不容易，还可以引导孩子现场勇于向父母表达自己的感恩之情。中班孩子可以在活动中与家长共同制作康乃馨，并说出自己的感谢。小班孩子则可以为家长捶捶背。这种类型的开放日活动，让所有家长都有机会发挥主观能动性，促使家长由被动配合转变为主动参与，通过亲身体验更好地了解幼儿在集体中的成长情况，还能更好地感受和理解教师的教育行为。

心急的跳跳妈妈

在一次家长开放日活动中，跳跳正在跟小伙伴一起玩建构游戏。他们想比赛，看谁能又快又好地为爷爷搭建大别墅。跳跳的别墅第一层很快完成，他开始使用不同的积木来搭第二层。只见他先将三个圆柱体放在中间，再盖圆板，但是在上面放置积木时圆形盖板被打翻了，只好又重新调整，再次放置盖板时，旁边的方形门又倒塌了……跳跳一次又一次的尝试，均以失败告终。这时，跳跳妈妈忍不住了，走过去就帮孩子将别墅搭好了，并高兴地说："跳跳，我们赢了！"

注重活动过程是幼儿全面发展教育的需要，是未来健康成长的需要。而案例中的家长显然更关注结果，直接代办，帮助幼儿完成游戏。家长把来到幼儿园的关注重点放在看自己孩子在活动中是否能比别人强上，而不是去观察孩子在游戏的过程中如何发现问题、解决问题，这需要教师在活动开始前反复跟家长强调活动参与的注意事项。

三　家长开放日组织策略

（一）家长开放日活动前

1. 方案的设计

家长开放日需要教师有准备、有目的、有组织地开展。教师可以先对家长进行一些访问、调查，围绕他们关心的问题确定活动主题。教师作为家长开放日活动的组织者，必须在实施活动前明确以下问题：为什么要开展这次活动？通过这次活动希望家长了解什么，有什么样的收获？只有这样，幼儿教师才能有的放矢地做好家长开放日活动方案设计。一个完整的家长开放日方案包括活动由来、活动目标、活动准备、活动过程、活动反思几个部分。教师在制订方案时，要考虑整个活动的安排是否合理，是否符合幼儿身心发展的特点，是否既符合全体幼儿的发展水平，又能兼顾个体差异。在设计具体活动项目时，要适时安排一些需要亲子配合的游戏，增强家长的参与性。此外，教师还应多准备一些操作材料和游戏方案，以便应对突发情况。最好设计一张给家长的观察记录表，指导家长有重点地观察幼儿一日生活中的各环节，从而增进家长对幼儿发展以及教师工作的直观认识。

2. 邀请函 / 通知的准备

给家长发放活动通知是幼儿园举办各类家长活动前必不可少的环节。在通知中一是要告知家长明确的时间，便于家长安排日程、做好准备；二是根据活动内容形式，提醒家长参与活动时的注意事项，如不要干扰幼儿的活动、不在活动中包办代替等；三是提醒家长注意观察孩子的行为举止和心理变化，从而发现孩子的优势；四是观察教师的教育方法，提升教育能力。

3. 与幼儿的一次谈话

在家长开放日的活动中，幼儿见到家长在旁边往往会显得非常激动，有点"人来疯"，甚至会忘记一直以来遵守的班级常规，导致场面混乱、难以把控。因此，教师可以在开放日的前一天和幼儿进行相关谈话。如，与小班幼儿说明家长开放日的内容，鼓励他们要表现乖巧，让爸爸妈妈开心，爸爸妈妈就会更喜欢他们；中大班幼儿已经有过家长开放日的体验，那么教师可以和他们一起讨论当天的活动，看看孩子们还有哪些建议。

4. 相关物质的准备

教师要注意做好场地、材料等方面的准备，整理好对幼儿的观察记录，保存好幼儿平时的手工、绘画等作品，以帮助家长全面了解幼儿在幼儿园中各方面的表现。

（二）家长开放日活动中

1. 注意家长的角色定位

在家长开放日活动过程中，教师要注意设计和发挥家长作为观察者、参与者、陪伴者、评价者的多重角色。家长作为观察者时要正确运用教师设计的观察表进行记录，教师要引导家长正确观察、评价幼儿，还可以适当帮助家长对观察

家长开放日
观察记录表

结果进行科学的分析；家长作为陪伴者时需要学会控制自己的手和嘴，不干涉活动中的孩子或包办代替，需要与其互动时切忌袖手旁观；家长作为参与者和评价者时要及时与教师沟通，并及时真实反馈自己的所见、所想、所思。

2. 控制时长与内容

开放日活动的安排既要符合幼儿的身心发展特点，还要能够吸引幼儿参与，保持幼儿的平稳情绪。如果活动时间持续太长，容易引起幼儿的厌烦情绪；如果时间太短，幼儿不能全身心投入，则削弱了活动效果。教师在活动内容、形式的选择上，可以根据不同年龄段幼儿的年龄特点和发展水平科学设计。活动内容要具有趣味性、操作性、探索性，才能够激发幼儿的兴趣和好奇心。此外，还要设计一些亲子活动来提升家长的参与度。

3. 组织家长间的交流

开放日中，教师应留出一定的时间让家长用于相互交流。不同类型的家长在活动中的收获是不同的，这种不一样恰恰为交流提供了可能性。教师应该鼓励家长根据自己的观察，讲述自己在本次活动中的心得以及发现的问题、产生的疑惑。家长可能会向教师或幼儿园提出一些意见，教师不要急于对家长的发言进行评价，也不要急于辩解，而应鼓励其他家长就这一问题发表自己的见解。这样才能形成一种真正的讨论氛围，实现家园之间交流、沟通的目标。

（三）家长开放日活动后

1. 做好反思

及时的活动反思可以促进下一次活动的完善。反思内容可以从准备、目标达成、人员分工合作、幼儿表现和家长参与、突发事件等方面展开，分析活动的成功经验和不足之处，一般由班主任老师带领班级成员共同完成。

2. 收集反馈

家长开放日活动结束后，教师应有意识地收集一些家长参加活动后的感受，可以主动引导家长讨论本次活动的收获和出现的问题，鼓励家长正确评价。同时教师应该及时记录、反思和改正，也可以利用开放日评价表或直接在家长微信群了解家长参与本次活动的感想，并对本次活动进行总结，再向家长反馈，使家长与教师共同进步。

家长开放日活动
家长评价表

小班新生入园时不适应，同样，他们的家长也不适应。当孩子们在幼儿园游戏的时候，很多家长朋友"坐立难安"，担忧孩子第一次离开家庭的呵护，在集体中得不到细致的照顾，可能会吃不好，睡不好。他们时常会有这样的行为表现，如在窗口偷看寻找自己的孩子，与教师交流过度，不能坚持让孩子天天上幼儿园，每天询问幼儿吃了什么、玩了什么、被谁欺负了没等重复话题……

针对家长的这些情况，小班上学期的家长开放日的主要任务就是帮助家长和他们的孩子尽早消除分离焦虑，逐步适应幼儿园生活。

四 家长开放日注意事项

（一）时间与对象要适宜

家长开放日不仅是要向家长展示幼儿在园生活和教师教育成果，更重要的是教师还要倾听家长的感受，收集家长的意见和建议。但每次都会有一部分家长由于时间上的冲突而不能参与其中。因此，教师要注意活动开展不能过于频繁，应提前部署，提前通知，让家长有充足的时间可以科学安排自己的行程。活动内容不要安排得太满，避免消极等待，可以适当增加一些过渡环节，也可尝试将自由、自主的活动融入集体活动，如区角游戏更能呈现孩子们在自然状态下的行为习惯、个性特点和发展水平。这样更有助于家长了解孩子活动的真实情况，针对性采取教育措施。

（二）内容和形式不能单一

家长开放日活动是体现家园共育成效的形式之一，是幼儿、家长、教师三方之间沟通的桥梁，能促进幼儿、家长、教师三方的共同成长。不同时期、不同形式的家长开放日活动，应该有不同的目标和侧重点。教师要从幼儿园的教育目标出发，结合本班具体的教育目标、幼儿现状、家长的实际情况、季节和重大节日等内容，来确定家长开放日的目标。形式上如果过于单一，活动将变得无味，也会减少幼儿和家长对活动的兴趣和探索欲望。

（三）"开放度"应足够

开放日活动的实施要充分展现幼儿园开放办园的理念。其一，要从家长的实际情况出发来确定开放日，方便家长参与，提高活动实效性。其二，场所要开放。固定的场所、单一的组织形式会使活动受限，无法达到家长开放日活动的目的。一般情况下，教师都喜欢在班级内开展开放日活动，导致开放日时人员过于拥挤，相互干扰。教师要充分利用幼儿园室外空间，甚至利用社区资源进行空间扩充。

思政在线

科学实施家庭教育需要先了解幼儿

陈鹤琴老先生提出的幼儿家庭教育理论强调了要在了解幼儿的基础上，顺应幼儿的发展要求来实施家庭教育。幼儿期对人生发展具有重要意义，幼儿园期是发展个人的最好机会。因此，要科学了解幼儿，有依据地实施家庭教育。比如，幼儿一般具有好动、好模仿、好奇等特点，科学实施家庭教育，就必须依据幼儿心理特点，随机地、面对面地进行，通过成人的言传身教，在自然的亲子活动中开展教育。

任务三　家长学校指导

所谓家长学校，就是以在园幼儿家长为教育指导对象，帮助家长改变教育观，提高家长的专业素质、教养能力，达到家园共同促进幼儿健康成长的学校。家长学校可以使家长更加清楚地了解幼儿园的办园理念，加深家长对幼儿教育的理解程度，还可增进家长之间的沟通和加强联系。

一　家长学校的意义

（一）是宣传家庭教育观念的主要阵地

著名教育家苏霍姆林斯基曾说："教育学应该成为所有人都懂得的一门科学——无论教师或家长都应该懂得它。"

好的家长学校，能改变家长的教育理念，提升广大家长的素质。幼儿园开办家长学校，通过家长学校向家长系统传授科学的家庭教育思想和方法，能够帮助更多的家长走出家庭教育误区。通过家长学校的学习，家长们能更客观地评估自己的教育方法，使家庭教育趋于科学规范，逐步获得理想的效果。

（二）帮助家长掌握家庭教育的现代科学知识和方法

家长学校的课程可针对家长普遍存在的教育问题进行设置。在这个过程中，家长学校要对家长的品德修养、文化学习、行为规范等诸多方面提出具体的要求，重点强调家长的表率作用。要求家长事事做幼儿的榜样，时时做幼儿的楷模，从而使家长意识到自己是教育者，是孩子的第一任老师。只有家长真正成为孩子学习的榜样，家庭教育才能事半功倍，收效明显。在家长对家庭教育有了新认识的基础上，幼儿园通过每学期的家长学校学习机会，向家长们系统介绍教育方式方法，利用优秀家长的成功经验，帮助他们更新教育观念，真正掌握科学的教育方法。

（三）形成教育合力的重要途径

家长学校是家园合作的重要平台和纽带。孩子的教育问题，单靠幼儿园和教师是不够的，必须调动家长和社会的力量。相当多的家长常常因为认识不到位，觉得教育孩子的任务就应该交给幼儿园和教师这样专业的场所和人员，这一方面说明幼儿园与家庭、教师与家长尚未形成教育共识，幼儿园教育与家庭教育没有成为一个整体；另一方面也说明家长对教师缺少积极配合的态度。开办家长学校，建立起家园联系的桥梁，有助于家庭与幼儿园、教师与家长的沟通。办好家长学校，能最大程度地发挥家庭教育环境的教育功能，促进幼儿园与家庭教育的连接，有利于家园沟通，从而形成教育合力，促进幼儿发展。

二 家长学校的类型

家长学校是幼儿园工作的重要组成部分，幼儿园需要遵循家长教育规律系统地开展工作。家长学校一般分为如下几种类型。

（一）授课型家长学校

授课型家长学校一般会提前向家长发放问卷，或进行访谈，统计分析出家长在教养子女中急切需要解决的教育难题、共性问题，分专题，系统性、针对性地在家长学校传授有关知识，使他们能够正确地掌握科学的家庭教育方式与方法。如，请有关资深专家向家长系统地宣传家庭教育、科学育儿知识，讲解家庭教育的重要性、特点与原则等内容，奠定教育理论基础；聘请本园教师，结合幼儿年龄特点、实际发展水平谈家园共育策略；邀请家长根据自身成果和经验进行分享，传授育儿方法。这样的操作，在提高家长教育水平的同时，又促进了幼儿园师资队伍的成长。

（二）网络式家长学校

针对家长工作都很忙的现状，幼儿园还可以尝试建立网上家长学校，家长可以根据自己的时间安排、自身特点和需求自由选择需要的课程，只要家长愿意学习、想学习，随时随地都可以通过网络进行学习。这种教育方式不仅可以很大程度上地提升家长学校的覆盖率和使用率，让更多的家长有机会走进学校学习，还能切实提升家长参与学习的激情与热情，更加有效地发挥出家长学校应有的作用。参加培训的家长不仅可以听专家讲，还可以把自己的经历和体会讲给专家和其他家长们听，必要时，可当作典型案例在网上学习平台分享。

（三）对象分类型家长学校

家长学校是属于所有家长的学校，按对象分类来开展工作可以让其教育效果更具针对性。一是幼儿园的家长在孩子不同的年龄阶段会有不一样的关注点，有明显的年龄特点，所以家长学校也可以按小、中、大不同年龄段来分别授课。二是幼儿的看护人也有差异，因为年龄、职业、性别、性格等所带来的教育视角、教育认知及在家庭中的教育地位不一样，不同看护人所具有的家庭角色也会具有相应特征。所以，家长学校也可以依据幼儿看护人角色的不同来组织母亲专场、父亲专场、祖辈专场，其中母亲专场还可以分成全职妈妈和非全职妈妈专场。这样分对象类型来设置家长学校课程，能提高家庭教育指导的针对性。

爸爸专场
家长学校方案

三　家长学校组织策略

（一）家长学校工作开展前

1. 健全机制

全国妇联、教育部、中央文明办《关于进一步加强家长学校工作的指导意见》（以下简称《指导意见》）中指出："家长学校要按照阵地共用、资源共享、节俭办学、务求实效的原则，努力达到有挂牌标识、有师资队伍、有固定场所、有教学计划、有活动开展、有教学效果的规范化建设目标。在教学内容上要依据《全国家庭教育指导大纲》，因地制宜地开展宣传实践和指导服务。在教学形式上要针对家长儿童需求，采取灵活多样的教育和传播手段。在组织管理上要健全工作机构，完善管理制度，不断提高家长学校办学质量和水平。"因此，幼儿园的家长学校应该围绕以上要求的原则及目标不断完善家长学校的组织管理及师资队伍建设工作。

幼儿园家长
学校工作制度

《指导意见》要求幼儿园家长学校校长由园领导兼任，与负责具体事务的教师、家长代表等人员共同组成校务管理委员会，负责家长学校日常管理工作。家长学校师资由幼儿园教师或聘请相关专业人士、志愿者担任，场地可利用现有的活动室、教室等。

2. 课程的准备

家长学校在教学内容上除了与《幼儿园工作规程》《幼儿园教育指导纲要（试行）》保持一致，还要以《全国家庭教育指导大纲》为依据。《全国家庭教育指导大纲》从制定依据、适用范围、指导原则、指导内容与要求、保障措施等方面全方位规范了家庭教育指导的基本精神与行为。教学内容要通俗易懂，符合大多数家长水平，还要有针对性和实践性。保证针对性的前提是做调研，了解不同家长对理论知识的需要，选择家长所急需掌握的科学知识。实践性指教学内容理论和实践的结合，必须对家庭教育有切实的指导意义和价值，能让家长学习之后会用，能解决家庭教育中遇到的实际问题，而且有明显的效果。

3. 师资队伍的准备

家长学校需要有较为稳定的专任、兼职师资队伍，才能保证其专业性和稳定性。幼儿园既要外请专家也需要培养自己的师资。班级教师掌握本班级幼儿的年龄特点、发展水平以及家长的具体情况，他们的指导也将更具针对性和实用性，能更好地引导家长以正确的方式关注幼儿的学习和成长。除了外聘专家、班级教师以外，优秀家长也是家长学校师资队伍的力量。可以挖掘和鼓励优秀家长承担家长学校的宣讲任务，他们的成功经验更能激起其他家长的共鸣和认同。

（二）家长学校工作开展中

1. 教学方式多元，调动家长学习积极性

家长学校的对象都是成人，照本宣科、长篇大论、抽象说教均会影响家长学校的教学效果。家长学校可以开展主题讲座，每学期举行 1—2 次全体家长参加的家庭教育主题学习。例如，针对小班新生家长的"有效消除小班幼儿入园焦虑"，针对中班幼儿家长的"孩子撒谎了怎么办"，针对大班即将毕业家长的"幼小衔接"等主题。这些讲座内容便于家长更深层、更透彻地了解幼儿所处年龄阶段科学的育儿知识，促进教育观的改变，也让有需求的家长更自主、积极地参与家长学校活动。除了针对性强的不同主题学习，还可以从组织形式上丰富教学方式，如家长沙龙、入园观摩、家长座谈等都是不错的选择。

2. 增加互动，提升家长学习实效性

家长学校可以在学习的过程中增设家长交流环节，通过互相讨论、实景模拟、角色扮演等活动让教师与家长、家长与家长之间充分互动，针对不同的教育主题进行心得交流，在讨论中发散家长的教育思维，提升家长的教育知识水平。

（三）家长学校工作开展后

1. 注重档案收集

家长学校档案资料的收集和整理能为不断完善家长学习管理工作提供参考依据。如家长学校组织机构、规章制度，各班家庭教育的目标、内容、形式和方法，各个专题讲座的教

案，以及家长每次参加学习的考勤记录等，每年均可进行收集、整理、归档，为下一年家长学校工作内容的确定，教育内容的更新，教育形式、方法的改革，教师家庭教育能力的评估等提供参考。

2. 运用激励机制

家长学校应建立考核和奖励的激励机制，它是吸引家长积极参与、提高家长的整体教育素质的重要举措。丰富评价的角度和维度，细化各项评价标准，可结合家长在家长学校的参与频率、考试成绩，在自评、互评甚至幼儿评中增强家长与家长学校的连接，让家长在评比中得到激励。此外，也可开展"家长心得"征文、"家庭教育经验"的征集等，对参与家庭予以积分鼓励，纳入学期评选考核依据之中，让父母积极转变参与家长学校的态度，增强学习的主动性。

哲哲妈妈参加家长学校会议后的感言

很感谢家长学校和老师们组织的今天这场幼小衔接会议。会议邀请了小学的优秀老师和校长，以及学生家长进行了幼升小的答疑、经验分享和政策解读，这正是我们大班家长们急需了解的内容。通过学习，我的主要收获如下。

第一，入学前学生和家长的心理准备。不要过多焦虑，可提前带孩子了解幼儿园和小学的区别。

第二，学习习惯和自理能力的准备。不要过分追求提前学，应更多关注基础能力的培养。

第三，阅读习惯的培养。收到了老师家长们的低年级好书清单。

作为家长的我们，应该有耐心，陪伴孩子一起做好步入小学的准备，然后静等花开。

从这位家长的感言中我们可以确定，这次家长学校组织的会议的效果不错，确实解决了家长当下的教育困惑，真正用心因家长之需来设置的课程内容一定会受到家长的欢迎。

四 家长学校的注意事项

（一）要加强宣传力度

成人的思维模式导致家长们会把教育对象锁定在孩子身上，而忽略了自身也属于应该继续学习和受教育的群体。为引起家长的足够重视，家长学校的宣传也就显得尤为重要。幼儿园可以结合实地宣传和网络宣传的方式，通过海报、公众号、展板、专栏、资料发放等途径来实现宣传目的。除了工作开展前的宣传，还要关注工作开展后的宣传。幼儿园可以利用家长反馈、学习后的实践经验报告等让家长感受家长学校的学习实效，从而愿意并主动参加家长学校的学习。

（二）不可出现商业行为

家长学校不可出现商业行为。商业化后的家长学校将失去家长的信任，引起家长的反感。因此，幼儿园要注意甄别受邀专家的课程形式、课程内容。一旦让家长对家长学校的运营产生不良印象，就会大幅度降低家长学校在家长心中的权威性，从而让家长学校工作陷入困境。

思政在线

家庭教育和幼儿园教育协同育人

家庭教育在帮助孩子培养道德品质，塑造世界观、价值观方面，具有极其重要的作用。家庭教育是一个人接受最早，对一个人影响时间最长、影响最深远的教育。家庭教育不同于幼儿在园的集体教育，家庭教育面对的是个体，更能做到有针对性地因材施教、因事施教。因此，家庭教育在培养孩子品德、树立正确人生观方面要优于幼儿园教育，极大地补充了幼儿园集体教育的不足，对培养孩子的健全人格、良好道德品质、良好行为习惯至关重要。

模块二　实训指导

任务一　小班下学期家长会

一　实训背景

新学期，园领导要求组织一次班级家长会。这是小班第二学期了，主班黄老师决定让年轻的配班丁老师锻炼一下，尝试组织一次家长会。丁老师写了一份活动方案，黄老师一看，发现只有主体的流程部分，缺少了目标、准备等关键要素。这样一份家长会方案实施起来会有问题吗？请你阅读以上材料，分析相关情况，分组设计家长会方案并进行演示。

二 实训目标

（1）能积极与家长交流，家园合作共同针对问题分析原因，寻找对策。

（2）能充分与家长交流并取得支持，家园配合有效解决问题。

三 实训准备

经验准备：知道家长会的基本环节。

物质准备：家长会计划表、PPT、视频、游戏背景音乐等。

家长会计划表

四 实训过程

1. 回顾幼儿成长经历

播放 PPT"天使在成长"，回顾上学期重大活动和家长、幼儿在活动中的付出与成长，展望本学期能继续成长。

2. 热身游戏"成长"

游戏玩法：每位家长都是一个未经孵化的"蛋宝宝"，经历九级方能孵化成功。家长需要分别两人为一组，进行石头剪刀布的游戏，赢的人可以进化一级，输的人退化一级，孵化成功即完成游戏。

小结：在游戏中每个人孵化成功的先后顺序是不同的，而且每个人的感受也是不同的。游戏无关乎结果，最终每个人一定都会有自己的收获，这也是我们今天家长会中想传递的观念：尊重每一个人的想法，收获多元的感受与智慧，在交互讨论中更好地汲取育儿的智慧。

3. 家长沙龙

（1）主题：如何培养孩子的良好习惯？

（2）目的：借助集体的力量，解决教育、生活中的共性问题，帮助孩子学会遵守规则、和同伴交往以及养成良好的生活习惯。

（3）形式：随机抽签分为四组，每组选出一名组长和一名记录人，每组就一个方面的问题进行研讨，组长负责汇报，组员可进行补充说明。

（4）要求：组员讨论 10 分钟，汇报时间为 3—5 分钟。

（5）教师结合各组发言进行小结。

4. 班级现状及本学期重点工作介绍

（1）介绍新学期教育教学目标及举措，针对新学期各项活动，提出家园合作要求。

（2）表彰，宣读名单。

（3）分享视频《孩子看了，孩子做了》。

5. 家长会总结

小结：孩子就像一棵苗壮成长的小树苗，在经历风雨的同时，也有可能抵挡不住强风，而朝着另外一个方向生长。父母就像是细而坚韧的线，温和而坚定地把长歪的树苗扶正。只是这根线该如何温柔地拉，如何正确地引导，是每个家长需要思考和努力的。为了孩子们有个美好未来，让我们一起来努力，从小培养孩子的好习惯。

结束语：再次感谢各位家长的到来！以后有什么事情，欢迎各位家长直接跟班级老师沟通，我们很愿意聆听家长们的宝贵意见，希望多沟通、多交流，一起为了孩子们的健康快乐成长努力！今天的家长会到此结束！

五 实训注意事项

（1）一定要提前对班级幼儿情况、家庭情况进行分析之后，结合班级工作计划进行家长会方案设计和实施。

（2）还可先组织班级成员，邀请班级家委会成员一同讨论家长会方案，对工作准备、人员分工等细节工作进行具体部署。

六 实训延伸

针对家长会的准备环节设计邀请卡。

任务二 中班期末家长开放日活动方案

一 实训背景

临近期末，组织一次家长开放日活动能让家长走进幼儿园了解班级的各项工作，感受孩子这一学期在园的生活与成长，对于家园关系有着不可忽视的作用。请分组设计家长开放日活动方案并进行演示。

二 实训目标

（1）增进亲子间的情感，激发幼儿和家长参与活动的兴趣和热情，使家长感受本园的特色及文化氛围，体验儿童世界的快乐。

（2）为每个孩子提供展示自我的舞台，增强孩子的自信心，激发孩子的自豪感。

三 实训准备

经验准备：提前发出邀请，告知家长活动的时间和地点，家长进行预报名；根据家长反馈信息及时调整活动流程和内容；招募家长义工共同组织活动；幼儿提前熟悉相关游戏玩法，并教会参会家长。

物质准备：邀请幼儿共同策划并布置环境；邀请函、班牌、配套 PPT、衔接音乐、手工材料、观察记录表等。

四 实训过程

（1）家长签到，领取观察记录表。

（2）班主任介绍幼儿在园一日生活流程，重点解读每个环节的教育价值，帮助家长了解幼儿的每日生活并交代活动要求。

（3）家长在教师的组织下，观察幼儿在园的学习、生活、游戏。

（4）亲子体育游戏活动。

（5）颁奖典礼（表彰幼儿、家长）。

（6）互动交流，结束活动。

五 实训注意事项

（1）活动当天，师生均应身着园服。活动前的通知需到位，保证幼儿当天来园率100%，提高孩子的活动积极性。

（2）区域活动要有指导目标，材料充足，开放的区域能满足全班孩子共同参与。活动形式应多样、灵活，注意学科内容间的联系。

（3）班级活动安排有序，突出综合性和整体性，要有自己班级特色。在展示活动中，教师们一定要注意面向全体，在关注全体幼儿反应的同时，能注意满足个别幼儿的需要。注意现场调控，把握好细节处理，使每一个孩子都有展示的机会。

六 实训延伸

（1）增加与家长沟通的频次，引导家长了解家长开放日的意义。

（2）完善家长开放日制度。

任务三 大班家长学校专题活动方案

一 实训背景

对于即将升入小学的幼儿，重要的是养成良好的学习习惯，很多家长却过于重视知识和技能的学习。有一次，中班的丁丁爸爸找到老师询问："老师，我们家孩子什么都没学，上小学跟不上怎么办？今天教她写数字，一个简单的 2 教了很多次，她都总写反，这该怎么办啊？我朋友家的孩子都会写到 100 了！"请你阅读以上材料，分组设计大班以幼小衔接为主题的家长学校专题方案并进行演示。

二 实训目标

（1）让家长了解教育中孩子问题的缘由，对幼儿园老师的工作更加了解。

（2）提供家长与教育专家交流、学习的机会，丰富家长的教育智慧。

（3）提升家长观察幼儿发展的能力，学会信任和认可幼儿游戏。

幼儿游戏观察表

三 实训准备

经验准备：提前开始筹备，通知家长活动的时间和地点，保证家长参与率。征集一位有经验的毕业生家长做入学准备分享，与小学教师做好分享需求的沟通。

物质准备：邀请函、视频、PPT、场地。

四 实训过程

（1）主持人开场，介绍活动。

（2）园长致辞。

（3）专题讲座。

（4）毕业生家长代表分享"让孩子快乐起飞"，小学教师分享"智慧助力，静待花开"。

（5）幼儿在园游戏集锦视频播放。（视频字幕说明游戏中幼儿的学习准备、身心准备、社会准备）

（6）答疑解惑。

五 实训注意事项

（1）活动当天工作人员及时到场，各司其责，注意各个环节的衔接。

（2）活动前提醒家长准时到会，不迟到，为孩子做好榜样。

（3）家长自行准备笔记本和笔，做必要的书面笔记。

（4）家长提前准备好相关问题，以便互动咨询。

六 实训延伸

观察幼儿在园一日活动、游戏、生活等环节中的表现，可在班级家长会、幼儿园家长学校等场景中加强对《3—6岁儿童学习与发展指南》《幼儿园入学指导要点》的宣传与学习。

———— 思考与练习 ————

一、单选题

1.体验式家长会的特点是（　）。

A. 全体家长都是主动的参与者

B. 教师讲、家长听

C. 围绕一个主题内容开展的家长会

D. 以上皆对

2.家长会是（　）。

A. 教师显示权威性的平台

B. 家长和教师互相了解的平台

C. 幼儿展示的平台

D. 家长交流的唯一平台

3.以下针对家长会主题设计的描述不对的是（　　）。

A.针对家庭教育困惑设定主题

B.针对教师专业成长困惑设定主题

C.针对班级幼儿发展现状设定主题

D.针对班级建设设定主题

4.下列关于方案设计的说法正确的是（　　）。

A.开家长会之前不一定都需要设计方案

B.发言稿中开场和结束语都要尽量详细，时间长短无所谓

C.方案的基本要素包括主题、时间、地点、分工、内容

D.方案不需要很详细

5.以下（　　）不是网络式家长学校的特点。

A.时间自由　　　　　　　　B.地点自由

C.课程自由　　　　　　　　D.学习质量自由

二、判断题

1.家长开放日活动通过展示幼儿一日生活或教育活动，来转变家长的育儿观念，从而促进幼儿身心全面发展。　　　　　　　　　　　　　　　　　　　　（　　）

2.对于教师而言，幼儿的教育与管理就是自己的工作职责，不需要家庭教育的配合。　（　　）

3.在教师精心设计的开放日活动中，孩子有机会与家长共同参与体验，促进亲子关系的健康发展。　　　　　　　　　　　　　　　　　　　　　　　　　（　　）

4.家长开放日也需要教师有准备、有目的、有组织的开展，这样有助于提高家长开放活动的效率。　　　　　　　　　　　　　　　　　　　　　　　　　（　　）

三、简答题

1.家长会的类型有哪些?

2.组织家长开放日的意义是什么?

3.授课型家长学校的特点有哪些?

四、案例分析题

1.阅读材料，回答问题。

春季新学期，业务园长要求各班级在开学一个月内召开一次家长会。小班的周周老师有点发愁。春季是小班孩子入读的第二个学期，这个时期的班级家长会一般会在家长们已经互相熟悉的基础上设计活动流程。但是，今年周周老师班上新加入了3名幼儿，召集新旧家长一起开会，这样的家长会要怎么开才合适呢? 周周老师组织配班老师以及保育老师一起开会商议。敏敏老师说："我觉得可以用游戏的方式来介绍新家长，帮助他们快速融入我们班集体。"言老

师说："我觉得没有必要刻意突出他们是新加入的，按常态流程走就行。"经过一番讨论，最后把流程定为：播放暖场视频—欢迎新朋友—体验游戏—育儿话题讨论—介绍本学期班级具体工作计划。

问题：案例中的幼儿教师的家长会流程设计是否合适？这位周周老师在组织家长会的准备环节有哪些行为值得我们学习？

2. 阅读材料，回答问题。

幼儿园生活是幼儿第一次进入集体学习、生活的关键转折期，每年的九月，幼儿园都会哭声一片，这是因为小班孩子们面临首次与家长分离，需要一个人独自面对陌生的环境、陌生的人，很多事情都不能任由自己的想法去做，很多事情都必须自己完成。这样的环境之下，小班幼儿产生了分离焦虑，没有了安全感。除了大部分幼儿会这样，其实很多家长同样会有分离焦虑。我们往往可以在幼儿园门口看到与孩子一同哭泣的家长。针对这类情况，小班年级组的老师们收集整理相关家长信息、家访信息，共同商议新学期家长学校课程内容，想方设法帮助幼儿及其家长有效减少或消除入园焦虑。

问题：案例中的老师们的行为是否合适？老师们在发现问题、解决问题的过程中，有哪些行为值得我们学习？针对这一现象，我们还可以开展哪些工作？

单 元 八

幼儿家庭、幼儿园与社区共育工作

 学习目标

素质目标

→ 认同幼儿园、幼儿家庭及社区多方协作育人对幼儿的成长发挥积极作用。

→ 愿意前往幼儿园、家庭及社区开展实践，积极开展共育工作。

知识目标

→ 知道幼儿家庭、幼儿园与社区共育工作的内涵和意义。

→ 理解幼儿家庭、幼儿园与社区共育工作方案设计的原则。

能力目标

→ 能够协调幼儿家庭、幼儿园与社区三方主体，设计一个具有可操作性的共育活动。

→ 具备较好的沟通协调能力和团结协作能力。

 **单元导航**

幼儿家庭、幼儿园
与社区共育工作
├─ 理论奠基
│   ├─ 幼儿家庭、幼儿园与社区共育工作概述
│   └─ 幼儿家庭、幼儿园与社区共育方案设计
└─ 实训指导
    ├─ 社区资源调研实训
    └─ 家庭、幼儿园、社区共育——端午节

情境导入

　　李老师是一名刚入职的幼儿园教师，她对待工作认真，性格活泼开朗，初入职场的她希望自己能有三头六臂来处理各项事务。在一次园内教师交谈会上，李老师向王园长请教：自己作为一名幼教工作者，她能够有意识地通过开展家长会、建立家长群、接送交流等工作为家庭教育提供指导，但是对于设计与组织一次家园社共同参与的活动，她表示不知从何入手。

　　对于很多幼儿园教师来说，开展幼儿家庭、幼儿园、社区共育工作还比较陌生，本单元将从幼儿家庭、幼儿园与社区共育工作概述，幼儿家庭、幼儿园与社区共育方案设计等方面进行理论与实务的学习。

模 块 一　理论奠基

任务一　幼儿家庭、幼儿园与社区共育工作概述

一 幼儿家庭、幼儿园与社区共育工作的内涵

　　什么是幼儿家庭、幼儿园与社区共育？有的学者认为：幼儿园、家庭、社区协同共育是指在一定的社会背景下，由幼儿园及教师、幼儿家庭及家长、社区及社区服务人员在幼儿成长的过程中，各尽其责，各尽所能，形成教育合力，共同促进幼儿身心健康发展。也有的学者认为："家园社"共育，其主体为幼儿园、家庭与社区，三者互相支持、配合，以幼儿发展为导向，构建在幼儿园主导下的、家庭与社区有力支持配合的"三位一体"合作共育模式，以此达成促进幼儿全面发展的目标。还有人在研究中指出：幼儿园、家庭和社区应开展协同教育，使幼儿园、家庭和社区三方发挥各自的资源优势，协同合作、相互支持、相互促进，形成教育合力促进幼儿的健康成长，同时促进自身教育水平的提高，并且这种协同的方式有多种形式。

　　综上所述，学界对于幼儿家庭、幼儿园与社区共育的理解有以下共通点：其一，幼儿家庭、幼儿园与社区共育的理念受到社会背景的影响，如社会状况、阶级构成、经济结构、社会现象、教育政策等。改革开放初期我国处在经济复苏阶段，社区的教育功能及作用未被发掘重

视，共育理念更多地倾向于家园共育，主要探讨幼儿园与家庭之间两个主体的联结。时至今日，幼儿家庭、幼儿园与社区共育理念已然发生了明显的变化，幼儿家庭、幼儿园和社区均要履行各自的教育职责，充分发挥作用。其二，幼儿家庭、幼儿园与社区共育的对象是幼儿，要坚持以幼儿为本的原则，共育要符合幼儿的身心发展规律和年龄特点。其三，幼儿家庭、幼儿园与社区共育的实施效果由幼儿园、家庭及社区三个主体共同发挥的作用决定。共育主体不再仅限于"两两对向式"，即狭隘关注两个主体之间的协同共育，家园共育、家社共育，实施过程中也不断解决了当前存在的某一方主导另一方的"支配式"共育形式问题，如幼儿园直接告知家长应该怎么做，其目的是让家长配合某次主题教育活动顺利进行等。如今，幼儿家庭、幼儿园与社区共育强调"三者协同式"，三个主体均处在同等地位，围绕幼儿的成长相互协调，通过不同的方式共同发挥教育作用。

基于目前的共识并结合新时代的要求，本书中的幼儿家庭、幼儿园与社区共育指的是在当前的社会背景下，由幼儿家庭、幼儿园和社区三个主体相互配合、相互支持、相互协调，各自发挥教育优势，以促进幼儿全面发展为教育目的，形成教育合力的一种新时代的教育模式。幼儿家庭、幼儿园与社区共育工作是幼儿教师、幼儿园管理者、家庭教育指导服务从业人员、社区家长学校工作人员等相关职业人员将新时代幼儿家庭、幼儿园、社区共育理念付诸实践的劳动过程。

二 幼儿家庭、幼儿园与社区共育工作的意义

（一）促进国家相关政策法规的落实

习近平总书记指出，"教育是国之大计、党之大计"，"办好教育事业，家庭、学校、政府、社会都有责任"。为贯彻落实党中央精神和党中央决策部署，近年来，我国陆续出台了多项政策和法律法规，明确提出家庭、幼儿园、社区应当形成教育合力，建立协同育人有效机制。因此，各方力量应当积极行动起来，切实有效地开展幼儿家庭、幼儿园与社区共育工作，这是对落实国家相关政策和法律法规的积极响应。

《幼儿园教育指导纲要（试行）》中明确提出家庭是幼儿园重要的合作伙伴。幼儿园应本着尊重、平等、合作的原则，争取家长的理解、支持和主动参与，并积极支持、帮助家长提高教育能力。同时幼儿园应当充分利用自然环境和社区的教育资源，扩展幼儿生活和学习的空间。对于幼教工作人员来说，幼儿家庭、幼儿园与社区共育工作应是一项常规性工作，但由于受到当时的时代背景、师资条件、社会资源匮乏等多方面因素影响，协同育人成效并不显著。

当前，家庭、幼儿园、社区协同育人引起了党和国家的高度重视，一系列文件的陆续发布为幼儿家庭、幼儿园、社区共育工作的开展指明了具体方向。幼儿

知识链接

家庭、幼儿园与社区共育工作的开展事关幼儿的全面发展，同时也事关国家的教育发展和民族未来。

（二）有利于幼儿全面发展

幼儿的教育工作是一个复杂的系统工程，幼儿家庭、幼儿园、社区三个主体需要共同努力、协同运作、明确方向，方能形成教育合力，切实保障幼儿的全面发展。李生兰在其著作中指出，儿童的发展受到来自幼儿园、家庭和社会的综合影响，只有将三方力量结合起来，才能形成强大的教育合力。

一方面，通过家庭、幼儿园、社区三方联动能实现教育的统一性和延续性。参与幼儿教育的各方人员齐心协力，对准同一把尺子，才能够有效避免幼儿学习生活上出现"5+2=0"的现象，实现幼儿教育的目的。除此之外，幼儿的活动空间能够得到扩大，资源实现共享互补，各方参与人员相互配合，能够共同促进幼儿在思想品德、身体素质、行为习惯、人际交往、审美能力等各方面得到有效发展。

另一方面，开展幼儿家庭、幼儿园与社区共育工作能够切实保障从家庭教育、学校教育和社会教育三个角度构成幼儿教育的完整体系。对于幼儿来说，家庭、幼儿园和社区是幼儿主要接触的教育空间。统一家长、幼教工作者、家庭教育指导工作者、妇联职能部门等各方人员的教育理念，协调实施科学正确的教养方式，亦是为充分调动全社会力量为培养德、智、体、美、劳全面发展的社会主义建设者和接班人而努力奋斗。

（三）提升家长教育素质及能力

习近平总书记在2018年全国教育大会上发表了讲话，他指出："家庭是人生的第一所学校，家长是孩子的第一任老师，要给孩子讲好'人生第一课'，帮助扣好人生第一粒扣子。"第一课怎么上？第一粒扣子怎么扣？第一任老师怎么当？解决这些问题的核心就是提升家长的教育素质及能力，幼儿家庭、幼儿园、社区共育工作的开展无疑是一条有效提升家长教育素质及能力的途径。

结合幼儿园、家庭和社区三方主体力量，通过家长会、家长群交流、科学育儿知识宣讲、社区公益家长服务等形式，能够直击家长在家庭当中面临的问题，减少家长育儿过程中的所走的弯路，纠正"重智能、轻德育"等错误观念，让家长感受到有疑可解、有难可帮、有法可寻，在提升家庭教育质量的同时增加家庭幸福感。当前，我国家庭教育领域中的重点和关键是解决一些由于父母或其他监护人家庭教育主体责任意识不强，对未成年人存在着生而不养、养而不教、教而不当等的突出问题。幼儿家庭、幼儿园与社区共育工作的推进能够让家长认识到幼儿期是人生发展过程中的重要时期，家长言传身教具有重大意义，因而能自觉发挥榜样作用，肩负起养育、教育的责任和义务，做一名合格的幼儿家长，弘扬优秀的家教家风。

（四）有助于充分整合教育资源

家庭教育、幼儿园教育、社区教育虽然在教育目标、教育内容、教育形式、教育功能等各教育要素上存在着明显的区别，但是它们均有着自身的特殊性和优越性。家庭教育具有启蒙性、权威性、针对性、感染性的特点，一般来说，家庭教育的开展主要是由家长有意或无意的教育影响着孩子，教育影响持续时间长，教育对象大多为一到两个孩子，这样的教育形式易形成明显的感情纽带，有利于开展因材施教的个别教育。但是，家庭教育容易出现家长专业性不强、主观意愿强烈、缺乏科学计划等因素造成的幼儿教育效果不佳等现象。幼儿园教育是有目的、有计划、有组织地专门开展的教育，具有科学的教育计划及专业的幼教团队，但是一般教育的形式以集体活动为主，难免会出现顾此失彼的情况，无法做到面面俱到，也很难细致深入地了解每一个幼儿。社区教育具有公开性、大众性、宣传性的特点，教育资源丰富，内容形式多样，但是并不针对幼儿这一集体开展，角色责任意识相对较低。同时，社区是一个公共的环境，幼儿接触的信息五花八门、鱼龙混杂，因此，在开展社区教育的同时需要成人的科学引导和有效传递。

面对幼儿的教育，家庭、幼儿园和社区彼此之间并不是独立割裂的关系，而应当是合作互补、共同协调、深入配合的关系。只有家长、幼教工作者及社区各方人员树立大教育观，正确认识幼儿教育，才能让家庭教育、幼儿园教育和社区教育发挥彼此的优势，扬长避短，实现教育的最优化，充分发挥整体效应，产生最佳的教育效果。

（五）紧跟世界教育的时代步伐

近年来，围绕"家—园—社区共育"主题的研讨会热度不减，越来越多的幼儿园开始分享并推广可行的实践模式，各方参与人员更深刻地认识到幼儿园、家庭、社区开展协同育人机制能够更好地起到育人效果。这是世界幼儿教育的发展趋势。

美国在20世纪70年代提出了"开端计划"，强调了家庭参与儿童教育的重要作用及影响，为家长和儿童的发展提出了具体的目标。尤其重视社区功能的发挥，计划指出要对社区资源进行评估，以建立全面覆盖的服务系统，有效利用社区资源为各幼儿家庭提供支持和帮助。英国随后提出了一系列的针对儿童发展的项目计划，政府投资建立社区服务中心和社区服务网络，通过网络有效整合各项教育资源，加强各方机构的联系，为幼儿家庭的发展提供更好的支持与服务。与此同时，英国政府设立独立的专门部门——教育标准办公室来制定全国统一的服务标准规范，实现对各社区的督导、检查、交流和学习等功能。

我国相较于西方国家来说，家—园—社区共育工作起步较晚，这也充分说明这一项工作还有巨大的发展空间。世界教育规划研究专家沙布尔·拉塞克、乔治·维迪努认为，"教育是一个民族的'神经系统'，是一个民族的传统和期望的最好的表达"，"学校不可能垄断教育，因而必须把学校同家庭、孩子周围的人们以及大众传播媒介的影响协调起起来"。未来，进一步丰富家—园—社区共育工作理论研究，推动家—园—社区共育工作高效开展，不断探索本土的家—园—社区共育模式将会是我国各方人员的一项长期的教育工程，亦是一项紧跟世界教育步伐的重要举措。

三 幼儿家庭、幼儿园与社区共育工作的基本合作途径

（一）幼儿园主动引领教育

在幼儿家—园—社区共育工作中，幼儿园承担着"专业引领者""安全守护者""研究指导者"的关键角色，不仅要实现全面育人的教育目的，还要为广大家长提供服务，在科学指引幼儿及家长的双向成长方面起着不可替代的重要作用。为实现共育工作的开展，幼儿园首先要切实发挥主动引领作用，通过多种途径和方法，鼓励、引导、支持家长参与各项活动，争取到社区对幼儿园的多方支持。

（二）家长切实履行教育责任

家庭教育是幼儿的奠基性教育，也是影响幼儿一生的教育。家长切实履行教育责任是家长参与合作共育工作的前提，家长要自觉承担起生育、养育、教育的责任，只有这样，幼儿园才能针对性地开展家庭教育指导，优质的社区资源才能走进家庭，更好地为幼儿家庭提供帮助。在幼儿的成长过程中，家长是家庭教育的育人主体，家长需要有意识地采取高质有效的陪伴，带领孩子积极参与幼儿园活动、学习育儿知识、参与社区公益讲座、走进公共文化交流场所（如博物馆、美术馆、图书馆等），密切关注幼儿的变化，利用多方力量共育幼儿成长。

微课：社区的内涵及构成要素

（三）社区有效支持教育活动

社区拥有幼儿家庭、幼儿园都不具备的资源优势，如商店、超市、书店、大学、图书馆、美术馆等都是教育资源。在共育工作中，要充分利用社区的教育资源，鼓励社区有效支持各项教育活动的开展，采取多项举措推动共育工作：一是对有需要的幼儿和家长提供便利性服务，二是积极配合幼儿园开展常规活动，三是协助幼儿园开展科研活动，四是设立各项机制落实保障，等等。

任务二　幼儿家庭、幼儿园与社区共育方案设计

一 幼儿家庭、幼儿园、社区共育方案的设计原则

（一）主体性原则

幼儿园与家庭、社区协同共育的落脚点是幼儿，以促进幼儿的全面发展为目的。因此，在设计活动方案时，须遵循以幼儿为主体的原则，一方面要考虑幼儿的身心发展特点和客观的生长规律，选择适合幼儿年龄的活动内容。例如，设计大型体育活动时，多人拔河可以让多个家长参加，却不适合幼儿，这是由于幼儿的骨骼、关节、肌肉及心脏等器官组织发育并不成熟，拔河不利于幼儿的身体发育。另一方面，激发幼儿参与的主观能动性，引导幼儿主动参与活动。在设计活动时，以直观感知、亲身体验和动手操作来吸引幼儿参与，激发幼儿的内在潜能。

（二）整体性原则

活动面向的对象既有家长也有幼儿，为了保障协同共育的教育效果，应考虑让全体的家长和幼儿都有参与感，拥有一个完整的活动体验。比如，事先征询家长的意见，确定方案细节；沟通活动的日期，提前告知家长预计的活动时长；发布规划的行程路线，确保家长不迟到不早退；等等。除此之外，家庭、幼儿园、社区协同共育活动着眼于促进幼儿的全面发展，应力求涉及面广泛、内容充实、科学指导，随着时代的发展不断创新与改进方案，促进幼儿全面发展。

（三）互动性原则

在设计活动时，教师应秉承"平等、尊重、合作"的理念，与家长、社区人员开展沟通，引导家长、幼儿、社区人员参与各项活动，实现互动。活动过程中要避免出现教师单方面对家长、幼儿开展"听课式"教导，而是要寓教于各个活动，让参与者在互动中学习、成长与收获，充分发挥活动的价值。

（四）实效性原则

幼儿家庭、幼儿园、社区共育方案要追求实际效果，具备可操作性，应根据当地幼儿园、幼儿家庭及社区的实际情况因地制宜，实事求是，贴近生活。比如，少数民族聚居地区的幼儿园可以结合当地特色，如湖南湘西地区迎新年就有打糍粑、吃糍粑的地方风俗，可以邀请家长，协同社区一起开展"做美食·品民俗"活动；在农村的幼儿园可以利用稻草、秸秆等开展手工、环境创设、劳动教育等活动；拥有海洋、森林、草原等自然资源的地区还可以结合自然特色来丰富社会实践活动；等等。遵循实效性原则意味着活动不要搞形式主义，而是要真正地挖掘当地社区资源，服务幼儿及家长，实现教育的价值和功能。

（五）趣味性原则

家庭、社区、幼儿园多方参与的共育活动相较于专门的教育教学活动来说，气氛要轻松、愉快、欢乐，活动的形式和内容要能吸引家长及幼儿的兴趣，实现寓教于乐。在有趣活动的吸引下，家长更愿意倾听与交流，没有太大的负担和压力，能够更快地和幼儿一起投入到活动中。通过一次次有趣的活动，家长感受到了收获和成长，在不知不觉中更新自己的育儿理念，也会越来越愿意主动地参与共育活动。

二 幼儿家庭、幼儿园、社区共育方案的主要类型

依据《3—6 岁儿童学习与发展指南》文件精神，以促进幼儿全面发展为目的，幼儿家庭、幼儿园、社区共育方案可以划分为健康、语言、科学、社会及艺术五大活动板块，以下分享一些常见的活动形式。

（一）健康活动

1. 春游、秋游

在一年四季中，春季是幼儿身高增长最快的季节，秋季则是幼儿体重增长较快的季节。除此之外，春秋季的天气相对温和，正所谓"春风和煦、秋高气爽"，均是适合户外活动的大好时节。一般来说，在综合考虑实际的天气情况之后，幼儿园可每学期开展一次出游，邀请家长携带自己的孩子参加，地点大多选择周边的自然风光带，如公园、农场、游乐场、海拔较低的山林等。

2. 运动会

不同于正式的运动会，幼儿园的运动会主要以亲子类、趣味式、娱乐性的运动类型为宜，引导全体家长与幼儿积极参与。常见的运动有跳房子、滚报纸、两人三足、大脚带小脚、羊角球大赛、比比搬运谁最快等。运动会的场地可以设置于幼儿园操场，若场地有限，也可以联系借用附近高校、体育馆、社区活动中心等的运动场。

（二）语言活动

1. 阅读分享

幼儿期是语言发展与成熟的重要时期，早期阅读有利于激发幼儿对书籍、阅读和书写的兴趣，培养前阅读和前书写技能。带领幼儿家庭养成阅读的习惯，可以开展以下分享活动。

（1）阅读打卡行动。通过微信、钉钉班级群等督促家长带领幼儿阅读，家庭与家庭之间互相督促，携手共进。

（2）故事大王系列活动。联合少儿图书馆，以讲故事的活动形式鼓励幼儿及家庭积极参

与，激发幼儿的成就感。

（3）图书流动的倡议。倡导家庭把已读过或者可再次循环利用的图书收集起来，有组织地让图书在各个家庭之间流动起来，或者投放到 24 小时图书馆、社区儿童阅读中心、幼儿园帮扶活动中心等，相互推荐分享，让越来越多的幼儿从小就有意识地多读书、读好书。

📂 思政在线

习近平总书记在给首届全民阅读大会的贺信中指出，阅读是人类获取知识、启智增慧、培养道德的重要途径，可以让人得到思想启发，树立崇高理想，涵养浩然之气。中华民族自古提倡阅读，讲究格物致知、诚意正心，传承中华民族生生不息的精神，塑造中国人民自信自强的品格。

习近平希望广大党员、干部带头读书学习，修身养志，增长才干；希望孩子们养成阅读习惯，快乐阅读，健康成长；希望全社会都参与到阅读中来，形成爱读书、读好书、善读书的浓厚氛围。

2. 听说游戏

倾听与表达是幼儿语言发展的关键经验，幼儿园、母婴机构、育儿科普官方网站等主体可以通过短视频、科普文章、育儿讲座等多种形式，为家长推广有趣好玩的听说游戏，丰富家庭教育指导途径，培养幼儿语言能力发展。如绕口令、词语接龙、故事骰子、你画我猜、比比谁的句子长等，均是适合在家庭中开展的语言活动。

3. 戏剧表演

戏剧表演活动以经典的文学作品为依托，幼儿园可以与当地的戏剧文化传承中心、高校相关专业建设基地等单位联合开展儿童戏剧表演等活动，推动幼儿、家长、高校学生、研究人员等多方成员参与，在实践中不断优化和改进，从幼儿园教育的"小循环"走向家庭、社会的"大循环"，以期共同收获与成长。

（三）科学活动

1. 户外自然探索

大自然中的花鸟虫鱼、山石丛林、溪水河海都是很好的教育资源，基于幼儿好奇、好问、好玩的天性，家庭、幼儿园、社区共育活动要引导家庭带领孩子走向大自然，在大自然的环境中开展探索活动。比如，蚂蚁怎么搬家？树能长多高？石头会长大吗？蜗牛有眼睛吗？对于这些问题的答案可以引导幼儿在大自然中寻找，幼儿在无形之中学会发现、观察、记录、对比等方法，探索蕴藏在自然界的科学奥妙。

2. 科普知识宣传

开展科普知识宣传需要全社会的共同努力。常见的科普活动形式如下。

（1）科技馆参观学习。在科技馆的环境中，专业人士的讲解能激发幼儿对航天航空领域、电磁光现象、自然天象等方面的探索兴趣，拓宽幼儿的视野。

（2）探索生活中的科学。如在家庭生活中，家长带领幼儿开展"镜子游戏""万花筒""种萝卜头"等活动，观察自然科学现象，为幼儿解答科学原理。

 延伸阅读

逛超市"逛"出小发明

徐州男孩殷恩泽4岁就开始发明创造，他的第一次发明灵感源于逛超市，在超市中购物的殷恩泽看见有人买鸡蛋要么就是买一盒，要么就是买一袋，当人们买一个或两个鸡蛋的时候，店家还会提供现在的包装吗？如果用袋子装，回家的路上鸡蛋会不会被碰破？众多疑问油然而生。

买完东西回家的路上，殷恩泽边走边想，快到家的时候，他灵光一现，脑海里忽然冒出了平时经常见到的扭扭蛋玩具，他又想起爸爸经常说的"加一加"这个发明创造技法，这不正是一个很好的鸡蛋包装器么？

说干就干，殷恩泽到家后，找出了一个闲置在家的扭扭蛋，正好是个鸡蛋的外形，不过这时候还不能放鸡蛋进去，因为鸡蛋和包装器之间还有一些缝隙，需要填满并固定住。

他找到一些海绵粘满包装器的内侧，海绵能起到缓冲保护的作用，就算鸡蛋从很高的地方落下，第一层有扭扭蛋坚硬的外壳保护，第二层有海绵的缓冲，这个鸡蛋肯定是破不了的！最终，通过十多次的实验，经过第一代、第二代、第三代的成品迭代，殷恩泽的设计终于完成了。

（四）社会活动

1. 社会职业体验

社区中的超市、医院、餐厅、宠物店等环境都是幼儿日常生活中频繁接触的，在这里有着从事不同职业的人群。带领幼儿走近不同的职业进行体验，有利于幼儿理解社会规则、遵守社会规范、增强社会责任感，为以后适应生活奠定良好的基础。如在超市中，幼儿可以体验收银员、售货员、理货员的不同角色，作为小收银员要协助完成扫描商品二维码，仔细核对，避免错漏；作为小售货员要热情活泼，想办法尽力推销商品；作为小理货员要学会分类对号摆放，归纳整理货架。幼儿在体验不同的责任分工后，逐步意识到自己的"职业担当"，收获认可度带来的成就感。

2.公益志愿服务

人人都是社会的一分子，社会这个大家庭的发展需要全体成员共同贡献力量。家庭、幼儿园、社区可以积极开展公益志愿服务活动，引导全社会成员团结一致，携手共进，让幼儿意识到参与公益志愿服务是一件非常自豪的事情。如，在入园和离园的高峰期，幼儿园的门口常常会堵得水泄不通，如遇到天气不好，情况会更糟糕，家长和幼儿可以发挥作用，协助社区人员一起维持秩序，确保大家的出行安全；重阳时节可以协同组织走访社区养老院的活动，为留守的老人送上一份温暖，传承尊老爱幼的传统美德；六一儿童节为社区福利院的孩子们策划节日喜乐会，共度美好时光；等等。

（五）艺术活动

1.节日习俗活动

我国传统节日众多，通过丰富多样的习俗活动，中国的独特文化得以传承。各地区的幼儿园常常会选择在节日期间开展家庭、幼儿园、社区共同参与的艺术活动，在浓厚的节日氛围中实现育人无形。我国的传统节日有除夕、春节、元宵节、清明节、端午节、七夕节、中秋节等。再加上我国地域辽阔，素来有"十里不同音，百里不同俗"之说，因此，各地区还会有一些地方特色的节日及习俗。如大年三十晚上，土家族人民会以摆手舞来迎接新年的到来；三月三时节，瑶族人民会跳长鼓舞来庆祝；在节日庆典时，桑植白族人民会跳仗鼓舞助兴；等等。（表8-1）

表8-1 常见节日的习俗及活动形式

节日名称	习俗	活动形式
除夕	贴春联、贴窗花、画年画、挂灯笼、吃饺子等	书法活动：写春联 剪纸活动：剪窗花 绘画活动：画年画 美食制作：包饺子
春节	穿新衣、舞龙舞狮、放爆竹等	绘画活动：我的年夜饭 民间艺术：舞狮表演 百变彩泥：别样的爆竹 旧物设计改造：不一样的新衣
元宵节	吃元宵、舞龙舞狮、送灯、猜灯谜等	手工制作：糊灯笼 民间舞蹈：龙灯舞 民间艺术：踩高跷
清明节	祭祖、踏青、插柳、放风筝等	手工制作、手绘活动：风筝
端午节	赛龙舟、食粽、佩香囊、挂艾叶菖蒲、佩戴五彩绳等	绘画活动：龙舟竞赛 趣味编织：艾叶菖蒲扇、祈福纳吉绳 美食制作：好吃的粽子

续表

节日名称	习俗	活动形式
七夕节	斗巧、街红头绳、食巧果	串珠活动：穿珠引线 点心制作：五彩缤纷的糖果 戏剧表演：牛郎织女
中秋节	赏月、吃月饼等	绘画活动：十五的月亮 美食制作：特色月饼

2. 艺术馆观光游览

家庭、幼儿园、社区协同开展艺术活动还有一种常见形式就是走进当地的博物馆、美术馆、巡回展览馆等场所，通过经典的艺术作品对幼儿家庭开展艺术熏陶，引导人们感受历史长河中各种美的表达，从而去发现生活中的美，用丰富的形式表达美。如，组织幼儿家庭参观游览白族扎染博物馆，首先在讲解人员的解说下，了解扎染的历史发展脉络、传统习俗、制作工序等内容，然后欣赏经典工艺作品，最后尝试在家长的帮助下体验扎染艺术，完成一幅简单的作品。这样的活动能让非遗文化走进家庭生活，以传承续薪火。

三　幼儿家庭、幼儿园、社区共育方案的设计步骤

（一）遴选主题，确定活动名称

家庭、幼儿园、社区共育活动的内容选择非常多，形式也丰富多样，幼儿的兴趣、家长的需求、当地社区的建议等会碰撞出许许多多不一样的想法。因此，在设计方案时，组织者首先要遴选本次活动的主题，确定活动的名称，才能拟定下一步的构思方向。一般来说，活动主题的选择优先要考虑幼儿和家长的喜好，吸引家庭成员的兴趣，这样才能有效保证活动育人的效果。主题遴选完毕后，组织者要进一步缩小范围，确定活动名称。活动名称应简明扼要，让人一目了然，避免含糊不清的情况。如，"一起过传统节日"会让人摸不清头脑，家长不清楚活动主旨，因为活动名称涵盖的范围太广，建议改成"庆团圆·迎中秋"，一看便可得知幼儿园会在中秋前后组织这一共育活动。

（二）撰写方案，公布活动流程

家庭、幼儿园、社区共育活动方案涉及的人员众多，正所谓"仁者见仁，智者见智"，为了更好地解决"众口难调"现象，建议采取以下步骤进行。

（1）进行内部小调查，广泛征询意见。组织者事先在小范围内进行调研，了解实际需求。比如，在课间谈话活动中询问班上幼儿的兴趣和想法，通过家委会得知家长的顾虑和观点。

（2）拟定活动方案，商量流程细节。通过小范围的调研，结合幼儿园、社区的实际情况，可以撰写活动方案并予以初次公布。广泛聆听家长和幼儿的意见，解答大家关心的问题和疑惑之处。

（3）及时调整修改，公布最后方案。在收集意见反馈之后，将活动流程设计得越细越好，让家长、社区相关人员清楚活动的时间地点、活动的计划安排、活动的注意事项等，能以期待的心情等待活动的到来。

（三）对接家长，获得家长许可

幼儿园的活动场地、可利用的教育资源毕竟有限，因此，设计共育活动时难免会遇到需要外出的情况。虽然户外环境有助于拓宽幼儿的视野，能够提供更为广阔的场地及更丰富的教育资源，但是也同样带来了一定的风险。所以，遇到有外出活动的情况时，组织者需要事先征集家长的意见，告知活动中的出行方式，以书面文本的形式让家长签字确认，获得家长的许可和支持，共同承担带领幼儿参与园外活动的风险。遇到家长不同意的情况，也要充分尊重家长的意见，共同做好幼儿的心理安抚工作，避免纠纷和矛盾产生。

（四）沟通协调，争取社区支持

社区相较于幼儿园而言，拥有更丰富的人力资源，其中不乏有各行各业的专业人士。当不同的活动要联系对应的指导人员时，这就需要社区发挥重要的桥梁作用，打通联络渠道。如，开展"迎新年"系列活动时，可以邀请书法擅长者为幼儿及家长讲春联、写春联；邀请手工爱好者传授编织中国结的技巧；还可以在社区的活动广场，开展家家户户一起包饺子的活动；等等。如此，在各方人员的支持与配合下，家庭、幼儿园、社区紧密联系在一起，实现协同育人。

（五）确定人员，组织活动开展

活动方案确定之后，从策划人、材料采购员、活动组织者、各班教师到后勤保障人员，每一个环节需要落实到具体的负责人，才能有效保障活动的组织与开展。各位负责人之间协调配合，明确责任分工，共同处理难题。如，春游活动的集合环节，各班教师需要确认本班幼儿及家长的到位情况，策划人协调随行医生、跟拍摄影师、活动主持人等成员的到达，材料采购员提前准备好活动所需物品（应急药品、游戏材料、音响话筒等），后勤保障人员确保午餐饮用水等的筹备。

（六）活动结束，收集意见反馈

每一次活动结束后，组织者应坚持"在活动中反思，在活动中成长"的教育理念，及时收集幼儿、家长、社区人员等的意见反馈，避免拖延。通过聆听参与者们当下真实的想法，不断优化活动方案，以更好的风貌迎接下一次活动的开展。

任务一　社区资源调研实训

一　实训背景

　　随着家庭、幼儿园、社区共育理念的不断深入，社区的育人功能也在不断被强化，推动着家庭教育指导服务的发展。每一个家庭都常活动在一定区域范围内，众多家庭汇聚在一起便形成了具有某种互动关系、共同文化特质以及心理归属感的人群所组成的社会群体，应运而生形成了较稳定的社区资源。因此，走进社区去深入挖掘社区资源，是开展家庭教育指导服务的重要一步。

二　实训目标

　　（1）认识到社区资源的丰富多样性，根据一定的逻辑对社区资源进行分类归纳。

　　（2）能够积极地进行头脑风暴，根据现有的社区资源，设计出家庭、社区联动参与的活动主题网格图。

　　（3）善于观察思考，积极参与团队协作。

三　实训准备

　　经验准备：一定的交流沟通能力。

　　物质准备：地图、记录本、记录笔。

四　实训过程

　　（1）确定任务小组，每组成员以6—8人为宜，制订任务计划。

　　（2）选取任务地点，建议以毕业高校所在地、市区代表性地点、家乡等相对较熟悉易操作的地点入手，以任务地点为中心，参照地图路线，实地走访周围社区，了解可利用的资源。

　　（3）搜集实地信息后按照一定的逻辑进行分类归纳。如社区文化（宗教信仰、历史传统、风俗习惯、生活方式、地方语言、特定象征等）、社区景观（山林寺庙、河湖海洋、红色纪念馆、博物馆等）、社区居住情况（企业职工、退休老人居住情况等）。

（4）筛选社区资源，结合实际了解的情况，思考哪些资源可以用来指导家庭教育，实现共同育人目的。

（5）小组梳理思路，拟定活动的主题，共同绘制一张以家庭、社区联动参与为目的的活动主题网格图。

（6）汇报小组成果，说明实训历程、设计思路、遇到的困难等。

（7）小组之间互相观摩学习并做出评价。

五　实训延伸

各小组在互相学习和交流后进行修改，修改完成后可以线上联络幼儿家庭、社区工作人员等，聆听他们的意见和想法，再次完善主题网格图。

六　实训注意事项

（1）外出活动应结伴同行，安全第一。

（2）选取的地点要具有可操作性，注重与人的沟通和交流。

（3）发挥团队的集体智慧，共同商讨，完成各项子任务。

任务二　家庭、幼儿园、社区共育——端午节

一　实训背景

端午节快到了，通过与王园长的交流，李老师决定从传统节日这一主题入手，尝试设计一个家庭、幼儿园、社区合作共育方案，王园长也很期待方案的出炉，拟在全园开展。请你阅读以上材料后，分组开始着手准备，最终设计出一个活动方案并在幼儿园模拟实施。

二　实训目标

（1）设计一份具有可操作性的活动方案，积极争取园方的支持与配合。

（2）协助幼儿园人员开展工作，各成员应分工明确，保障活动顺利进行。

（3）及时搜集家长的意见与反馈，进行自我反思。

三　实训准备

经验准备：调研家长与幼儿的活动意向，了解园所以往开展相关活动的经验；了解端午节的起源、文化习俗、人文故事等。

物质准备：活动方案，活动所需物品，如家长花名册、活动流程介绍、相关操作材料等，外出活动还需准备家长同意书、外出路线图、后勤保障物品等。

四　实训过程

1. 展开话题讨论

各小组围绕"端午节"主题展开讨论，搜集相关资料以充分了解有关端午节的人文习俗，进行头脑风暴，将想法在进行文字说明后形成活动方案初稿。

[示例] 围绕端午节，人们会联想到许多人文习俗，如屈原的故事、包粽子、赛龙舟、挂艾叶、编吉绳等。具体选择从哪一个入手，这需要结合各方的参考意见，选定方向后思考具体的活动方案，考虑开展的可操作性。

2. 确定活动方案

在争取到幼儿园的支持与配合后，与园长、教师等一线工作者们交流经验，研讨共商。随后对本园的家委会、不同年龄段家长代表、周边社区资源进行调研，最终确定活动实施方案。

[示例] 每个幼儿家庭都有吃粽子的生活经验，但很多人对于"为什么要吃粽子""粽子是由什么做成的""粽子跟端午节有什么关联"等问题不明确。因此可以选择以"粽子"为切入点，弘扬中华传统文化，开展家庭、幼儿园、社区共育活动。同时，粽子制作简单，适合幼儿与家长共同参与。可以借助社区的力量，找寻"最快包粽子""花样包粽子""美味的粽子"等方面能手，在社区营造和谐的节日氛围。

3. 筹备活动

围绕活动方案，对接相关工作人员，充分准备活动所需材料，在家长、后勤保障人员、社区相关人员之中做好衔接与沟通；提前开始宣传，营造活动氛围，确保活动顺利开展。

[示例] 包粽子环节，准备粽叶、糯米、腌肉、咸蛋黄等食品材料，提前备好蒸锅、细绳等工具材料。

4. 组织活动实施

根据活动流程，组织幼儿、家长积极参与活动。

[示例] 环节一：粽子的由来；环节二：介绍粽子的包法；环节三：家庭一起包粽子；环节四：社区花式 PK；环节五：齐蒸粽子共享用。

5. 搜集意见反馈

活动结束后，积极搜集各方人员（如家长、幼儿、幼儿园参与人员等）的意见，获取第一手直观感受，同时，各成员做好活动的过程性记录工作，以便活动结束后及时进行自我反思。

[示例] 家长意见征集：您和孩子参与本次活动的感受是什么？下一次活动您会倾向于什么样的形式？

五　实训延伸

（1）通过线上的方式，继续与家长、幼儿园、社区工作人员等保持沟通交流。

（2）尝试经常性参与幼儿园、社区组织开展的共育活动。

六　实训注意事项

（1）积极与幼儿园沟通，多倾听、多思考。

（2）对待家长的困惑、要求、诉求等，应本着尊重、平等、理解的态度进行协调。

（3）在组织活动过程中，将安全放在首要地位，呵护幼儿的身心发展。

思考与练习

一、填空题

1. 幼儿家庭、幼儿园与社区共育指的是在当前的社会背景下，由幼儿家庭、幼儿园和社区三个主体（　）（　）（　），各自发挥教育优势，以促进幼儿全面发展为教育目的，形成教育合力的一种新时代的教育模式。

2. 幼儿园应本着（　）（　）（　）的原则，争取家长的理解、支持和主动参与，并积极支持、帮助家长提高教育能力。

3. 幼儿家庭、幼儿园与社区共育工作的基本合作途径包括（　）（　）（　）。

二、简答题

1. 幼儿家庭、幼儿园、社区共育工作的意义有哪些？

2. 幼儿家庭、幼儿园、社区共育方案设计的原则有哪些？

3. 幼儿家庭、幼儿园、社区共育活动有哪些常见的类型？

不同年龄阶段幼儿的家庭教育指导

 学习目标

素质目标

✦ 培养其独立自主意识和创新能力，为未来幼儿自我发展奠定基础。

✦ 掌握适合 3—6 岁儿童学习与发展的家庭教育方法。

知识目标

✦ 领会不同年龄阶段幼儿的生长发育特点，明确不同年龄阶段家庭教育指导的侧重点。

✦ 理解不同年龄阶段幼儿的家庭教育指导的内涵和意义，清晰不同年龄阶段家庭教育指导的目标和任务。

✦ 掌握不同年龄阶段幼儿的家庭教育指导的原则与方法。

能力目标

✦ 能根据不同年龄阶段幼儿的发展特点，创设不同的家庭教养环境并促进幼儿健康成长。

✦ 使不同年龄阶段幼儿能具备符合自身年龄阶段的沟通、协同、自我管理、情绪控制等能力。

✦ 能够帮助幼儿顺利过渡到小学打下坚实的基础，掌握基本的学习技能和知识。

 **单元导航**

不同年龄阶段幼儿的家庭教育指导

- 理论奠基
  - 3—4 岁幼儿入园适应时期的指导
  - 4—5 岁幼儿能力提升时期的指导
  - 5—6 岁幼儿幼小衔接时期的指导
- 实训指导
  - 亲子情绪管理游戏——空椅子
  - 人际交往思维拓展游戏——西游人物对对碰
  - 学习习惯养成实践——参观小学

 情境导入

哭闹的康康

康康是幼儿园小班的孩子，时常在幼儿园上课或者游戏的间隙哭闹想要回家。当教师联系到孩子的父母，父母提出工作忙，由其奶奶来幼儿园与康康沟通。并且教师了解到，平时孩子的接送、饮食、起居也是由康康奶奶负责的。康康奶奶来到幼儿园后，康康提出要回家的诉求。奶奶的态度很强硬，不同意孩子回家。可是当康康开始哭闹时，奶奶的态度就有所改变，心疼孩子并决定将孩子带回家。

适龄儿童离开父母的怀抱来到幼儿园，这一切对于他们来说都是无比陌生和充满恐惧的。案例中的康康通过哭闹引起注意和达成自己的目的，正是这个年龄阶段幼儿常见的行为方式。本单元我们将针对3—4岁入园适应时期、4—5岁能力提升时期、5—6岁幼小衔接时期等不同幼儿年龄阶段，分析其家庭教育指导的方法与策略。

 模块一　理论奠基

任务一　3—4岁幼儿入园适应时期的指导

3—4岁这个时期是孩子成长的重要时期，该年龄段幼儿处于身体迅速发展的时期。由于骨骼肌肉的发展和大脑调节控制能力的不断增强，动作发展是其重要标志——特别好动，思维由直觉行动向具体形象思维过渡。3—4岁幼儿的情绪支配作用显著，他们容易激动，而且一激动起来就难以控制。情绪控制交流指导是3—4岁幼儿入园适应期最重要的家庭教育指导。

微课：3—4岁幼儿入园适应时期的指导

一　情绪控制交流的意义

（一）情绪控制交流的必要性

3—4岁幼儿的行动常常受情绪支配，而不像成人那样受理智支配。他们对成人表现出强

烈的依恋感，初次离开父母时，会表现出极大的不安。在这一时期，幼儿不仅依恋爷爷奶奶、父母、老师等成人，而且在幼儿园与同伴之间的交往、沟通交流也对他们的情绪影响很大。伴随着3—4岁幼儿认识事物主要受外界事物和自己的情绪支配的特点，他们这一时期的许多行动也都是情绪化的。

（二）情绪控制交流的重要性

小班幼儿的情绪化表现在多方面。比如，高兴时听话，不高兴时说什么也不爱听；常常为一件小事哭个不停；不喜欢大灰狼，就把图书上所有大灰狼的眼睛都戳破；喜欢哪位老师，那位老师组织的活动就特别爱参加；等等。

小班幼儿的情绪很不稳定，很容易受到外界环境的影响，也很容易受周围人的感染。当他们看见别的孩子哭了，自己也会莫名其妙地哭起来；老师拿来玩具，他们又马上破涕为笑。

了解幼儿以上的特点，对幼儿教育工作具有重要的意义。如每年开学初，小班教师都会面临一个接待新入园幼儿的问题。大多数初次离开妈妈的幼儿，刚入园的几天总爱哭，有经验的教师一边用亲切的态度对待每个孩子，稳定他们的情绪；一边用新鲜事物吸引他们的注意，使他们不知不觉地融入幼儿园进行生活、学习。同时家长在了解到幼儿入园适应期的表现后，也会对幼儿的哭闹等情绪化的表现做出合理的应对，积极配合幼儿教师反映幼儿离园后在家的学习、生活情况。教师了解幼儿的身心发展、生活状况，可以更好地开展幼儿入园适应期的家庭教育指导。

二 情绪控制交流的内容

在情绪控制交流过程中，主要进行的交流内容包括分享交流、沟通交流、问题处理、情况反馈与教育指导。

（一）分享交流

为了帮助孩子尽快适应新环境，父母要主动与孩子沟通，聊一聊幼儿园一天的生活，谈一谈他结识的新朋友，给孩子讲他喜欢听的故事，陪孩子玩好玩的游戏等，减轻幼儿入园适应时期的心理压力，缓解孩子紧张的情绪，有意识地引导孩子回忆分享自己在幼儿园的良好体验，这些都是十分必要的。

（二）沟通交流

面对孩子刚刚入园，全家人都会有不同程度的担心：孩子在幼儿园会不会没吃饱，会不会想念家人，会不会受小朋友的欺负等。于是接孩子回家后，就会出现许多新的话题。为了让孩子更好地适应幼儿园的集体生活，家长与孩子沟通的时候需要站在幼儿身心发展的基础上思考幼儿幼儿园集体生活，进行平等的对话交流。

（三）问题处理

由于这一阶段的孩子常常把想象与现实相混淆，他们会把自己假想的事情当作真实的事情，成人如果不理解幼儿的这一特点，往往会误认为他们在说谎。幼儿喜欢游戏，就是因为他们沉迷于想象的情景，把自己真的当成了游戏中的角色。这一特点在3—4岁的幼儿身上十分突出。

在幼儿入园适应期，父母对刚刚入园的幼儿有些不放心，会向幼儿提出很多问题，幼儿可能会说出与事实不符的答案。如，幼儿之间发生不愉快的事情时，他们往往会说某某小朋友打我了，此时家长应该多与老师沟通，从而客观地了解孩子在园的情况，以免产生误会。

（四）情况反馈

教育是家长与教师双向奔赴的共同事业。特别是3—4岁幼儿入园适应时期，家长与教师的双向反馈尤其重要。家长对于刚入园的幼儿具有自然的担忧，患得患失，他们迫切想要了解幼儿在入园后的点滴成长，包括日常的吃喝拉撒。幼儿教师需要真实记录孩子的日常，以便与家长沟通交流，在充分肯定幼儿优点的基础上，应指出幼儿需要改进的方面，达到家校共育。

（五）教育指导

教育指导不能一味地强调学校教育，更加应该注重家庭教育。3—4岁的幼儿属于学龄前期，正处于幼儿入园适应期，该阶段的幼儿体格发育处于稳步增长状态，心理发育迅速，求知欲较强，知识面迅速扩大，基本具备一定的自我情绪控制能力。

3—4岁幼儿正处于智力发展的高峰期，只有家园共同配合，才能培育出聪明可爱的好孩子。因此幼儿园在教育孩子的同时家长一定要密切配合，只有这样，教育才能收到大的成效，让孩子得到更大的发展。

案　例

果果3岁2个月，刚上幼儿园。她非常喜欢幼儿园，老师也觉得她很不错。但是最近老果果妈妈反映说："果果什么都好，就是一句都说不得，刚说一句，还没批评呢，她立刻就哇哇大哭！"果果妈妈表达了自己的担忧："自尊心这么强，以后怎么办呢？"老师告诉果果妈妈，入园适应期的孩子都是这样，不希望别人说他不好，听到别人说他不好，最直接的反应就是把难受的感觉表达出来。而3岁多的孩子拥有的表达方式很少，哭通常就是他们最直接的表达方式。家长要选择接纳孩子的情绪，可以先安抚他："被批评当然会难过。"然后告诉孩子："老师这样说你的时候，她说的是一件事，而不是针对你这个人。"常常这样对孩子讲，孩子就能明白并且会走向自我情绪调整的道路，不会轻易被外界情绪左右，能控制好自己的情绪。

此外，还有一些家庭教育问题，需要家长学习更多的幼儿家庭教育指导理论，从而正确地对幼儿进行指导。

三 情绪控制交流的策略

（一）接受孩子的消极情绪

对于孩子的消极情绪，我们不要去否认、压制、贬低、怀疑，不要说"这有什么可怕的""你不应该感到失望""你没有理由生气"等，而是要帮助孩子去接受、识别，然后再教给他处理办法。教给孩子管理消极情绪的前提是，我们自己要能从容去对待。

（二）建立孩子对父母的安全型依恋

对父母有安全型依恋的孩子，其情绪调节能力发展水平较高。这是因为孩子在父母的爱中汲取到了足够的勇气和安全感，面对负面情绪时，他就不会采用回避和拒绝的方式，而是会主动解决它。所以，爸爸妈妈们要多多增加亲子互动，并在互动中对孩子的情绪变化提供足够积极的回应。

（三）学会转移注意力

孩子的情绪来得快，去得也快，父母可以帮助孩子学会转移注意力，让孩子投入到其他活动，帮助孩子从负面情绪中挣脱出来，进而调节孩子的情绪。比如说孩子生气的时候，妈妈们可以引导孩子做别的事情转移注意力，即使是一些简单的收纳，也可以让孩子在劳动中忘记自己刚才为什么发脾气。

（四）学会倾诉

倾诉，这是一种合理的方法。要让孩子学习在遇到冲突或挫折时将事由或心中的感受告诉他人，以寻得同情、理解、安慰和支持。孩子对成人有很大的依赖性，成人对孩子表现出的同情或宽慰会缓解甚至清除孩子的心理紧张和情绪不安，即使在孩子的倾诉并不合乎情理的情况下，也要耐心地听下去，至少保持沉默，等待孩子情绪的波动过后，再与他细作理论。

任务二　4—5 岁幼儿能力提升时期的指导

幼儿园中班是幼儿三年学前教育中承上启下的阶段，也是幼儿身心发展的重要时期。4—5 岁这个年龄阶段是孩子接受各种事物的关键时期，也是形象知觉发展敏感期，这一时期的幼儿机械记忆能力较强，抽象、逻辑思维能力开始发展，

微课：4—5 岁
幼儿能力提升时
期的指导

好奇心、求知欲望较强烈，肌肉的灵活性及协调性增强。他们需要通过感觉、知觉以及各种活动来探索世界，建立对周围环境的认识和概念。此时的幼儿特别喜欢接触、探索外界世界，表现最为突出的是思维能力的提升与正确社交能力的培养。下面我们一起来学习 4—5 岁幼儿能力提升时期的家庭教育指导。

一　4—5 岁幼儿思维与社交的表征

（一）思维的表征

中班幼儿的思维主要是依据具体事物的形象和对它们的联想得出的。和小班幼儿相比他们的思维具有了具体性，和大班幼儿相比他们还缺乏通过词语逻辑来思维的能力，更多地是在动手玩乐中进行思维。如洗手时，他们会一次次地把肥皂攥到手心里，然后看着肥皂滑落，同时他们会思索"为什么肥皂这么滑"。

对于 4—5 岁的幼儿来讲，走、跑、跳、跃、攀、爬已难不住他们，而细致的手工活动却十分困难，如按图形轮廓剪波浪形会剪成锯齿状，对照细小的实物画画，画出来肯定是大而走形的，不过他们和小班幼儿相比，已有了较大的提高，作品已经能模仿出物体的基本特征。我们可以多为孩子准备一些美工用品，当发现孩子画出、捏出、折出一些形状时，要加以表扬。这些具体的生活表征都是幼儿思维能力提升的表现。

（二）社交的表征

4—5 岁的幼儿已经会主动与朋友交往了，甚至可能会有一个或几个要好的朋友。他们喜欢和同伴一起玩耍，在活动中他们逐渐学会了交往。

他们已经认识到，朋友不仅仅是游戏伙伴，朋友也会对他们的思维和行为产生重要的影响。他们会非常渴望和朋友保持一致，甚至在和朋友相处时，他们的行为经常会超出父母曾经给他们制定的原则和规矩。因为他们已经开始认识到，生活中还有其他更有意思、更好玩的事，他们可能会提一些要求，或做出一些特别的事，来验证自己的能力和控制范围，如一定要某个玩具、吃某种食物、穿某件衣服，或要求看某些电视节目，而这些都是以前父母不允许的。《美国儿科学会育儿百科》一书中谈及 4—5 岁幼儿的社交能力发育里程碑表现，具体为：想取悦小伙伴；表示喜欢小伙伴；有可能同意一些原则；喜欢唱歌、跳舞和体操；行为更加独立，甚至会独自拜访邻居；等等。

他们还会与同伴共同分享快乐，来获得领导同伴和服从同伴的经验。此时他们开始有了嫉妒心，能感受到强烈的愤怒与挫折。有时，他们还喜欢炫耀自己所拥有的东西。当然，在集体活动中他们也了解和学会了与人交往及合作的方式。

二　4—5 岁幼儿思维与社交的特征

（一）思维的特征

从 3 岁起，幼儿的具体形象思维逐渐发展，4—5 岁幼儿的思维具有具体形象的特征。他们能依靠表象，来进行联想思维，如看见成人给孩子洗澡，他们也会给新买的玩具娃娃洗澡；思维能力也越来越敏捷，但概括的水平还很低，如在理解成人语言时，时常凭借自己的具体经验，如教师说"一滴水，不起眼"，幼儿则理解成了"一滴水，肚脐眼"。这时期的幼儿在已有感性经验的基础上，开始能对具体事物进行概括分类，其分类会根据具体事物的表面属性（如颜色、形状）、功能或情景等。如把苹果、桃、梨归为一类，认为这些水果可以吃，吃起来水分多；把太阳、卷心菜归为一类，认为这些都是圆形的；把玉米、香蕉归为一类，认为这些都是黄色的。

随着幼儿年龄的增长，他们有了较多的感性知识和生活经验，语言发展也达到较高水平。4—5 岁幼儿在具体形象思维发展的基础上，简单抽象思维能力形成和发展起来了，此时他们能够掌握一些稍微抽象的概念，并运用这些概念形成恰当的判断，进行合乎逻辑的推理活动。幼儿不是一开始就能掌握正确的思维方法，家长和老师要引导和教给幼儿遇到问题如何通过分析、综合、比较和概括，作出合乎逻辑的判断、推理并解决问题，如给幼儿插上了思维发展的翅膀，其抽象思维能力就能得到迅速的发展和提高。

（二）社交的特征

4—5 岁幼儿的社交的显著特征是具有主动性。4—5 岁幼儿已能条理清晰地谈话，词汇比较丰富，喜欢与家人及同伴交谈。他们能够独立地讲故事或叙述日常生活中的各种事物，但有时讲话会断断续续，因为幼儿还不能记清事物现象和行为动作之间的联系。他们还会根据不同对象的理解水平调整自己的语言，如对小妹妹说"爸爸走了"，对妈妈说"爸爸去商店买吃的东西了"。有时他们也能表述相当复杂的句子，如"我还没来得及把蛋糕放在桌子上，小红就把它吃掉了"。此时的幼儿已经具备了强烈的社交欲望与较好的社交能力。

 案　例

悦悦跟小朋友一起在幼儿园搭建积木房子。

悦悦说："我们要不把它们坏掉的地方补补吧？"同伴说："好的。"悦悦看到房子上面有的地方没有垒得很高，她拿起几块积木竖着摆放，并自言自语道："这个地方不好看。"多多把那块拆了，重新选择了半圆、三角、短块积木等，搭好后明显比以前更有城堡的样子。悦悦看到同伴的做法后也有了自己的想法，她招呼雨欣一起用雪花片搭一些小花，开动脑筋搭出了向上开花的房子。

案例中的悦悦能根据同伴搭建的情况进行调整，如在"房子"的高度和美观性方面加入了自己的想法，发挥想象，使搭建的"房子"呈现不一样的风格，这是她在游戏中社交能力和动手能力发展的表现。游戏活动是幼儿社交能力提升的重要来源，幼儿园老师需要在幼儿游戏之中找到幼儿社交的突破口，善于观察，帮助幼儿提升社交能力。

儿童的心理发展过程中，4—5岁幼儿的发展还有其特殊的发育特点，表现为性情急躁，不听话，不愿意别人干涉他们的事，拥有了自己的思维判断与社交喜好。以这种逆反行为为特点的时期，心理学上称为反抗期。这是儿童智力发育和人格培养过程中的必然阶段，并不是坏事。如果能顺利帮助幼儿度过反抗期，对儿童以后的身心健康与智力开发都大有益处，特别是对社交能力的培养与提升大有好处。

三　4—5岁幼儿思维能力与社交能力提升策略

（一）思维能力提升策略

4—5岁幼儿可以通过训练探知能力、独立思考和表达能力、发散和总结能力来达到思维能力提升的目的。在训练幼儿思维能力的过程中，家长需要耐心陪伴。

1. 训练探知能力

对未知事物的求知欲可以提高思维能力，家长可以鼓励幼儿和其他小朋友在安全环境中进行未知的探索，例如玩找不同游戏、堆积木等。训练四五岁幼儿的探知能力，不仅可以促进4—5岁幼儿形成特定的思维模式，还可以训练幼儿的思维。也可以以诱人的故事、有趣的算术去激发和满足幼儿的求知欲，引导探求新知识，培养学习兴趣，促进思维能力的发展。在训练探知能力上，要让幼儿学会比较事物的不同。4—5岁幼儿在认知和理解的基础上，思维还需要下一步的延伸，那就是通过对比发现不同事物之间的不同，获知一些事物不同的特点，这样幼儿不仅可以将事物联合起来认知，提高认知的准确性，还能够提高认知效率。在训练探知能力上，要训练幼儿理解事物的特点。想要让幼儿更好地认知一个事物，就需要将幼儿的思维，引导到对事物特点的认知上。

2. 训练独立思考和表达能力

幼儿的思维是在问题情境中发生发展的，在对未知事物的探索过程中，如果4—5岁幼儿碰到困难，家长不要直接告知解决方式，可采取发问的方式，引导4—5岁幼儿进行思考。家长要利用或者创设生活中的突发情况，引导幼儿独立思考并解决问题。一方面，家长要珍惜幼儿主动表达的机会，当幼儿主动与家长交谈时，家长应该有足够的耐心倾听幼儿表达，善于发现幼儿表达的关键内容以及表达是否流畅、清晰。另一方面，家长要有意识地创造机会让幼儿自主表达，在家庭活动中也应该让幼儿有表达自己想法的机会。

3. 训练发散思维能力

在平时生活中，家长需要让幼儿通过不同的方式思考问题，提一些能激发他的奇思妙想的问题。比如可以让孩子针对一个问题，想出多种解决方法，在孩子想出一个办法之后，让他不要结束，继续想，看看还有多少种方案，包括不那么现实可行的，尽量引导4—5岁幼儿尝试比较多的解决问题的方法，培养幼儿的发散思维。也可以利用思维导图做联想练习，比如写下"快乐"一词，然后由此发射开来，让孩子说出其他能联想到的相关词汇，再就每个联想到的词继续联想，思维导图的训练可以帮助培养幼儿思维能力。

（二）社交能力提升策略

1. 给孩子制造社交的机会

孩子有"扎堆玩"的机会，才能真正意义上开始社交活动。比如，到了周末，家长可以多陪陪孩子，邀请别的小朋友来家里做客或是带着孩子去别人家做客，或者带孩子去一个孩子聚集的游乐场所。总之，想尽一切办法让孩子同别人多接触，因为孩子接触的人多了，锻炼的次数多了，性格自然会慢慢地开朗起来。

2. 发挥孩子的兴趣爱好

让孩子参加和他们兴趣相关的社交活动或者游戏活动，这会让他们更加有自信、感到更舒适，并且更愿意与别人交往。

3. 父母做好榜样

孩子都是在模仿中学习的，家长的言行举止，都在无形中深深影响着孩子。孩子会把父母的语言、行为、习惯带到自己的生活中，所以，父母要给孩子打造一个健康和谐的社交环境，做孩子社交的榜样，让孩子在生活中学会独立与人交往。

4. 尊重孩子性格

在鼓励孩子交友时，家长有一种典型的错误做法：强行逼迫孩子去交友，孩子如果不敢，就会被念叨和责骂。家长应该尊重孩子的性格，有些孩子就是比较慢热和孤僻，一味地逼迫非但不能解决问题，还会让孩子更加焦虑和恐慌，无法从交友中获得快乐。

任务三　5—6岁幼儿幼小衔接时期的指导

从幼儿园进入小学，是幼儿人生的一大转折点，顺利度过转折期不只是幼儿园的事情，家庭和社会各方面因素都对其产生影响，其中家长的作用尤其不能忽视。通过前期调研，我们发现有的家长对培养孩子的良好学习习惯的一些方法值得推荐，而有的家长的做法则不可取，但大多数的家长显然是没有头绪。本任务

微课：5—6岁幼儿幼小衔接时期的指导

我们将共同来探讨在幼小衔接时期，如何帮助孩子养成良好的习惯。

一 幼小衔接的目的与意义

（一）培养幼儿对小学生活的热爱和向往

幼儿对小学生活的态度、看法、情绪状态等，与其入学后的适应能力关系很大。因此，幼儿园阶段应注意培养幼儿愿意上学，对小学的生活怀有兴趣和向往，为做一个小学生感到自豪的积极态度，并让幼儿有机会获得对小学生活的积极情感体验。

（二）培养幼儿对小学生活的适应性

幼儿入学后，是否适应小学的新环境，适应新的人际关系，对其身心健康影响很大。有一种认识是，幼儿只要提前认一些字，学一点拼音、算术等就没有问题了，这是十分片面的。培养幼儿的社会适应性，特别是主动性、独立性、人际交往能力等，不仅关系着幼儿入学后的生活质量，也关系着他们在小学的学习质量，是幼小衔接的重要内容。

（三）帮助幼儿做好入学前的学习准备

学习准备是着眼幼儿终身学习的需要，发展他们基本的学习素质，并在此过程中，帮助他们打下今后学习的基础。

二 幼小衔接时期的习惯类型

在幼小衔接这一特殊时期，幼儿行为习惯的培养十分关键。"好习惯，终身受益；坏习惯，终身受累。"良好的习惯，能为孩子储存受益终身的资本。所以，教师在落实"幼小衔接"工作时，务必要承担起培养学生良好行为习惯的重责。当前，很多父母常以"孩子年纪小不懂事"为由，对孩子过分娇宠溺爱，恨不得事事代劳。一旦升入小学，就意味着孩子们在学校的主要任务不再是游戏，而是学习。研究如何有效培养幼儿的行为习惯，不仅能促使他们顺利地过渡到小学的学习生活，还能培养出幼儿的多种优秀品质。

幼小衔接是非常关键的时期，在这一阶段，幼儿应养成良好的饮食习惯、睡眠习惯、卫生习惯及学习习惯等。如果不重视培养孩子良好的行为习惯，势必会影响他们的身心健康，并对他们一生的发展产生制约。

（一）饮食习惯

教师与家长要根据幼儿的实际情况，循序渐进地提出合理要求。首先，要求幼儿掌握基本的生活规则，按时、定位饮食。按时饮食就是小朋友每天吃饭要有相对规律的时间，不能随意改变就餐时间，否则会让幼儿形成这样的认识：饮食不需要规律，可以随意改动，久而久之便淡漠了大脑对进食的强烈刺激，可能会导致厌食、食欲不振，不利于幼儿上小学后自主生活能力的提升。定位饮食是指家长要为幼儿提供相对稳定的进餐环境，不能随意跑动，家长应尽量督促幼儿在一处完成饮食。

（二）睡眠习惯

睡眠是人体的生理需要。通过睡眠，人体的大部分器官得到休息，这对于儿童的生长发育至关重要。幼儿睡眠时能量与氧的消耗量小，生长激素分泌增加，有利于生长发育及脑功能的发育，睡眠充足的孩子更加精力充沛，情绪稳定，食欲好，身体健康；睡眠不足的孩子会烦躁易怒，食欲减退，体重增长缓慢，抵抗力低下，容易生病。幼小衔接时期要培养幼儿早起与午睡的好习惯，这两个习惯都与幼儿上小学后的生活、学习息息相关。

（三）卫生习惯

在既高度重视和满足幼儿受保护、受照顾的需要，又尊重和满足他们不断增长的独立需求的前提下，鼓励并指导幼儿自理、自立的尝试。如在培养幼儿洗手的习惯时，我们可以让幼儿边念儿歌边洗手，如"手心搓搓、手背搓搓、手指缝里搓搓，一二三，小手甩甩干"，最后让他去找自己的手巾擦干手。在幼儿日常生活中，我们可以将生活卫生习惯较差的幼儿与生活卫生习惯好的幼儿安排在一起，利用同伴的相互影响，逐渐养成良好的生活卫生习惯。例如，我们可以根据幼儿的实际情况，在班内选出做得较好的小朋友当值日生，每天检查幼儿的生活卫生情况，对做得好的幼儿给予奖励，如戴小红花、打红五星等，让更多有进步的小朋友当值日生，这样能在全班幼儿中创设一个好的生活环境，共同促进幼儿生活卫生能力的提高。

（四）学习习惯

《幼儿园工作规程》明确指出："幼儿园和小学应当密切联系，相互配合，注意两个阶段教育的相互衔接。"幼小衔接是指从学前教育到小学一年级教育之间的一个过渡，是幼儿园教育的终结，是小学教育的开始。首先，小学教育有严格的作息制度和课堂纪律；其次，儿童的主要任务是学习而非游戏，需每天完成课堂及家庭作业；最后，儿童在学期结束时要参加成绩考核。幼儿园贯彻的是在游戏中学习，小学教育更多的是有计划、有准备、有要求的教学模式，教师要教学生学习知识，没有太多的时间和精力保证儿童自主游戏。基于此，在过渡时期的幼儿园大班教育要更加注重幼儿学习习惯的养成，家长也应该关注孩子的学习习惯，使孩子学会简单的运算和阅读，做好进入小学学习的准备，这让幼儿进入小学教育之后更容易找到学习方法，适应小学学习与生活。

（五）时间观念

幼儿园时期针对幼儿的学习与生活的时间，要求并不是十分严苛，但是随着幼儿升入小学之后，在小学中的上下课时间、上学放学时间乃至吃饭娱乐的时间都不会让幼儿像幼儿园时期一样自由散漫，幼儿倘若在幼儿园时期没有培养出对时间的规划能力，在升入小学时会出现很多因为时间安排所产生的种种问题。在幼小衔接的教育过程中，不管是针对详细的操作活动，还是儿童自身的练习活动，教师都需要给予对应的完成时间，让幼儿在进行活动时产生相应的时间紧迫感，确保在活动中可以全身心地投入，实现效率的显著加强。

当儿童升入小学之后，课堂作业和家庭作业都会随之增多，与此同时，许多学生会出现拖拉甚至完不成作业的情况，这些问题都是幼小衔接时期没有培养良好的时间观念所导致的。因此教师与家长一定要确保学生在这个时期认识到时间对于日常学习和生活的重要性。

三　幼小衔接时期幼儿习惯的培养

（一）对幼儿提出严格且明确的要求

教师要根据幼儿的实际情况，循序渐进地提出合理要求。首先，要求幼儿掌握基本的生活规则与学习规则。例如，在上课时不能干扰其他小朋友；待人要有礼貌，要主动向长辈问好；受到别人帮助后要说"谢谢"；等等。

教师在向幼儿提出要求时，要做到语言通俗易懂，要有具体且明确的内容，要注重与孩子们的年龄相符。比如，要求幼儿讲礼貌时，要这样明确地告诉他们：在学校遇到老师和别的小朋友时，要主动打招呼问好；放学回家时，要跟老师和同学们说"再见"；别人讲话时不能随便插嘴，跟别人讲话时要专心；等等。又如，在要求孩子们讲卫生时，要明确地告诉他们：不能随便吐痰，不能随地乱扔垃圾等。只有提出出明确的要求，孩子们才能一步步做好，并养成习惯。

（二）鼓励孩子们不断强化良好的行为习惯

幼儿大多意志力不强，很难集中注意力。教师应采取不断鼓励的办法，对幼儿的不良行为进行矫正。例如，大伙儿正在午睡之际，个别孩子会起来上厕所。如果他走路脚步很重，不懂收敛，教师就应给他暗示，提醒他这样是不对的，会吵醒其他人；反之，如果他小心翼翼，生怕吵醒其他人，教师可以微笑示意，肯定他的这种做法并适时表扬。

另外，对于一些比较胆小孤僻的孩子，教师应想方设法来鼓励他们，尽力培养他们的合群习惯。孩子们受到鼓励后，就会从自己的行为中获得愉悦的体验，潜移默化中改正那些不良习性。

（三）注重发现并及时矫正幼儿的细微错误

对幼儿细微的错误如果不加以纠正，就会慢慢形成不良的行为习惯。这对孩子们日后的发展是极为不利的。所以，在幼小衔接时期，一旦发现幼儿的细微错误，就绝不能姑息。比方说，有些孩子容易发脾气，稍不满意就大哭大闹；有些孩子看中别的小朋友的玩具，就蛮横无理地去抢……以上行为，如果放任其发展，会纵容他们养成刁蛮任性的个性。

案 例

俊俊小朋友胖嘟嘟的，非常可爱，但即使到了大班，他仍然有一些习惯很不好。晨间自由活动时，他会带着同伴在教室或幼儿园窜来窜去，追逐打闹；玩积木时，他会把所有的积木都扔在地上；小朋友正聚精会神地听讲，他却和周围的小朋友头碰头讲得热火朝天，手舞足蹈。有一次，绘画活动开始了，他趁老师不注意，拿着记号笔在画纸上、桌布上乱涂乱画，扯着嗓子大声叫"我画不来"，当老师走近他时，他就对老师笑嘻嘻的，让老师又好气又好笑。教师针对他的这些情况与其家长进行了沟通，通过一段时间的引导，俊俊改掉了一些毛病。

不良的习惯，不是说一时就能改正的，老师和家长应表扬和批评相结合，用不同的方式针对孩子表现出的问题进行干预，让其慢慢改掉不良习惯。针对俊俊画画时的表现，教师可以安排能力较强的幼儿坐在他的身边，时常关心他、照顾他，可以手把手地教他勾线，教他涂色。并与家长取得联系，让家长多为孩子添置一些绘画工具，培养绘画兴趣。

（四）在游戏活动中培养幼儿良好的行为习惯

在幼儿园中，游戏是幼儿的主要活动。开展游戏能让幼儿保持愉悦的心情，能促进其思维发展，并培养出较强的接受能力。在游戏过程中，孩子们可以学会正确处理人与人之间的关系，并形成优秀的品质。与此同时，在游戏过程中，孩子们的某些坏习惯也非常容易显现出来，这样有助于老师及时发现，并对此加以纠正。

例如，在游戏活动中，一些小朋友会因为争夺自己喜爱的玩具而产生矛盾或吵架，这时，教师就应该对他们加以指引。告诉他们要讲文明、懂礼貌，同学、朋友之间要懂得相互谦让，做个听话、受欢迎的好孩子，并对他们的谦让行为予以肯定。

思政在线

勤奋好学的匡衡

西汉时有一个大学问家名叫匡衡。他小时候就非常喜欢读书，可是家里很穷，买不起蜡烛，一到晚上就没有办法看书，他常为此事发愁。这天晚上，匡衡无意中发现自家的墙壁似乎有一些亮光，他起床一看，原来是墙壁裂了缝，邻居家的烛火从裂缝处透了过来。匡衡看后，立刻想出了一个办法。他找来一把凿子，将墙壁裂缝处凿出一个小孔。立刻，一道烛光射了过来，匡衡就着这道烛光，认真地看起书来。以后的每天晚上，匡衡都要靠着墙壁，借着邻居的烛光读书。他从小勤奋好学，感动了邻居，在大家的帮助下，匡衡学有所成，成为了一名知识渊博的经学家。

任务一 亲子情绪管理游戏——空椅子

一 实训背景

豆豆爸爸在外地工作，妈妈独自一人在家带豆豆。入园之前，豆豆一直跟妈妈生活在一起，几乎从来没有和妈妈分开过。豆豆来到幼儿园后，哭得最凶，三个老师都抱不住，一边哭一边拼命地往外面跑，闹着要回家。在幼儿园，豆豆嘴巴里还会一直念叨："妈妈什么时候来接我？"老师说："放学就会来了"，她就会"嗯嗯"地回答，一天会问上几十遍。

二 实训目标

（1）让孩子与情绪握手言和，学会调控情绪而不是消灭情绪。
（2）让孩子在表达情绪和控制情绪两者之间更好地找到平衡点。
（3）用家庭小游戏，让情绪从游戏中来，到游戏中去，帮助孩子释放情绪与调控情绪。

三 实训准备

经验准备：观察豆豆在幼儿园的行为，进行了初步的总结、评估；与家长建立了良好的情感，充分了解其家庭教养环境。

物质准备：椅子、沙发垫子、适宜的场地等。

四 实训过程

空椅子疗法可以转换孩子思维，空椅子游戏能帮助孩子释放情绪。
（1）在孩子面前放一张空椅子，让孩子想象椅子上是"可恶的怪兽""去世的亲人"等。
（2）向孩子保证，不管他说什么，都是可以的，不会被批评指责；鼓励孩子，勇敢地对空椅子说出自己想说的任何话。
（3）假装空椅子上坐着的就是困扰孩子的不舒服的情绪，比如焦虑、烦躁、压抑和愤怒，让孩子把它们带给自己的所有的不舒服，一股脑地全都大声喊出来。

（4）爸爸妈妈也可以坐在椅子上，扮演不舒服的情绪，接受孩子的指挥（适合年龄比较小的孩子）。

比如：豆豆让家长扮成她的烦躁情绪，坐在椅子上，按照她要家长说的话说："我就是要让你睡不着觉，我就是要让你玩得不开心！"

然后，豆豆指着椅子大怒，大声说："我讨厌你！我不会听你的！我要把你赶跑！你再跟着我，我就用垫子打你！"

她摆出一副愤怒的样子并朝家长扔沙发垫子，家长假装吓得要命，连连说："好好，我保证再也不打扰你啦！"

注：这个游戏适用于孩子不知道想说什么，或是想说又不敢开口的情况。

同样的，爸爸妈妈需要先示范，表现得夸张有趣，但又是在真的表达自己的不舒服的情绪。

五　实训注意事项

（1）在游戏中，家长要注意耐心倾听孩子的情绪反馈，不插话、不打断。

（2）根据孩子的情绪反馈，家长及时调整指导策略，做到平和不焦躁，并及时准备空椅子游戏中的角色扮演。

（3）教师及时做好游戏效果记录，完成情绪控制评分表，进行评价。

六　实训及延伸

鼓励幼儿同家长进行情绪相关的亲子阅读。

任务二　人际交往思维拓展游戏——西游人物对对碰

一　实训背景

子瑜性格十分内向，来幼儿园总是紧绷着脸，不肯和老师打招呼，也很少与班上的小朋友交谈。在区域活动时，小朋友都在活动区选择自己喜欢的玩具，子瑜却一个人静静地坐在椅子上，也没有主动与小朋友玩。对于她这种性格，子瑜的爸爸妈妈非常担忧。

二 实训目标

（1）让小朋友学会与同伴交流，做一个有良好人际交往的小朋友。

（2）学会互助，体会团队的力量，懂得团结协作的重要性。

（3）能掌握基本的人际交流策略——乐于表达，能有效解决问题。

（4）通过思维拓展培训，发掘每一个小朋友的最大潜力。

三 实训准备

经验准备：观察中班小朋友在幼儿园的行为表现，进行初步的测评；已与家长沟通交流，做好了游戏计划；与班级教师已进行分工合作，做好角色的分工与游戏时的紧急预案。

物质准备：合适的场地，记分牌。

四 实训过程

1.教师讲解游戏及其玩法

游戏中有悟空、妖怪、唐僧三种不同的角色，唐僧怕妖怪，妖怪怕悟空，悟空怕唐僧。他们各自有各自的代表动作：悟空，手放眉眼处眺望；妖怪，手指弯曲呈爪状；唐僧，双手合十。将人员分成两组，各自划定一区域作为本方的营地，双方在自己的营地各自商量好准备做的动作及先后次序，然后前行至攻击发起线准备，听口令同时做动作。

2.寻找合适的场地，开展游戏

（1）双方成员排好队，站在各自的营地，每次派一名队员出战，每名队员根据口令做一个动作，用"唐僧怕妖怪，妖怪怕悟空，悟空怕唐僧"的规则来定输赢。

（2）赢的一方开始追赶输的一方，输的一方则要尽力逃回本方营地，在回到本方营地前被赢的一方任何人碰到身上任何部位即成为对方俘虏，需停止逃跑；等逃的一方未被俘虏的人员全部逃回本方营地后，获胜方带着俘虏回归本方营地。

（3）如果平局，换下一组队员对决。当一方全体被俘或者游戏时间到时，活动停止，人多方获胜。

（4）如果做错动作，即自动成为对方俘虏，到对方营地等候处理。

五 实训延伸

利用网络平台和家园联系手册与家长进行后续的交流和沟通，做好学生成长记录表。

六　实训注意事项

（1）心理要求。基本原则是"体能消耗最小，心理承受最大"，通过思维拓展游戏，来让每一个小朋友不断超越自己，挑战极限。

（2）健康要求。当天有身体不舒服或者自身有不适合参加公共活动的小朋友，可不参加思维拓展游戏。

（3）纪律要求。要求小朋友在规定时间内集合，服从游戏主持者的安排及指挥，未经允许不得擅自离开队伍，或者做无关的事情。

任务三　学习习惯养成实践——参观小学

一　实训背景

大班孩子轩轩5岁了，他表现欲望强，知识经验丰富，表达能力较强，反应较快，非常有自己的想法，但自制力差，课堂上总是抢着回答问题，急于表达而不等老师把话说完，也从不听其他同伴的发言；同时，他还一直不爱跟同学一起协作完成作业。幼儿园到小学，标志着一个新阶段的开始，幼小衔接对孩子非常重要，如何做好"幼小协同，科学衔接"的工作，以促进幼儿身心发展，保证基础教育质量是家校共同关注的问题。近日，根据大班幼小衔接的特殊性，幼儿园特开展参观小学活动，让家长与幼儿提前了解学校环境，对幼升小充满期待。

二　实训目标

（1）观察小学生上课、活动的情况，会主动访问小学生，了解小学有关情况。
（2）养成敢想敢做、勤学、乐学的良好习惯，能与同伴友好相处。

三　实训准备

经验准备：教师观察大班小朋友的在园情况并进行了初步总结、评估，预约小学进行教学体验；预约家长，做好参观小学的交流计划。

物质准备：幼儿采访表。

四　实训过程

1. 激发幼儿参观小学的兴趣

谈话：还有一学期我们就要从幼儿园毕业了，毕业后将要去哪里学习呢？

教师启发幼儿交流自己想要了解的有关小学的内容。

提问：你想了解小学的什么情况？你会用什么办法？在参观时要看些什么？不知道的内容可以访问谁？访问时要注意什么？

2. 组织幼儿参观，在参观过程中向幼儿提供帮助

（1）找找校牌，知道校名。

（2）访问操场上的老师，了解操场的用途。

（3）观看小学生上课。

（4）访问下课的小学生，了解自己想知道的问题，并把得到的答案用绘画的方式记录在采访表上。

3. 组织幼儿回园交流

提问：你参观了什么学校？知道了哪些内容？你发现幼儿园与小学有什么不同？参观过程中遇到困难了吗？谁帮助了你呢？你解决了什么问题？

五　实训延伸

（1）可以利用网络平台和家园联系手册与家长进行后续的交流和沟通。

（2）鼓励幼儿养成良好的习惯，当幼儿有进步及时表扬鼓励，并反馈给家长。

六　实训注意事项

（1）要求幼儿穿戴整齐，并遵守学校相关要求。

（2）在参观小学时，提醒幼儿不要携带任何危险物品或者设备，而应该只带简单的笔记本或者拍摄器材。

（3）参观过程中保持安静，以免影响到正在上课的学生以及其他人的工作。

（4）告知幼儿不要擅自离开集体，而应当由领队统一指挥集体的行动，保障活动安全有效开展。

（5）教师及时做好参观记录，完成观察评分表，进行评价。

思考与练习

一、简答题

1. 情感沟通交流的内容有哪些?

2. 幼儿社交的特征有哪些?

3. 如何培养幼儿幼小衔接时期的习惯?

二、案例分析题

1. 阅读材料,回答问题。

我班有个叫肖哲的小朋友,肖哲是一个很聪明、懂事的孩子,在很多方面都表现良好,但他缺乏相应的情绪表达方式及情绪控制方式,无论发生什么事情他都会大哭,如吃不完饭、穿鞋慢、吃饭慢时他都会大哭。他陷入焦虑时,大哭的情绪表达方式会感染教师,令教师的情绪变得急躁或不安,从而影响对他的行为和语言,使得教师有可能带给他更深层次的焦虑,进而采用更为激烈的方式表达焦虑情绪,最终演变为他和教师之间的一场战争。

问题:请尝试模拟演示如何缓解哲哲小朋友的情绪焦虑。

2. 阅读材料,回答问题。

大班的吴磊小朋友是这个学期加入我们班的新生,他遇到的第一个难题就是写数字。他十分排斥,并拒绝写作业。一次为了完成数字1—10的书写,妈妈打了他。他早上来园时眼泪还挂在脸上,低着头也不和老师打招呼。吴磊妈妈把我拉过去,告诉我今天早上因为写数字被她打了,妈妈看他哭得很伤心的样子,也觉得打孩子是不对的。和他妈妈聊天得知,吴磊在之前的幼儿园学习时,幼儿园没有教小孩子学习写数字,所以吴磊不会,但他脾气很倔强,怎么打就是不写。在课堂上写数字时,他也一直看别的小朋友,自己却不动手完成作业。

我先观察了他在班里的表现和人际交往。经过几天的观察,我发现吴磊的语言表达能力、观察力和理解能力都很不错,一个故事他会用比较完整的语句来描述。在一节绘画课"美丽的花园"上,他一直在观察他的同伴,抓住了同伴的绘画特征。所以,我总结他一定会是个懂礼貌、懂道理的孩子。

其次我和他做了深度的交流,刚开始他很害羞,不敢和我讲他的想法,于是我就找他最喜欢的奥特曼的话题和他聊天,他很开心,用崇拜的目光望着我,因为我知道很多奥特曼的名字。和他聊天才知道,他不会写字怕老师和同学笑话他,而且妈妈说他不会写字就不喜欢他。他最喜欢妈妈,但不会写字让他觉得很难过。

问题:

(1)案例中的妈妈的行为是否合适?为什么?

(2)这位幼儿教师在大班幼儿习惯养成中,有哪些行为值得我们学习?请尝试模拟演示。

单 元 十

不同类型家庭与特殊儿童的家庭教育指导

学习目标

素质目标

✦ 尊重儿童，了解儿童，关爱每一个儿童。

✦ 积极动脑思考，因材施教，对不同类型家庭与特殊儿童的家庭能采用合适的教育指导策略。

知识目标

✦ 知道常见的特殊类型家庭以及特殊儿童主要有哪些。

✦ 理解不同类型家庭的利弊以及特殊儿童的特点。

✦ 掌握不同类型家庭与特殊儿童的家庭教育指导策略。

能力目标

✦ 能在岗位中灵活选择合适的指导策略，对不同类型的家庭进行家庭教育指导。

✦ 能在岗位中灵活选择合适的指导策略，对特殊儿童的家庭进行家庭教育指导。

 单元导航

不同类型家庭与特殊儿童的家庭教育指导

- 理论奠基
  - 不同类型家庭的指导
  - 特殊儿童的指导
- 实训指导
  - 离异家庭的家庭教育指导
  - 多动症儿童的家庭教育指导

情境导入

有三个这样的孩子。第一个孩子 4 岁才会说话，7 岁才会写字，老师对他的评语是："反应迟钝，思维不合逻辑，满脑子不切实际的幻想。"他还曾经被退学。第二个孩子曾被父亲抱怨说是白痴，在众人的眼中，他是毫无前途的学生，艺术学院考了三次还考不上。他叔叔绝望地说："孺子不可教也！"第三个孩子经常遭到父亲的斥责："你放着正经事不干，整天只知道打猎、捉耗子，将来可怎么办？"所有教师和长辈都认为他资质平庸，与聪明沾不上边。这三个孩子分别是爱因斯坦、罗丹和达尔文。

得知这三个孩子的名字后，你意外吗？其实，无论身处在哪种类型的家庭中，或者是哪种特殊儿童，每个孩子都心存着一个梦想，都有一座属于自己的天堂。本单元我们将学习不同类型家庭与特殊儿童家庭的家庭教育指导。

模 块 一　理论奠基

任务一　不同类型家庭的指导

家庭结构的类型就是家庭结构的整体模式。我们按照一定标准将具有相同特征的家庭归于一类，从而揭示不同类型家庭的一般规律，以为家庭教育提供指导。本任务主要探讨生活中比较常见的几种特殊类型的家庭，即隔代养育家庭、单亲家庭、独生子女家庭和多子女家庭。

一 隔代养育家庭

在家庭教育中，隔代养育的情况是非常普遍的。很多年轻父母由于工作或其他原因会把自己的孩子交给老人去养，于是形成了许多隔代养育家庭。

（一）隔代养育家庭在家庭教育中的有利因素

首先，相比年轻父母，祖辈有充分的时间和精力陪伴孩子，能大大减轻父母的压力，缓解照顾不周、教育不足等问题。其次，在"隔代亲"的加持下，祖辈通常更加耐心和温柔，有利于儿童良好个性的形成。再次，祖辈毕竟有抚养子女的实际经验，面对孩子在不同年龄段出现的问题时会更为冷静。最后，和祖辈一起居住的家庭，家庭生活更为丰富，人际关系更加复杂，孩子能感受到更多的爱，获得更多的处理人际关系的技巧。有学者指出，父辈的教育往往强调竞争性，而隔代抚养能把竞争性教育和祖辈的宽容、平和等传统美德教育很好地结合起来。

（二）隔代养育家庭在家庭教育中的不利因素

首先，祖辈往往凭经验养育孩子，缺少科学育儿知识，加上对孩子的过度溺爱，在养育过程中可能存在一些不恰当的做法，如穿衣、喂饭等包办行为，过度保暖等过度保护行为，还有以孩子为中心等，反而不利于孩子的身心健康发展。其次，当祖辈在场，孩子的父母又重新变成了孩子，很容易将陪伴、教养孩子的重任推到祖辈身上，导致家庭教育中父亲或母亲角色的缺位，影响良好亲子关系的形成。再次，祖辈对幼儿的过度保护，一方面影响了幼儿去自我为中心的进程，另一方面减少了幼儿与同伴交往的机会，不利于其社会交往能力的发展。有研究表明，在性格和人际交往方面，父母教养幼儿要优于父母和祖父母共同教养幼儿。最后，家庭中翁婿、婆媳关系的紧张，势必会影响家庭中的夫妻关系，而夫妻关系紧张对家庭教育极其不利，紧张的家庭氛围对孩子安全感的形成具有极大的消极影响。

（三）隔代养育家庭的家庭教育指导

1. 要明确责任

在隔代养育家庭中，祖辈要摆正自己的位置，不要把自己当成保姆，而应该是幼儿生活的主要照料者和幼儿成长的辅助教育者，无须过多干预孩子的教育问题，更不应该介入子女的夫妻关系。幼儿父母也应该明确，陪伴和教育孩子是自己的责任，而不应该把孩子完全交给老人去教养，更不应该在祖辈教养出现问题时大加指责。特别是在幼儿面前，祖辈要尊重幼儿父母的教育权，支持幼儿父母的教育观念和教养方式，维护幼儿父母的权威；幼儿父母也应该体谅、关心、尊重老人，感恩老人的付出，让老人在照顾幼儿的过程中，享受到子孙绕膝的天伦之乐，实现自己在家庭教育中的价值。总之，两代人应该相互理解、尊重、配合、支持和包容，共同营造良好的家庭氛围，促成理想的家庭教育效果。

2. 要科学育儿

隔代教养家庭中的冲突常常是因为在教养幼儿方面存在分歧，谁对谁错，各执一词。评判对错的标准其实就是教养方法是否科学。所以，祖辈与幼儿父母都应该通过网络、书籍等渠道学习科学的育儿知识。如果发现老人不能科学育儿，就应该耐心地给老人讲解清楚，让他们认识到科学育儿是非常重要的。老人也可以和幼儿父母一起通过正确的渠道学习新的科学育儿方法。在隔代养育过程中，祖辈要学会放手，给孩子更多的锻炼机会，不要把所有事情都揽到自己身上。幼儿父母也应该放下手机，高质量陪伴孩子。

3. 要及时沟通

人与人之间的矛盾很多都来自沟通障碍，在隔代养育家庭中更是如此。在隔代养育家庭中，祖父母、父母无疑都是爱孩子的，其初心必定是好的，但"人非圣贤，孰能无过"。祖父母与父母任何一方出现了失误，另一方都不能加以指责，而应该了解事情的原委，一起找出问题所在，并共同协商解决办法，协同提升家庭教育的能力。当然，夫妻之间甚至亲子之间也应该及时沟通、相互尊重，为营造良好的家庭氛围共同出力。总之，隔代养育家庭要想营造有利于孩子健康成长的家庭氛围，就要处理好各方面人员之间的关系，特别是幼儿父母和老人之间的关系，这就需要家庭成员间的及时沟通，需要在日常生活中不断地摸索和总结，只有这样才能真正解决隔代养育中出现的各种问题。

总而言之，隔代养育家庭中的成人应分工明确、彼此顾念。幼儿父母应尊重祖辈的养育方式，接纳祖辈的与自己不同的生活观念。祖辈也应尊重幼儿父母的教育观念，接纳新式的科学育儿观念。简单地说就是，爸爸妈妈主要负责教育问题，爷爷奶奶主要负责养育问题，同时加强沟通、促进合作、共同成长。

二 单亲家庭

有观点认为，单亲家庭为父母离异或父母有一方去世，或者未婚生子，或是异地婚姻，孩子由父亲或母亲单独抚养的家庭。包括丧偶式单亲家庭、离异式单亲家庭、未婚式单亲家庭和异地婚姻式单亲家庭。这些只有父母一方教养幼儿的家庭在一定程度上会影响幼儿的健康成长，但单亲家庭并非就一定是不好的家庭，在现实生活中，生活在单亲家庭中的幼儿未必就不幸福，我们要做的是找到正确的家庭教育方法，将消极影响尽可能地降到最低，还幼儿幸福的童年。

（一）单亲家庭面临的教育挑战和困惑

1. 易产生心理负担

首先，单亲家长易产生心理负担。与完整家庭相比，单亲家长势必要面临更多的压力，比如家里大大小小的事情都落到了一个人身上，而幼儿总会有"不听话"的时候，身心俱疲的单亲家长很难耐心教育幼儿。很多时候单亲家长需要依附祖辈帮忙照料幼儿，因而又要面临隔代养育出现的问题。特别是在当今社会，仍有很多人认为"单亲"是一个不好的词，就连单亲家长自己也很容易给自己贴标签。这些都会给单亲家长造成心理负担。

其次，单亲幼儿易产生心理负担。幼儿从完整家庭到单亲家庭，需要进行自我调节，这对幼儿来说很困难，也易产生不安全感。已有研究发现，不管父母离婚时孩子年龄的大小如何，都确实会伤害到孩子。离婚家庭的孩子往往比完整家庭的孩子更容易出现各种问题。即便是一直处于单亲家庭中的孩子，也可能会因感受到自己与完整家庭中的孩子的不同，或感受到周围不一样的眼光，而产生心理负担。

2. 教育方法失当

一般而言，单亲家长需要承担起独立抚养幼儿的责任，因而需要花很多时间和精力在工作上，这使教养幼儿变得有些力不从心。这类家长有的干脆对幼儿放任不管，认为自己必须首先满足孩子的物质需求，在不知不觉间错过了孩子的成长，更遑论教育；有的采取简单粗暴的办法来对待幼儿，造成单亲幼儿的一系列问题，如自卑、恐惧、内疚、低自尊等。有的单亲父母可能出现两个极端，一是对幼儿过于严格，希望孩子出人头地；二是对幼儿过分溺爱。显然，无论是过于严格还是过于溺爱，对幼儿的健康成长都是不利的。

3. 父母之爱不完整

单亲家庭中的孩子，无法拥有完整的父母之爱。失去了父爱，孩子容易懦弱、多愁善感、缺乏毅力、自卑、优柔寡断等；缺少了母爱，孩子又可能会形成偏执人格，性格孤僻、冷漠，缺乏爱心和同情心，没有安全感等。不论孩子缺少父爱还是母爱，孩子应得到的爱大为减少，容易形成不健全的人格。

（二）单亲家庭的家庭教育指导

1. 端正心态

学前儿童模仿力和受暗示性较强，很容易受到父母情绪行为的影响。这就要求单亲家长必须保持良好的心态，给孩子最大的心理支持，不给自己贴上单亲爸爸或单亲妈妈的标签。事实上，单亲家庭中成长的孩子并非就会不幸福不优秀。单亲家长都应该在心底里认同自己，如果单亲家长因自己是单亲爸爸或单亲妈妈这件事而自卑，则有可能会给孩子带来消极影响。因此，单亲家长应该抛开这个思想包袱，在养好孩子和创造更亲密、更稳定、更快乐的生活方面努力。

2. 开诚布公

在离异家庭中，父母应向孩子早一点说出事实，不要隐瞒。要心平气和地用孩子能理解的方式告诉孩子，并向孩子承诺对孩子的爱永远不变："不管父母之间发生什么事，我们都会永远爱你。"有些父母由于感情破裂，从而怨恨对方，在孩子面前贬低对方，说对方的坏话，在孩子的心里播下仇恨的种子，这对孩子的教育是很不利的。实际上，孩子对父母亲的爱是不变的，即使离异，也很难或不愿意去恨自己的父亲或者母亲。渴望得到父母的爱，这是孩子的本性，拥有父母双方的爱，孩子会更加健康地成长。因此，离婚后的父母要尽量创造条件与孩子相处，"离了婚但不离孩子"，让孩子依旧拥有父母的爱。为了孩子的发展，离异的父母应善待对方，不要再给孩子增添新的烦恼和伤害。

3. 注意性别角色教育

在孩子心理成长过程中，性别角色的获得不是与生俱来的，而是一个重要的学习环节。单亲家庭的幼儿多数长期和父母单方生活在一起，甚至缺少父爱或缺少母爱，这会影响幼儿的性格发展。因此，单亲家庭的家长，可以有意识地让幼儿多接触一些成熟的成年人，如叔叔、阿姨或其他亲戚朋友等，介绍他们的优点，让他注意学习，让其性别角色得到充分的表现和发展，培养完善的性别角色意识，以适应社会生活的需要。单亲家长还应该重视幼儿交往群体的建立。既要允许幼儿与同性同伴玩耍，又要鼓励幼儿与异性同伴交往，使幼儿在与同伴交往的过程中内化性别角色规范。

三　独生子女家庭与多子女家庭

独生子女家庭是指父母只生育了一个孩子的家庭，父母生育了多个孩子的家庭则是多子女家庭。

（一）独生子女家庭教育的利弊分析

独生子女作为家庭中的唯一的孩子，显然能获得全家人的疼爱和关注。受到家人精心照料的独生子女通常身体状况良好。同时，在爷爷奶奶、外公外婆、爸爸妈妈的积极期待和正向激励之下，独生子女通常能力和智力发展较好。独生子女家庭中的幼儿，享有着集中的教育资源，不仅包括金钱，还包括其他人的精力和时间，这对其发展大有裨益。

独生子女在充满爱和期待的环境下长大，很容易被溺爱，也容易感受到压力。"唯我独尊"的家庭地位也容易影响幼儿去自我中心化的完成，对其社会交往及性格形成不利。独生子女在家庭中缺少同龄玩伴，可能会导致其在与家庭外的同龄玩伴交往时，缺少群体交往经验，社会适应能力和责任感较低。

（二）多子女家庭教育的利弊分析

多子女家庭中的孩子，不仅分享了家庭的关注和爱护，同时也共同承担了家人的期待和希望，从而减轻了来自家人"望子成龙""望女成凤"的压力。更重要的是，多子女家庭中的孩子有了生活中的玩伴，不再只是和长辈或玩具对话，头胎子女懂得了作为哥哥或姐姐的责任，非头胎子女在哥哥姐姐的保护和陪伴下，则更有安全感。多子女家庭中的孩子更懂得怎样与人相处，懂得分享与爱。

当然，多子女家庭在家庭教育中优势的发挥，需要具备一定的前提条件。首先是要处理好头胎子女的问题，要让他们觉得，弟弟或妹妹并不会抢走原本属于他们的爱，弟弟或妹妹的到来，会让这个世界上多一个爱他们的人。其次是要处理好父母自身的问题，要做好物质、精神（心理）等方面的准备，明白二胎子女的到来，家庭生活绝不是"1+1=2"那么简单，而是时常面对"1+1 ＞ 2"的境况。

（三）独生子女家庭的教育指导

1. 弱化独生子女的中心性

通常，独生子女表现出来的不同于非独生子女的任性、怕吃苦、以自己为中心的特点，这很大程度上是独生子女的家庭教育造成的。家人倾向于将幼儿放到家庭的中心地位，给予幼儿充足的爱甚至溺爱，导致了幼儿自我认识上的偏差。他们认为自己的一切需求得以满足是必然的，不能够从别人的角度去思考问题，去自我中心化困难。所以，独生子女家庭的父母更应该理性地对待幼儿，将幼儿放在适当的位置上，弱化幼儿的中心性，不要将幼儿完全放在家庭的中心地位，更不能轻易满足幼儿一切物质需求，更不用时刻小心翼翼地保护幼儿。让幼儿独自面对挫折，有利于其人格的完善。

2. 提供与同伴交往的机会和环境

同伴交往对于幼儿社会性的发展和个性的塑造起着重要作用，同伴交往对于缺少兄弟姐妹的独生子女来说，显得更为重要。研究表明，同伴交往能够弥补独生子女因缺少兄弟姐妹影响而存在的缺陷。同伴间最自然有效的交流方式就是符合幼儿天性的游戏和活动，年龄相近的幼儿，其认知水平、情感态度发展比较相近，能够互相吸引并有相同的爱好，一起游戏和活动成为一种自然而然的事情。幼儿可以在活动中通过频繁的交流丰富自身的经验体验，在共同解决问题或冲突的过程中理解他人，这也是推进去自我中心化的过程。家长应该创造机会让独生子女产生同伴交往，独生子女的同龄的亲戚、邻居、同学都是可选择的好玩伴。同时，提供丰富的游戏材料和不被干涉的环境也有利于其交往和活动。

3. 给予自由探索的权利

独生子女的家庭教育有着许多先天的优势，能够集中教育资源对独生子女进行教育，提供给独生子女较好的教育平台，但独生子女家长经常犯的错误就是剥夺幼儿自由探索的权利。幼儿是天生的探索者、发明家，在接触世界的过程中，尝试操作、犯错改正、自由探索是幼儿应有的权利。所以家长要给予独生子女应有的自由活动的权利，家长应该允许幼儿做自己想做的事情，让他们多动手操作，多实践，并且家长要给予他们犯错误的机会，允许幼儿犯错和探索。

案　例

爱的惊醒

小豹子是个刚满 2 岁半的男孩，是家里的"独苗苗"。这是一个很平常的晚饭时间，晚餐中有一盘非常美味的卤肉。

妈妈："小豹子，这么好吃的东西，给大家尝尝啊。"

小豹子看了看地下和桌子上说:"不行,现在不能给爸爸妈妈吃。"

妈妈:"为什么呢?"

小豹子:"地上和桌子上都没有掉啊,掉在地上的才给爸爸妈妈吃,盘子里的给宝宝吃。"

听完这场对话,全家人的内心都震颤了一下,空气顿时也凝固了。只有小豹子像往常一样,欢喜地吃着。

孩子"独占"盘子里的美食,家长吃掉在桌子下的,显然,在孩子眼里,认为家长这样爱我是应该的。很多家长有时爱孩子爱到失去了自己。孩子去自我中心化的完成,需要家长营造一个平等、有爱的家庭氛围。家长应该让孩子清楚地知道,"我爱你,同时我也爱自己""孩子你很重要,而我自己也很重要"这样孩子才会懂得完整和成熟的爱。

(四)多子女家庭的教育指导

1. 协调子女间的关系

多子女家庭与独生子女家庭相比,面临着更复杂的家庭关系,除了亲子关系,还有各子女之间的关系。在多子女家庭,子女之间的关系是否和谐是家庭关系是否健康的关键,而子女之间的关系很大程度取决于家长怎样去引导子女之间形成和谐的关系。当第二个孩子来临的时候,家长也应关注第一个孩子的心理变

微课:多子女家庭的教育指导

化,充分给予关心和爱,不要让第一个孩子因缺少关爱而把新生的孩子当作抢夺自己关爱的"敌对者"。家长还应采取各种方法让子女之间建立爱和依恋,如让他们之间互相照顾,培养共同的兴趣,共同面对和解决生活中遇到的问题等。

2. 尊重幼儿的个性

多子女家庭的家长往往比独生子女家庭的家长更具有育儿经验,积累了以往的育儿经验去面对下一个孩子的教育问题是非常便利的,但也容易让家长惯性地以固化的眼光看待孩子,不能接受幼儿出现的新问题,扼杀了幼儿成长的个性空间。家长应尊重幼儿的个性化,倾听每个孩子独特的想法,让每个幼儿都能自由地表达自己;家长应尊重幼儿的个体差异,允许幼儿有各异的表现;并且家长应该摒弃比较的心理,为幼儿提供空间和条件,让其按照自己的成长轨迹去成长。

3. 安排与每个孩子单独相处的时间

在日常生活中,所有的孩子都渴望父母的关注和关爱,并容易产生关爱之争。但这并不意味着家长在抚养孩子的过程中要绝对地公平公正,因为这样做不仅没有必要,而且事实上也很难做到。真正重要的是,父母应该安排与每个孩子单独相处的时间。比如,带姐姐去买菜,给弟弟读绘本。因为在一对一的交往过程中,幼儿更有安全感,更容易敞开心扉,而父母这时候也更容易进入幼儿的内心世界。当幼儿每天都有与父母单独相处的时间的时候,更容易确定父母是爱自己

的，自己在父母心目中的地位是独一无二的，从而不会去制造一些麻烦来吸引父母的注意。

 延伸阅读

出生次序对幼儿性格的影响

19世纪80年代以来，很多心理学家就儿童的出生次序和在家庭中所处的地位对性格和智力发展的影响进行了许多的研究。著名心理学家阿德勒特别强调出生次序对儿童性格的影响。他认为，儿童在家庭中的出生次序和所处的地位影响着儿童的生活风格，对性格的形成和发展起着重大作用。一般情况下，每个儿童都有积极向上的意愿，在和兄弟姐妹相处时，渴望占有父母的爱。

长子原本是家庭的焦点，但在弟弟妹妹出生后自己的地位被动摇，于是他总会发号施令，甚至仗势欺人。幼子在家永远被看作是婴儿，享受着各种各样的呵护，他也总是希望得到他人的帮助。唯独中间的孩子最为尴尬，尽管他们也雄心勃勃，渴望超越"老大"，但不得不跟着"老大"的影子走；尽管他们也需要父母的关爱，但总不多于"老小"。有研究表明，多子女家庭中有"长子优势"现象。高尔顿研究了著名科学家的出生次序，发现长子和独生子女所占的比例相当高。贝尔蒙特研究表明，长子在瑞文智力测验上所得的成绩比其他幼儿要高。在美国阿波罗登月工程技术人员中，长子和独生子女占一半以上。

总的来说，独生子女家庭与多子女家庭在家庭教育方面，各有其优势和教育困难。需要家长们多观察、多思考，用细心、耐心和爱心为孩子选择合适的教育方法和策略，发挥家庭教育的最大功效和激发每个孩子的最大潜能，最大限度地促进子女的健康成长。

思政在线

2022年1月1日，《中华人民共和国家庭教育促进法》开始实施，充分体现了党和国家对家庭家教家风建设的高度重视。家庭教育、学校教育和社会教育在人的发展过程中共同发挥着重要作用，在儿童成长的不同阶段，这三种教育所发挥的作用大小有所不同。学前儿童正处于身心发展的启蒙阶段，更加依赖家长的教育和保护。家长是学前儿童的第一任教师，家庭是儿童成长的第一所学校。因此，家庭教育对于学前儿童至关重要。一般情况下，不管是何种类型的家庭，哪怕是特殊家庭，家长的本意也是要当好这"第一任老师"。

任务二　特殊儿童的指导

学界对特殊儿童的理解有两种，第一种是广义的特殊儿童，即正常儿童以外的各类儿童都算特殊儿童，包括超常儿童、低常儿童、问题儿童、言语障碍儿童等；第二种是狭义的特殊儿童，专指生理或心理发展有缺陷的残疾儿童，包括智力、视觉、听觉、肢体、言语、情绪等方面发展障碍及身体病弱、身体残疾的儿童，又称缺陷儿童或残疾儿童，而不包括超常儿童、品行障碍儿童、问题儿童及精神障碍儿童。本任务讨论的是狭义的特殊儿童，包括常见身体发育特殊儿童和常见心理发育特殊儿童。

一　常见身体发育特殊儿童

身体发育特殊儿童，常见的有感统失调儿童、感官残疾儿童和肢体残疾儿童。感官残疾和肢体残疾儿童顾名思义，即感官或肢体有缺陷的儿童。感统失调儿童则是指无法控制身体感官和支配身体协调活动的儿童。这些特殊儿童由于无法自如调动感官或肢体无法正常活动，会在不同程度上削弱他们的认知能力和适应能力。

案　例

　　杰瑞4岁了，长得聪明可爱，亲戚朋友都很喜欢他。刚上幼儿园的时候，他也很受老师和同学们的欢迎。但是，幼儿园老师渐渐发现，杰瑞很不适应幼儿园的生活。他上课的时候经常注意力不集中，东张西望；吃饭时习惯用手抓，不会使用筷子，爱挑食；做游戏的时候，动作总是比别的小朋友要慢。杰瑞的妈妈很困惑，她担心孩子是不是生病了。后来，妈妈带杰瑞到一家儿童医院进行检查的时候，看到很多情况类似的孩子。

从杰瑞的表现来看，杰瑞应该是患上了感觉统合失调症，又称为"神经运动技能不全症"，是一种中枢神经系统的障碍问题，是指外部进入大脑的各种感觉刺激信息不能在中枢神经系统内形成有效的组合，使机体不能和谐地运作而产生的一种缺陷。由于无法控制身体感官和支配身体协调活动，感觉统合失调症儿童的认知能力和适应能力势必会受到影响。在学龄期，极易出现学习障碍；到了青年期，社会交往和社会适应能力都会出现问题，从而影响其正常的生活和工作。

值得注意的是，及早发现孩子的"特殊"并进行干预，对孩子的发展具有促进作用。对于这类身体发育特殊儿童，可以采取如下家庭教育指导策略。

（一）积极的心态

首先，家长要有积极的心态。家长不要整天唉声叹气，不要认为有一个特殊儿童尤其是残疾儿童是丢人的，要有平常心和积极的心态，尽量为孩子提供广阔的活动和教育空间，尽量为自己寻找更多的同盟者。其次，家长要关注特殊儿童的心理。特别是后天致残的儿童，家庭教育最困难、最重要的是要帮助孩子度过致残后的困难适应期。要帮助孩子树立起对生活的信念，培养孩子乐观的心态。可以多用励志电影和故事鼓励残疾儿童，多带孩子到户外散步，多鼓励孩子与同伴正常交往等。此外，家长还要注意不要因为孩子的特殊性而在孩子面前发生争吵，以免给孩子增添心理压力。

我也要去玩

伟伟身有残疾，单眼失明，且右腿先天性骨关节脱落，前几个月刚刚动过一次大手术，现在走路还不是很稳，语言表达能力也较弱。作为他的家长，出于对他的保护，我们对他格外关注和照顾，不管走到哪里，都随时牵着他的小手，生怕他出什么意外。可这一次，我却发现他的小手在悄悄挣脱，并用不清晰的声音对我说："我也要去玩。"我心里咯噔一下，是不是我对他的特别呵护已经形成了对他的束缚，甚至正在伤害他的自尊？

"受伤的小鸟"也有自己小小的愿望，伟伟也想跟同龄小伙伴一样去玩耍、想象和飞翔。家长应该在照顾他的同时，慢慢去锻炼他，让他适应周围的环境，让他在这个环境中和其他小朋友一起健康成长。还应该达成共识：爱他，不是让他觉得他很软弱；爱他，是让他充满生命的力量。

（二）合适的训练

对肢体残疾儿童，家长首先要培养孩子的基本生活自理能力，如吃饭、穿衣、如厕等，但要循序渐进，从最简单的做起，做到了便及时鼓励，暂时做不到便减低难度，并鼓励其下次继续练习。同时也应对肢体残疾儿童开展功能训练，如大小肌肉训练、协调训练等。对于感官残疾儿童，可以根据其情况进行方向辨别训练、定向行走训练、听力训练、语言训练等。对于感觉统合失调症儿童，要注意孩子全身协调性和平衡能力的训练，还可以进行专门的感觉统合训练。感觉统合训练实际上是一种游戏治疗，它使感觉统合失调症的儿童以"游戏"的方式加以组织，让他们在轻松、快乐的游戏（如走平衡木、剪纸、摆积木、走迷宫、溜冰、各种球类运动等）中改善症状。感

幼儿各种能力与非智力心理素质发展的关键期

觉统合治疗的适用年龄是 4—12 岁。

（三）交流与合作

中国的家长在教育孩子上的公开交流本来就不够，特殊儿童尤其是残疾儿童的家长交流更不够。大家应该组织起来，为了孩子的发展，就广泛的内容进行广泛的交流。可以建立家长联谊会、家长联合会等，定期开展活动，共享儿童发展的乐趣，交流好的方法，共争儿童的权益等。此外，特殊儿童不仅需要家庭、家长的特殊关爱，还需要幼儿园（学校）、社会（社区）的共同爱护。

二　常见心理发育特殊儿童

常见的心理发育特殊儿童有智力障碍儿童、"孤独症"儿童和多动症儿童。智力障碍儿童通常具有认知能力发展较差、言语思维发展低下、情绪情感幼稚冲动、体态行为异常等特点。"孤独症"儿童一般具有重复刻板动作、语言障碍、社会交流障碍、认知异常等特点。多动症儿童则具有活动过多、注意力难以集中、情绪不稳定、动作协调困难等特点。这些特殊儿童形成的原因非常复杂，如果能够早期诊断出来并且及时给予训练和干预，在一定程度上是可以有所改善的。

（一）正确面对和接纳

儿童一旦确诊为智力障碍、"孤独症"、多动症等心理发育特殊儿童后，家长要摆正心态，应做好长期教育训练的思想准备。作为这类特殊儿童的家长，首先必须正确认识这类心理发育特殊儿童，他们尽管言行与正常儿童有较大差异，但也是我们人类社会的一分子，仍然是正在成长、发育着的儿童。家长以及家庭环境在儿童整体教育当中占据着主要的和不可替代的作用。开展特殊儿童家庭教育，家长在教育训练过程中起主导作用，决定着教育的效果，所以家长应有对待心理发育特殊儿童的积极心态，不要对这类特殊儿童抱有过低或太高的期望，要持续耐心地对他们进行教育干预和训练。

 延伸阅读

医学的结束就是教育的开始

相对于超常儿童而言，残疾或障碍儿童的家长，在教育孩子时可能面临更大的挑战。无论是原发性还是继发性的残疾、障碍儿童的家长，在发现孩子有残疾或障碍时，往往经历了下述心理路程。

震惊：当一些家长发现孩子有问题时，往往表现出震惊，并且问题越严重就越震惊。他们

往往不相信也不愿意承认眼前的事实，反而怀疑是不是搞错了。这是许多家长在面对残疾、障碍儿童时都经历过的一个过程。

绝望：当确认问题确实存在时，一部分家长就开始绝望了。大有呼天天不应，呼地地不灵的感觉。一些家长在孩子都好几岁了甚至上初中了，还时时流露出绝望，说不了几句话就哭泣。

乱投医：绝望之余，一些家长像突然醒悟一般，旋即踏上为孩子求医问药的投医之路。应该说，求医并没有错。但是，对于大多数残疾或障碍儿童而言，一旦确诊，去找许多医生或医院，是不能从根本上解决问题的。但是，一些家长却不理智地常年奔波在求医路上，甚至是乱求医的路上，不仅浪费了大量的精力、钱财，更重要的是失去了宝贵的教育孩子的时间和机会。

放弃：一部分家长在确定了孩子的问题或求医无望后，就选择了放弃。应该说，在孩子的症状发现后，震惊是可以理解的。但是，绝望、乱投医和放弃，就是错误的和不可取的行为了。

特殊教育界有一句行话，叫"医学的终结就是教育的开始"。就是说，当医疗工作结束的时候，最有效的就是教育了。因此，家长应该明白，要尽早跨过这些误区，尽早从不良的体验中解脱出来，尽快走上正确的对待孩子的道路。

（二）适当增加活动

相对于身体发育特殊儿童，心理发育特殊儿童一般四肢是健全的。因此，可以适当增加一些户外活动，如打球、跑步及其他各种需要身体各部分协调活动的运动或游戏。这样一方面可以锻炼儿童动作协调能力，促进其脑功能全面发展；另一方面，对于多动症儿童来说，还有利于释放过多的能量，增强其自控能力。就像弗洛伊德所说的，特定的能量用在一个方面就不会用在其他方面了，用于建设性的活动上就没有机会消耗在破坏性活动上了。虽然心理发育特殊儿童有其特殊性，但喜欢游戏和活动仍然是他们的天性，家长可以专门开展一些他们喜欢的游戏活动，让他们体验到游戏和活动的乐趣。在游戏和活动中，他们还能获得同伴交往的机会，获得较好的语言环境，从而提升其社会化技能。

（三）适时进行训练

针对心理发育特殊儿童的特点，还可对他们进行针对性的训练。比如针对智力障碍儿童，可以进行感知觉和动作训练，因为感知觉是认识过程的基础，是所有能力的开端。智力障碍儿童都存有感知障碍，对其进行感知觉训练，可使智力障碍儿童的各种感知觉缺陷得到补偿。动作训练则可增强其身体协调性，改善体态异常问题。对于智力障碍儿童和"孤独症"儿童，还可抓住2—3岁幼儿口语发展的关键时机，进行语言训练，以及生活自理能力的训练。此外，社会适应能力较差是这类心理发育特殊儿童的共性，因而应重视社会适应能力训练。家长可以创造一些机会和条件，尽量使其有与正常儿童共同玩耍的机会。在与正常儿童玩耍的过程中，通过模仿正确的行为举止，从而培养正常的情绪情感和个性品质。在此过程中家长要参与指导，让特殊儿童懂得与同伴共同分享玩具和食物，学会关心他人，相互帮助，尽量让特殊儿童懂得社会的基本生活准则，提高社会适应能力。

"幸福的家庭都是一样的，不幸的家庭各有各的不幸。"尽管目前产前检查已越来越普及，大多数父母都试图给孩子营造良好的家教环境，但特殊儿童和特殊家庭仍然存在，包括但不限于以上几种。这些特殊儿童，需要家庭、教育机构和社会的关爱，更需要科学的教育指导。

📁 思政在线

"当代保尔"张海迪身残志坚

5岁的时候，张海迪因患脊髓血管瘤造成高位截瘫，但她身残志坚，勤奋学习，热心助人，被誉为"当代保尔"。在残酷的命运挑战面前，张海迪没有沮丧和沉沦，她以顽强的毅力和恒心与疾病做斗争，经受住了严峻的考验，对人生充满了信心。她虽然没有机会走进校门，却发奋学习，学完了小学、中学全部课程，自学了大学英语、日语、德语等，并攻读了大学本科和硕士研究生的课程。1983年3月7日，共青团中央在北京举行命名表彰大会，授予被誉为 "80年代新雷锋"的张海迪同志"优秀共青团员"称号。1983年张海迪开始从事文学创作，先后翻译了《海边诊所》《小米勒旅行记》《丽贝卡在新学校》，创作了《向天空敞开的窗口》《生命的追问》《轮椅上的梦》等共计一百多万字的作品。现为山东省作家协会文学创作室一级作家。1993年张海迪通过考试和论文答辩，获吉林大学哲学硕士学位；1994年参加远南运动会；1997年入选日本 NHK"世界五大杰出残疾人"；1998年起担任中国肢残人协会主席；2000年获得"全国劳动模范"称号。

任务一   离异家庭的家庭教育指导

🔵 一 实训背景

怡宝3岁，爸爸妈妈都很爱她，但他们的婚姻却走到了尽头，决定协议离婚。夫妻离婚时，怎样做才能将对孩子的伤害降到最低呢？请根据以上材料，分组设计指导方案并进行演示。

二　实训目标

（1）积极与家长沟通，了解家长面临的问题。

（2）掌握单亲家庭（离异家庭）的家庭教育指导策略。

（3）为家长提供指导，有效解决问题。

三　实训准备

经验准备：掌握单亲家庭（离异家庭）的家庭教育指导策略；与家长建立良好的情感联系，充分了解家长面临的问题。

物质准备：通信设备、纸、笔、指导资料等。

四　实训过程

1. 理解家长的感受

师：怡宝妈妈，怡宝是个特别可爱的孩子，幼儿园的老师和小朋友们都很喜欢她，我知道您和怡宝爸爸都很爱她。不过，您和怡宝爸爸之间可能出现了问题，不得已要分开，你们内心非常担忧，怕你们的离婚会对怡宝造成伤害，对吗？

2. 解释行为

师：您和怡宝爸爸能有这份担忧，并且能与我交流这个问题，说明你们对怡宝非常在意，不希望她因此受到伤害。

确实，对孩子来说，父母离婚无疑是一场"灾难"，孩子很容易在心里形成这样的"三段论"：因为我不好——爸爸妈妈就不再相爱——所以他们就离婚不要我了。这个结论最致命的地方在于：孩子会因为父母的离异而丧失对自己的公正评价，产生强烈的自卑感或极度缺乏安全感。

3. 深度共情

师：我身边就有这样一个例子。她是我的研究生同学，3 岁的时候父母离婚。但在我看来，她非常自信阳光、积极向上。她跟我说，她从来就没觉得她在一个单亲家庭中长大是多么的可怜或不堪。她记得父母离婚以后，她仍然和妈妈住在他们原来的家里，妈妈把她照顾得很好；她还在原来的幼儿园上学，老师、朋友都还在身边；爸爸也没有消失，周末或节假日会带她去玩，给她买衣服、学习用品……

所以说，离婚并不一定会导致孩子受伤，夫妻相互攻击诋毁对孩子的打击才是致命的。事实表明，不离婚而成天争吵、互相攻击谩骂、拿孩子撒气的毫无温情的婚姻，比和平分手之后继续给孩子爱和支持的离婚，对孩子的伤害要大得多。

4. 复盘指导

师：您和怡宝爸爸的婚姻已经走到了尽头，决定协议离婚，但是担心离婚会对怡宝造成伤害，想要尽可能地降低对怡宝的伤害，从而找到了我。

不可否认，父母离婚会给孩子带来一定的影响。但是，只要父母愿意共同努力，是可以把这种伤害降到最低的。我们可以试着这样做：

（1）开诚布公。夫妻双方最好能一起真诚并简洁地向孩子公布即将离婚的消息，跳过那些不好的细节。可以对孩子这样说："爸爸妈妈很难一起生活，所以我们认为最好不要生活在一起了。但是爸爸和妈妈永远爱你、支持你。"确保孩子理解离婚只是大人之间的事，她并不是爸爸妈妈离婚的原因。

（2）保持常规。得知父母离婚的消息，孩子可能会对具体的事情感兴趣。如：我将住在哪里？我需要换学校吗？谁会带我上舞蹈课？夫妻双方离婚后，应试着尽可能地保持孩子的常规生活。

（3）表达感受。父母离婚后，和父母一方离别的焦虑可能会影响到孩子，孩子可能会产生心理压力。例如，小一点的孩子可能会尿床，大一点的可能会变得压抑或沉默寡言。因此，父母可以帮助孩子将他们的情感表达出来，并鼓励他们分享自己的感受。

（4）不要斗争。在孩子面前不要说配偶的坏话，也不要在孩子面前争论或讨论他的抚养问题，更加不要迫使孩子选择其立场。例如，不要问孩子"你是跟着爸爸还是跟着妈妈""你觉得是爸爸的错还是妈妈的错"等。

（5）孩子首位。在解决孩子监护问题及其他细小问题时，请把孩子放在首位。持续很久的监护权之战，对孩子的心理将产生严重的影响。无论监护权在哪一方，另一方都应该定期探视、陪伴孩子，尽量不让孩子缺少父母之爱。

五 实训延伸

（1）通过电话、微信等与家长进行后续的交流和沟通。

（2）观察、关心幼儿，及时与家长交流孩子的近况。

六 实训注意事项

（1）学会理解家长。

（2）尊重与保护家长的隐私。

任务二　多动症儿童的家庭教育指导

一　实训背景

我在小班待了三个月了，在此期间，发现我班一个4岁幼儿韩涵的行为与其他幼儿有所不同，他没有朋友，常常脱离班级一个人活动。最明显的是他极其好动，上课从不会集中精神，容易受身边的事物所影响，窗外的脚步声就能转移他的注意力，而且好奇心强，自控能力差，并常伴有某种习惯性小动作，如咬指甲、吸手指、抠鼻子等，做什么事大都半途而废，有头无尾。他没有守纪律的概念，还有点口吃，与老师、小朋友语言交流有障碍。发现该幼儿行为有异常以后，我怀疑他患有多动症。

二　实训目标

（1）积极与家长交流，家园合作共同针对问题寻找对策。
（2）掌握多动症儿童的特点及指导策略。
（3）能为家长提供方案，有效解决问题。

三　实训准备

经验准备：对韩涵的行为进行长达两个星期的观察；掌握多动症儿童的家庭教育指导策略；与家长建立良好的情感，充分了解家长的性格特征和家庭教养方式。

物质准备：观察记录表、笔、指导资料等。

四　实训过程

1. 个案观察记录

发现该幼儿行为有异常以后，我怀疑他有多动症，为了证实这一想法，我开始对他的行为进行观察。在两周的观察后，我发现他有如下一些明显的异常行为。

（1）上课。

在上分享阅读课时，小朋友都积极举手回答问题，他则从不举手，并且老是站起来，咬着手指头，一下望望黑板，一下又望望其他小朋友。有时，他望着地板，神情游离不定，像是在关注某个东西，又似在沉思，但他什么也没做，也不说一句话。其他小朋友在朗读时他并没有读，而且常常被其他事物所吸引，动作很不优雅，喜欢把一只腿搭在旁边小朋友的椅子上。总是与旁边的小朋友嬉戏，或是离开座位打扰其他小朋友，当老师指了一下他的头以后他才停止嬉戏，但眼神还是没有关注老师和黑板。他上课时的常见动作是用两只手撑着腿往前看。

（2）课间操。

做操时手脚都在不停地动，但没有按照课间操的要求做，完全是他自己在自由地手舞足蹈，想怎么做就怎么做，而且他总是显得走不稳、站不稳，摇摇晃晃的。课间操做完，他总是显得格格不入，不合群，其他小朋友都回活动室去了，他还痴痴地站在那里，我提醒他他也不走，后来还是我拉回去的。

（3）游戏。

他虽然是和其他小朋友一起做游戏，但是常常注意力不集中，东张西望，打扰其他的小朋友。在玩玩具时，他总是喜欢一个人在窗前把玩具摆上去，这是不允许的，其他小朋友都是安静地靠墙坐着玩。每次收玩具时他从不会主动交过来，而且老师叫了很多次他就是不肯交，后来不想玩了他就随便放在某个地方，自己却跑了。

（4）睡觉。

他睡觉有个习惯，每次都要脱掉袜子，还喜欢玩袜子。他每次到了睡觉的时间都睡不着，在床上翻来覆去，乱踢乱动，但到了起床的时候他又总是起不来，躺在床上谁都叫不动。

2. 判定分析

从教师的观察记录得知，此幼儿具有以下特点。

（1）注意力不集中，分心。不仅上课不能注意听讲，做小动作，打扰别人，而且在看比较喜欢的动画片时也不能聚精会神。有一定程度的注意障碍，这是多动症的主要表现之一。

（2）小动作多，手脚不停，安静下来的难度较大。在多动症儿童中，95% 的患儿都有此类表现。

（3）情绪不稳定，自我控制能力差。举止行为缺乏思考和判断，意识不到到处乱跑的危险性。

（4）存在着一定程度的学习困难和语言障碍，不爱说话。

3. 原因分析

（1）家庭原因。

通过和原任老师交流、家长交流，以及平时的观察，我发现该幼儿的父母非常喜欢他的孩子，甚至有点溺爱。每次家长来学校孩子都很高兴，一见到妈妈就爬到妈妈身上，一个劲地在妈妈脸上亲，妈妈也显得异常高兴，亲热地叫着韩涵。韩涵是全托，每周只能回家一次，这也使他回到家就成了宝。爸爸妈妈平时都很忙，与孩子交流的时间很少，而且父母来自不同的地方，普通话都讲得不好，与孩子沟通比较少，这导致了幼儿的语言障碍。由于爸爸妈妈教育不当，当孩子想表达但又由于能力水平有限而表达不清时，家长并没有正确的鼓励，而是说："不准口吃！"这样不仅伤了孩子的自尊心，而且还形成了心理暗示，使孩子养成了口吃的毛病。

（2）教师原因。

一个班的孩子太多，教师往往很难照顾到所有的孩子，而对于这个特别的孩子，教师虽然意识到了他存在的问题，但是经过几次教育以后发现要彻底解决很棘手，最后还是放弃了这个艰巨的任务。该幼儿来园已经半年多，虽然注意力不集中，孤僻，不合群，不与人交流，学习不认真，但至少没有很明显的攻击行为，不像班上其他几个攻击性行为很严重的幼儿那样经常弄出些让老师头痛的事来。但平时老师都把心思放在了那些幼儿身上，对于该幼儿的教育就忽视了。

4. 教育指导

（1）对父母的指导方案。

孩子多动不是有意的顽皮，而是对自己的行为难以控制。因此家长要对孩子有耐心，对于缺点要反复帮助改正，对于优点要及时表扬巩固；不管工作多忙都不能忽略对孩子的教育，平时不仅要关心孩子的生活学习，也要关心孩子其他各方面的教育，尤其是个性发展、心理健康方面；要营造一种温馨、祥和的家庭氛围，让孩子的心理产生安全感；及时与老师联系，多了解孩子的在校情况，听取老师的意见。

（2）对教师的指导方案。

教师不能忽略多动症孩子的行为，应了解多动症孩子注意力集中困难的特点。老师的教育应以表扬和鼓励为主，细心耐心地帮助他，对他微小的进步要加以肯定，不时的鼓励会让他对自己充满自信，也会渐渐感受到老师的关心与爱心，这样会让他慢慢与老师和小朋友接触，也会逐渐知道做任何事都要顾及周围人，从而不会孤僻行事，任自己乱动乱跑，最后能在老师的监督下约束自己的行为。教师在教育时，最重要的一点就是要多创造他与其他小朋友交流合作的机会，多鼓励他去自由交谈，这样他的语言表达能力也会得到提高。

5. 个案转化效果

通过一个月的家园配合训练，韩涵各方面都有了一些进步：开始习惯集体生活，上课坐姿有所改善，动作协调性有了提高，语言表达能力有所提高。当然对于一般幼儿来说，这些几乎是微不足道的，但对于他来说，已经是一个了不起的进步了。

五 实训延伸

（1）利用网络平台和家园联系手册与家长进行后续的交流和沟通。

（2）继续对幼儿进行观察，当幼儿有进步及时表扬鼓励，并反馈给家长。

六 实训注意事项

（1）教师在沟通过程中应表现出对孩子的关爱而不是嫌弃。

（2）根据家长反馈的及自己掌握的情况进行有针对性的指导。

思考与练习

一、简答题

1.隔代养育家庭在家庭教育中的利弊及教育对策有哪些？

2.单亲家庭的家庭教育指导策略有哪些？

3.多子女家庭与独生子女家庭的家庭教育指导策略分别有哪些？

4.常见身体发育特殊儿童有哪些？可以采取哪些家庭教育指导策略？

5.常见心理发育特殊儿童有哪些？可以采取哪些家庭教育指导策略？

二、案例分析题

1.阅读材料，回答问题。

5岁的豆豆是个很聪明的孩子，但他从不肯刷牙，如果有人不小心碰到他的嘴巴，他就会开始呕吐。不仅如此，只要一闻到垃圾的味道，他就会感到非常恶心。父母带他去做了各种检查，包括胃镜，都查不出问题。最后医生才发现他的感觉统合有问题：他的嗅觉和口腔触觉太敏感，因此会对刷牙和垃圾味道反应过度。

6岁的宏宏吃饭时总是将饭菜掉在地上，往往掉的比吃的还多，而且总是喜欢到处乱跑，即使是被强迫坐在椅子上，也喜欢敲敲打打，从来都闲不下来，把整个家搞得鸡犬不宁。感统评估发现宏宏触觉迟钝，并因此双手动作不协调，造成吃饭时饭菜容易掉落。同时，宏宏的前庭觉系统功能低下，所以总是喜欢跑动，以寻求前庭觉刺激。

问题：对于这些感觉统合失调的孩子，我们可以采取何种家庭教育指导策略？

2.阅读材料，回答问题。

在大班最后一学期里，我班的嘉艺小朋友本来是一个非常可爱、活泼的小女孩，可是有一段时间，我发现她不爱参加活动了，也不怎么与小朋友玩耍。于是，我就在午睡前的一段散步的时间悄悄地问她："嘉艺，你这段时间有什么不开心的事情吗？是有小朋友不和你玩吗？"嘉艺小朋友摇头，我很纳闷："那你怎么不开心呢？"这时，嘉艺小声地说："我妈妈不要我了，生了弟弟就不来送我上幼儿园了，妈妈喜欢弟弟，不喜欢我了！而且奶奶还说弟弟是男孩，是最宝贝的！"

我笑着对她说："妈妈还是很疼你的，只是妈妈生弟弟费了很大的力气，身体需要休息一段时间，而且弟弟还那么小，需要妈妈照顾，你当初被妈妈生下来时妈妈也是这样照顾你的。妈妈没有送你来幼儿园，但是有爸爸送你呀，等弟弟大一点，弟弟也会陪你玩的，放心吧！你的妈妈还是很疼你的，昨天你妈妈还发微信问我你在幼儿园里吃饭怎么样，表现好不好，还说你在家里很喜欢自己的弟弟呢！"嘉艺小朋友听到我说的话后，她的脸上瞬间由阴转晴，高兴地说："老师你知道吗？我弟弟非常可爱！"

问题：案例中，老师给嘉艺的解释令她"脸上瞬间由阴转晴"，从老师的解释中，我们可以学习到的关于二胎家庭教育的指导策略有哪些？

参考文献

[1] 张富洪 . 学前儿童家庭教育 [M]. 上海：复旦大学出版社，2016.

[2] 马利琴 . 6 岁入学期，陪孩子做好幼小衔接 [M]. 北京：中华工商联合出版社，2018.

[3] 全国妇联 . 家庭教育指导者培训教材 [M]. 北京：中国妇女出版社，2021.

[4] 晏红 . 家庭教育指导概论 [M]. 北京：教育科学出版社，2019.

[5] 高淑云，曾云皓 . 婴幼儿营养与家庭教育指导 [M]. 上海：上海教育出版社，2022.

[6] 李希贵 . 家庭教育指南 [M]. 北京：新星出版社，2022.

[7] 李生兰 . 幼儿园与家庭、社区合作共育的研究 [M]. 上海：华东师范大学出版社，2013.

[8] 张勇，蔡淑敏 . 中华人民共和国家庭教育促进法释义 [M]. 北京：中国法制出版社，2021.

[9] 方先义 . 儿童戏剧创编与表演 [M]. 南京：南京大学出版社，2019.

[10] 宏章家庭教育研究所 . 父母大讲堂：健康与身体动作 [M]. 北京：首都师范大学出版社，2012.

[11] 叶平枝等 . 幼儿园健康教育领域精要：关键经验与活动指导 [M]. 北京：教育科学出版社，2015.

[12] 刘馨 . 学前儿童体育 [M]. 北京：北京师范大学出版社，1997.

[13] 爱泼斯坦 . 身体发展和身体健康：关键发展指标与支持性教学策略 [M]. 霍力岩，刘祎玮，刘睿文，等译 . 北京：教育科学出版社，2018.

[14] 高庆春 . 学前儿童健康教育 [M]. 北京：高等教育出版社，2021.

[15] 常瑞芳 . 幼儿家庭教育与指导 [M]. 北京：高等教育出版社，2012.

[16] 宴红 . 幼儿园家庭教育指导形式与方法 [M]. 北京：中国轻工业出版社，2013.

[17] 贾月明，蓝益平 . 家庭教育学 [M]. 长沙：湖南师范大学出版社，2022.

[18] 张家琼，李丹 . 0—3 岁婴幼儿家庭教育与指导 [M]. 第 2 版 . 北京：科学出版社，2021.

[19] 丁连信 . 学前儿童家庭教育 [M]. 北京：科学出版社，2019.

[20] 万慧颖 . 学前儿童家庭教育 [M]. 南京：东南大学出版社，2016.

后　记

　　"家庭是人生的第一所学校，家长是孩子的第一任老师，要给孩子讲好'人生第一课'，帮助扣好人生第一粒扣子。"习近平总书记在 2018 年全国教育大会上对家庭教育的重要任务与目标方向进行了深刻的诠释。《中华人民共和国家庭教育促进法》的颁布，使中华民族家庭教育的优良传统被进一步弘扬，家长更加重视家风、家教和家规的建设。2023 年 1 月教育部等十三部门颁布的《关于健全学校家庭社会协同育人机制的意见》明确提出：加强家庭教育指导，学校要把做好家庭教育指导服务作为主要职责。基于此背景，本教材编委在认真学习和领会了关于家庭教育指导的相关文件精神，并对幼儿家长、幼儿园管理者和幼儿教师，以及学前教育专业专家、高职院校教师等有关家庭教育指导的意见和建议进行了调研分析，在充分讨论的基础上，确定了本教材编写的整体思路及相关要求。

　　本教材的编写坚持以习近平新时代中国特色社会主义思想为指导，贯彻落实《国家职业教育改革实施方案》，以"立德树人"为根本任务，遵循"理论知识够用，职业能力适应岗位要求和个人发展要求"的职业教育理念，充分考虑高职高专院校学生的知识背景和学习特点，体现"理实一体化"。其特色主要体现在以下几个方面。

　　第一，以需求为依据，以实用为宗旨

　　本教材在编写中充分依据幼儿园教师的工作需求，既考虑他们开展家长工作所需的指导能力，又考虑他们指导家长开展家庭教育所需的能力。从实用出发，紧扣幼儿园教师开展家庭教育指导实践的典型工作任务需求和"岗课赛证"的培养要求，贴近高职高专院校学生的学习素养，案例丰富，形式新颖，构建了幼儿家庭教育指导的基本内容。全书分单元、模块、任务进行设计，每个单元包括理论奠基和实训指导，做到编排科学合理、梯度明晰，力争兼具可操作性和可读性。

　　第二，以科学为引领，以实践为取向

　　本教材体现最新的国家幼教法规精神，渗透幼儿家庭教育指导面临的新问题、新挑战、新要求。依据国家《教师教育课程标准（试行）》《幼儿园教师专业标准（试行）》《幼儿园工作规程》《3—6岁儿童学习与发展指南》《幼儿园入学准备教育指导要点》《中华人民共和国家庭教育促进法》《全国家庭教育指导大纲（修订）》等文件和法规精神，引导学生理解家庭教育的重要性，树立家庭、幼儿园、社区合作共育的理念，增强指导家庭教育的责任感。教材强调家庭教育能力的培养，引导家长从幼儿的身心、生活、社会和学习四个方面开展家庭教育，灵活运用个别化指导和集体指导多种途径进行家园沟通，并针对当前网络沟通手段的广泛使用，设置网络沟通等任务，同时对不同年龄阶段和不同类型家庭进行分类指导。

第三，以学生为主体，以思政为特色

本教材遵循高职高专院校学生的学习能力，注重以真实、典型的工作任务及案例等为载体组织教学单元，每一个单元前都设计了"学习目标""单元导航""情境导入"，引导学生整体把握知识体系，进入课程情境；理论奠基模块中穿插有趣实用的案例、延伸阅读及微课，以激发学生的学习兴趣，拓宽知识视野；实训指导模块引导学生在实践中检验家庭教育指导能力。单元末设计"思考与练习"，其中穿插有幼儿园教师资格考试真题，实现"岗课赛证"知识一体化学习，引导学生全面理解和掌握学习内容；同时，本教材秉承"传授知识、培养技能、塑造人格"三位一体的课程理念，深入挖掘课程思政元素，在引导学生掌握家庭教育指导知识和技能的同时，培养学生尊重儿童成长规律的科学精神和乐于帮助儿童健康成长的社会责任感，使其勇于担当，为了家庭的幸福和谐与国家的繁荣富强，努力成长为有能力、有家国情怀的学前教育工作者。

本教材由湖南省学前教育学会组织编写，主编为林静、刘文辉和郭殷。林静提出总体设计和要求，三位主编共同拟定编写大纲及样章，分工合作进行全书统稿审稿工作。编写人员具体分工如下表所示。

单元（任务）		编写教师	学校
单元一	幼儿家庭教育概述	林静	长沙幼儿师范高等专科学校
	幼儿家庭教育指导概述	刘文辉	株洲师范高等专科学校
单元二	幼儿身心准备的家庭教育指导（任务一、任务二）	李丹	长沙幼儿师范高等专科学校
	幼儿身心准备的家庭教育指导（任务三）	张丽鹰	永州师范高等专科学校
单元三	幼儿生活准备的家庭教育指导	邓智文	长沙幼儿师范高等专科学校
单元四	幼儿社会准备的家庭教育指导	苏芴	娄底幼儿师范高等专科学校
单元五	幼儿学习准备的家庭教育指导	钟艺芬	湘南幼儿师范高等专科学校
单元六	幼儿家庭教育个别化指导	郭殷	湖南民族职业学院
单元七	幼儿家庭教育集体指导	张晓	长沙市雨花区教育局第六幼儿园

续表

单元（任务）		编写教师	学校
单元八	幼儿家庭、幼儿园、社区共育工作	邹文佳	株洲师范高等专科学校
单元九	不同年龄段幼儿的家庭教育指导	肖丙珍	永州师范高等专科学校
单元十	不同类型家庭与特殊儿童的家庭教育指导	殷瑛	益阳师范高等专科学校

　　本教材编写过程十分不易，所有编写人员都付出了艰辛的努力。感谢湖南大学出版社提供平台与指导，他们的敬业精神令人敬佩！本教材编写还参阅并引用了相关专家的文献和教师的优秀案例，在此一并感谢！由于编者水平有限，教材中难免存在许多不足，恳请读者批评与指正！

林　静

2023 年 6 月